복 있는 사람

오직 여호와의 율법을 즐거워하여 그 율법을 주야로 묵상하는 자로다.
저는 시냇가에 심은 나무가 시절을 좇아 과실을 맺으며 그 잎사귀가 마르지 아니함 같으니
그 행사가 다 형통하리로다. (시편 1:2-3)

유혹에 관한 좋은 책들을 많이 읽어 보았지만 러셀 무어의 이 책은 단연 수작이다. 장담컨대 이 책을 숙독하면 당신의 영적 성장에 큰 유익이 될 것이다. 유혹이 작용하는 원리뿐 아니라 유혹을 물리치는 방법까지 터득하게 해준다.

_ 릭 워렌, 새들백교회 목사

러셀 무어는 묘한 매력을 지닌 작가다. 조금만 읽어도 알 수 있듯이 그는 우리 마음의 기만성, 유혹의 시련, 마귀의 계략, 우리 구주의 능력과 은혜에 대해 우리가 꼭 알아야 할 것들을 알고 있다. 나이답지 않은 지혜로 거침없이 초자연적·성경적으로 접근하는 무어 박사의 말(미시시피 사투리!)에서 나는 꼭 옛 청교도인 토머스 브룩스의 말을 듣는 것 같다. '죄인의 친구 예수'라는 은혜로운 찬송가에 '유혹과 시험 속에 때로 넘어져도 내 힘 되신 주께서 승리 주시네'라는 가사가 있다. 주께서 어떻게 승리를 주실까? 바로 그것을 러셀 무어가 이 책에서 보여준다. 꼭 읽어 보라. 읽으면서 자신의 마음을 살피라. 은혜를 구하라. 그리고 싸움에 동참하라.

_ 리건 던컨, 리폼드신학교 총장

그리스도인이라면 누구나 다 죄에서 돌아서서 그 죄를 담당하신 하나님께로 향하기를 원한다. 문제는 어떻게 하면 신자들이 그 일을 꾸준하고 철저하게 할 수 있느냐는 것이다. 죄를 회개하고 구주 예수를 누리려는 우리의 이 씨름에 러셀 무어가 길동무가 되어 준다. 이 책은 하나님 중심이면서도 실제적이라는 점에서 최고의 신학이다. 이 책을 읽으면서 당신도 유혹자를 영원히 물리치신 예수를 경배하여 유혹을 물리치라.

_ 대린 패트릭, 저니교회 수석목사

이 책에서 러셀 무어는 우리 마음의 죄성을 면밀히 성찰하고, 대적 마귀의 전략을 성경적으로 들추어내며, 궁극적으로는 죄와 사망을 정복하신 우리 구주를 드높인다. 우리의 유일한 희망이신 그리스도께로 영광스럽게 우리를 데려가는 책이다.

_ 데이비드 플랫, 브룩힐즈교회 담임목사, 「래디컬」 저자

신학과 경험과 문학이 어우러진 러셀 무어의 이 책은 우리를 유혹에 맞서 싸우시는 예수의 이야기 속으로 데려간다. 거기서 우리는 우리 자신의 전투를 발견한다. 우리의 대적은 우리 안에도 도사리고 있고 주변에도 어슬렁거리고 있다. 저자가 내놓는 것은 유혹을 물리치는 공식이 아니라 예수를 바라보는 법이다. 그분은 우리가 못하는 일을 이루시는 분이자 우리의 싸움 속에 동행하시는 분이다. 미리 경고하건대 이 책을 통해 당신은 유혹에 새롭게 눈뜨고 불편한 경각심을 품게 될 것이다.

_마이크 코스퍼, 소전 커뮤니티교회 예배목사

러셀 무어 박사의 이번 신간은 오랜만에 만나는 지극히 실제적인 책이자 유혹을 식별하고 처리하는 법에 대한 탁월한 지침서다. 문체가 흡인력이 있고, 성경적 뒷받침이 탄탄하며, 예화들이 생생할 뿐 아니라 매번 핵심을 찌른다.

_패트릭 헨리 리어던, 올 세인츠 정교회 사제

왜 우리는 유혹을 이길 수 없는가

Russell D. Moore

Tempted and Tried

왜 우리는 유혹을 이길 수 없는가

러셀 D. 무어 지음 | 윤종석 옮김

복 있는 사람

왜 우리는 유혹을 이길 수 없는가

2012년 9월 28일 초판 1쇄 발행
2024년 1월 19일 초판 3쇄 발행
지은이 러셀 D. 무어
옮긴이 윤종석
펴낸이 박종현
(주) 복 있는 사람
서울특별시 마포구 연남동 246-21 (성미산로 23길 26-6)
Tel 723-7183(편집), 723-7734(영업·마케팅) | Fax 723-7184
hismessage@naver.com
등록 1998년 1월 19일 제1-2280호
ISBN 979-11-7083-108-2 03230

Tempted and Tried
by Russell D. Moore

Copyright ⓒ 2011 by Russell D. Moore
Originally Published in English Under the title
Tempted and Tried: Temptation and the Triumph of Christ
Published by Crossway Books
a publishing ministry of Good News Publishers
Wheaton, Illinois 60187, U.S.A.
All rights reserved.

Translated and used by the permission of Crossway Books
through the arrangement of rMaeng2, Seoul, Korea.
This Korean edition Copyright ⓒ 2012 by The Blessed People Publishing Inc., Seoul, Korea.

이 책의 한국어판 저작권은 알맹2 Agency를 통해 Crossway Books와 독점 계약한 (주) 복 있는 사람이 소유합니다. 신저작권법에 의하여 한국 내에서 보호를 받는 저작물이므로 무단전재와 복제를 금합니다.

새뮤얼 케네스 무어에게,

우리가 너를 위하여 부르짖었을 때
하나님은 우리의 기도를 들으셨다.
　　하나님이 너를 부르실 때
 네가 네 이름을 듣기를 기도한다.
　　　　(삼상 1:20, 3:10)

차례

감사의 글   11

1장 귀신들과 벌이는 씨름   15
    _왜 유혹이 중요한가

2장 도살장으로 가는 길   33
    _인생을 망치는 건 한순간이다(특히 그 사실을 모르고 있을 때)

3장 아사(餓死)   85
    _왜 우리는 아버지보다 빵을 더 원하는가

4장 자유 낙하   137
    _왜 우리는 구조(救助)보다 결백을 더 원하는가

5장 **통치권** 185

　　_왜 우리는 십자가보다 영광을 더 원하는가

6장 **괴물들이 살지 않는 나라** 235

　　_당신이 유혹을 물리칠 수 있는 이유

　　　(특히 그 방법이 보이지 않을 때)

7장 **(결론아닌) 결론** 279

주　287

감사의 글

이 책을 40일 동안 금식 기도하며 광야에서 썼다고 말할 수 있다면 좋겠다. 하지만 사실은 그렇지 않다. 오히려 나는 집으로 갔다. 우리 가족들은 루이빌의 정신없는 삶을 뒤로하고 남쪽의 고향인 미시시피 주 빌락시로 갔다. 봄이 조금씩 여름으로 바뀔 무렵이었다. 이 책은 대부분 거기서 썼다. 나는 해변의 방에서 정든 멕시코 만을 내려다보기도 했고 뉴올리언스 프렌치 쿼터의 딸랑거리는 전차 소리를 듣기도 했다. 그래서 고백할 게 있다. 돌을 빵으로 바꾸라는 유혹에 관한 원고를 갓 마친 뒤에, 종잇장에서 설탕 가루를 털어 낼 때는 정말 가슴이 뜨끔했다. 슈크림 빵과 카페오레를 즐겨 가며 글을 썼으니 말이다.

이번에 떠나 있는 동안 남침례신학대학원 총장인 R. 앨버트 몰러 Jr.와 이사진에게 말로 다할 수 없는 빚을 졌다. 그들은 학장 재직 5주년을 맞은 내게 미니 안식년을 주어 나를 놀라게 했다. 이 책을 쓰는 데 꼭 필요한 시간이었다. 몰러 총장과 동료 교수들, 특히 내가 없는 동안 5월의 졸업 행사까지 내 일들을 대신 맡아 준 댄 듀머스, 랜디 스틴슨, 척 로리스, 돈 휘트니에게 감사한다. 아울러 하이뷰 침례교회 피겐부시레인 캠퍼스의 우리 교인들에게도 감사한다.

나의 "직원"이지만 사실은 어느 모로 보나 내 친척에 더 가까운 로버트 세이저스, 크리스토퍼 코원, 케이티 퍼거슨, 필립 베던코트, 루스앤 맥레이, 대니얼 패터슨에게 감사를 표한다. 특히 이번 책만 아니라 다른 많은 일에도 늘 힘써 주는 내 동역자이자 제자이자 친구인 로버트 세이저스, 그리고 매 장을 마칠 때마다 교정을 보며 진중하게 값진 평을 들려준 대니얼 패터슨에게 빚을 졌다.

크로스웨이 출판부에도 감사한다. 특히 저스틴 테일러는 처음부터 이번 일을 격려해 주었고 테드 그리핀은 편집자로 열심히 작업해 주었다.

미시시피 주 해안의 오션 스프링스 출신인 내 아름다운 아내 마리아는 돕는 배필이자 절친한 친구로서 은혜롭고 자상하게 이번 작업을 내조해 주었다. 내가 글을 쓰는 동안 아내는 고향의 해안이며 강어귀를 정신없이 뛰어다니는 어린 네 아들을 감독했다. 아내는 또 매 장이 완성될 때마다 원고를 읽고 요긴한 비평을 해 주었다. 뜻밖에도 그 덕에 나는 아내가 1장을 읽어 준 뒤로 다시는 나 혼자서 빗속에 호텔 로비로 달려갈 일이 없으리라는 확신이 생겼다.

우리의 네 아들 모두로 인해 하나님께 감사드린다. 이번 책 바로 전 책인 「생명을 살리는 입양 *Adopted for Life*」은 첫째와 둘째인 벤저민과 티모시에게 바쳤다. 이 책은 아무도 흉내 낼 수 없는 셋째 아이 새뮤얼 케네스 무어에게 바친다. 이 글을 쓰는 현재 그는 다섯 살이다. 새뮤얼을 처음 "만나던" 때 아내는 또다시 유산의 증상들을 보이고 있었다. 전에 하도 여러 번 겪었던 일이라 우리는 무감각해지다시피 했고, 늘 그렇듯이 일정대로 병원 예약을 했다. 그런데 초음파 검사 결과는 예상 밖이었다. 아이의 심장이 뛰고 있었던 것이다. 임신 기간 내내 매주 유산될 줄로만 알았던 아이였는데 그 작은 심장이 지금도 뛰고 있으니 우리의 기쁨은 이루 말할 수 없다. 새뮤얼은 아침에 잠에서 깨어날 때마다 우리 집에 기쁨을 가져다준다. 그 작은 얼굴을 볼 때마다 나는 그 이름의 의미를 떠올린다. 새뮤얼은 '우리 하나님이 들으신다'는 뜻이다.

이 책을 쓰는 내내 새뮤얼은 나더러 "마귀에 대한 책"이 언제 끝나느냐고 묻곤 했다. 그도 우리 모두처럼 어느 날 광야의 악한 영과 마주치게 될 것이다. 그날이 올 때 그가 자기 조상의 하나님의 음성을 듣게 되기를 기도한다. 우리 주 예수처럼 새뮤얼도 하나님의 음성과 사기꾼 뱀의 음성을 구별하기를 기도한다. 그의 이름을 따온 예언자처럼 우리 새뮤얼도 성령의 검 곧 자기 마음에 둔 하나님의 말씀을 뽑아 주 앞에서 유혹을 산산이 쪼개기를 기도한다(삼상 15:33). 그의 삶이 이름에 걸맞기를 기도한다.

유혹과 시험 속에 자꾸만 드는 의문,
왜 우리는 온종일 이래야만 하는가.
남들은 죄악 속에서도 아무 탈 없이
저렇게 주변에서 잘만 살고 있는데.

한참 더 가노라면 모든 걸 알게 되리.
계속 더 가노라면 그 이유 깨우치리.
형제여, 힘을 내서 빛 가운데 살아라.
마침내 우리는 모든 것을 알게 되리.

─남부 민속 찬송

1장

귀신들과 벌이는 씨름

―― 왜 유혹이 중요한가

그날 나는 어느 낯선 여자와 함께 호텔 로비에 서 있었다. 가슴이 두근거리고 양심의 가책이 느껴졌다. 이렇게 써 놓고 보니 무슨 나쁜 일이라도 있었던 것 같지만 전혀 그런 건 아니다. 하지만 다른 여러 면에서 보면 오히려 그보다 더 심했다. 정말 나는 아무런 잘못도 저지르지 않았고 잘못을 저지를 생각은 더더욱 없었다. 하지만 바로 그게 문제였다. 내가 아무런 생각도 없이 그런 상황에 빠져 있었다는 사실에 불현듯 겁이 났다.

그곳에 가게 된 건 우연이었다. 우리 가족들이 차를 몰고 가던 중에—테네시 주를 지나고 있었을 것이다—갑자기 폭우가 쏟아졌다. 미끌미끌한 진흙으로 노면이 질퍽거렸고, 쏟아붓는 빗물에 차창이 흐려져 도저히 와이퍼로도 감당이 되지 않았다. 그날의 목적지까지 가려면 아직 멀었는데 비는 좀처럼 멎을 줄을 몰랐다. 일단 고속도로를 빠져나와 호텔 앞에 미니밴을 세운 뒤 가족들을 차 안에 두고 빈 방이 있나 알아보러 뛰어갔다. 폭우 속에서도 그 체인점의 간판이 용케 눈에 띄었다.

프론트에서 줄을 서서 기다렸다. 나는 녹초가 되어 있었고 짜증이 났다. 다분히 비 때문이었고 또한 뒷좌석에서 힌두교의 주문처럼 끊임없이 반복되는 소리—"아빠, 애가 날 쳤어요"—때문이기도

했다. 수속을 기다리는 동안 내 머릿속은 설교 구상, 투숙 비용, 자녀양육 방법 등에 대한 생각으로 어지러웠다.

직원인 젊은 여자는 괜히 입을 삐죽 내밀었다가 살짝 웃으며 윙크를 보냈다. 내가 힘든 하루를 보냈음을 잘 알겠다는 눈치였다. "어서 오세요." 그녀가 그렇게 말하는 순간 대학 시절에 알고 지내던 어느 친구가 연상되었다. 양 볼에 보조개가 패였던 듯싶은 그녀는 머리채를 뒤로 넘겨 잠시 손에 틀어쥔 채, 당일 밤에 서로 맞붙은 방 둘이 있는지 확인했다. 우리는 대식구라서 방이 두 개가 필요했다. 그녀가 나를 성이 아닌 이름으로 부르는 바람에 내 뱃속이 약간 울렁거렸다. 마치 롤러코스터가 삐걱거리며 꼭대기로 올라갈 때, 저 앞의 낙하 코스가 시야에 들어오기 직전의 그 짧막한 찰나에 드는 기분 같았다. "어떻게 내 이름을 아시지요?"라고 불쑥 묻고 나서야 나는 그녀가 내 신용카드를 읽고 있음을 알았다.

여자는 신용카드 기계에서 영수증과 자동키가 드르륵드르륵 찍혀 나오기를 기다렸다. 그동안 우리는 바깥에 비가 온다는 얘기, 저 아래 고등학교 스타디움에서 운동 경기가 있어 차가 밀린다는 얘기를 했다. 그녀는 내 시시한 농담을 들으며 웃었고, 폭우 속을 달려오느라 내 머리가 흠뻑 젖어 있다며 놀렸다. 나는 다시 대학교로, 아니 어쩌면 고등학교로 돌아간 기분이었다. 누가 누구의 장난감을 가져갔는지 싸움을 조정할 필요도 없었고, 성경에서 예정론과 자유 의지가 어떻게 서로 맞물리는지 설명할 필요도 없었다. 융자금을 상환할 일도 없었고, 교수에게 월급 인상이 없음을 통보할 일도 없었다. 나는 그 상태가 좋았다.

바로 그때, "아빠" 하는 소리가 들렸다. 그 단어가 나를 기겁하게 할 줄은 꿈에도 몰랐지만 그때 한 번만은 그랬다. 그 소리는 다시 이어졌다. 세 살 난 새뮤얼이 두 형이 미는 짐수레를 타고 로비를 오가며 소리쳤다. "아빠! 나 좀 봐!"

아이를 보는 순간, 그제야 바깥의 차 안에 가족들이 기다리고 있음을 까맣게 잊고 있었다는 생각이 났다. 나는 이마의 진땀을 훔쳤고, 신용카드 용지에 서명할 때는 직원을 대하는 내 목소리와 몸짓이 갑자기 꽤 사무적으로 변해 있었다.

마치 뭔가 잘못을 저지르다 들킨 기분이었고 무척 당황스러웠다. 나는 짐수레를 밀고 엘리베이터 쪽으로 가면서("벤저민, 거기 매달리지 마." "티모시, 안 돼. 자판기의 1,2리터들이 에너지 드링크는 네가 마시는 게 아니야.") 다 괜찮다고 속으로 자신을 다독였다. 정말 나는 아무 일도 하지 않았고, 그 근처에도 가지 않았다. 하지만 어찌된 일인지 나는 그 여자에게 주목했다. 게다가 아이들이 끼어들 때까지는 내가 그녀에게 주목하고 있다는 사실조차 모르고 있었다.

한편으로 아무 일도 없었다. 성경의 표현을 빌려 나는 그 여자에게 "음욕을 품지" 않았다. 그냥 잠깐 대화를 나누었을 뿐이다. 행여 누가 나를 추파나 던지는 변태 목사로 생각할까 두렵다. 내가 나 자신의 약점을 전부 아는 것은 아니지만, 그래도 나는 그 부분에 특별히 취약한 사람은 아니다. 나는 여자들이 지나가도 "흘긋거리지" 않는다(다른 남자들이 그러는 것만 보아도 눈살이 찌푸려진다).

게다가 그 여자는 나한테 조금도 관심이 없었다. 만일 그녀가 이 글을 읽는다면 분명히 아무런 기억도 없을 것이다. 설령 기억난다 해도 아마 이렇게 말할 것이다. "아, 그 귀뚜라미처럼 생긴 작은 남자? 흠, 내가 알 게 뭐람."

하지만 나는 두려웠다. 실제로 무슨 일이 있어서가 아니라 그럴 가능성을 흘긋 보았기 때문이다. 그때 만일 가족들과 함께 여행 중이 아니라 나 혼자 출장 중이었다면 어땠을까? 실제로 나는 그런 출장을 종종 다닌다. 만일 그녀가 나한테 관심을 보였다면 어땠을까? 잠시나마 나는 내가 누구인지 잊고 있었다. 내가 남편이고 목사이고 아들이고 그리스도인이고 아빠임을 잊은 것이다. '처음에는 다 이렇게 시작되는 거잖아.' 그런 생각이 나를 후려쳤다. 처음에는 일련의 악의 없는 이탈로 시작되어 그것이 점차 그 이상으로, 또 그 이상으로 발전하는 법이다. 더욱이 내 삶에 그런 상황이 발생했는데도 내가 알아차리지 못하고 아찔한 현실에 "눈뜨지" 못했던 적이 얼마나 많았을까 생각하면 더 두려워진다. 그런 일이 겉보기에 지극히 자연스럽게 벌어질 수 있다고 생각하니 두려웠다. 그날 내가 그렇게 피곤하고 짜증스런 상태로 호텔 로비에 간 것이 우연이 아니었다면 어땠을까? 누가 나를 거기로 이끌었다면 어땠을까?

호텔 로비에서 느낀 두려움을 한 친구에게 말했더니, 친구는 어느 선배 신앙인의 글을 일러 주었다. 그 사람도 몇 년 전에 어느 식당에서 비슷한 상황을 겪었고 역시 자녀와 함께 있었다. 자칫 유혹에 빠질 뻔했던 순간을 돌아보며 비슷하게 아찔해 했던 남녀들을 그 후로도 나는 많이 보았다. 내 이야기는 유별난 게 아니었고 당신의 이야기도 마찬가지다. 저 바깥에 반항 세력이 있고 우리 안에도 반항 기질이 있다.

성경에 보면 그 반항심은 에덴동산의 우주적 비극으로 거슬러 올라간다. 또 성령께서는 그 비극을 역사 속에서만 아니라 우리 자신의 내면에서도 짚어 내신다. 성경에 보듯이 피의 궤적은 에덴동산에서 흘러나온다. 성경의 이야기는 낙원에서부터 방향이 틀어져 살인, 술 취함, 근친상간, 집단 강간, 일부다처 등으로 이어진다. 그리고 마침내 당신이 현재 겪고 있는 문제로까지 내려온다. 하지만 우리의 우주적 이야기와 당신의 개인적 이야기 사이에 그 둘을 연결시켜 주는 이스라엘의 이야기가 있다.

에덴동산 이후에 하나님은 한 사람을 불러 희망을 보이시며 그에게 아브라함 곧 "많은 민족의 조상"이라는 이름을 주셨다(롬 4:17). 구약에 보면, 바로 이 사람의 후손을 통해 하나님은 모든 나라에 복을 주시고 이 땅에 그분의 나라를 회복하실 것이었다.

그 일은 하나님이 아브라함의 후손을 이집트의 압제로부터 공공연히 극적으로 구출하실 때 다 이루어지는 듯했다. 하지만 에덴동산에서 그랬듯이 광야에서도 비극이 벌어졌다. 알고 보니 제사장 나라는 생각만큼 적으로부터 멀리 떨어져 나오지 못했다. 광야에도 반항은 건재했던 것이다.

그 뒤로 하나님은 일련의 전사 왕들을 부르셨다. 적들과 싸워 반항심을 퇴치할 유명한 사람들이었다. 하지만 이 왕들도 성적 문란, 이기심, 물질주의, 우상숭배 등 자기 내면의 반항심에 굴복했고, 그리하여 나라는 다시 외부의 반항 세력 앞에 무너졌다.

이윽고 때가 차매 예수께서 오셔서 하나님 나라의 기쁜 소식을 전하셨다. 예수의 공생애가 시작될 무렵에 있었던 이상한 경험이 신약의 사복음서 중 세 곳에 기록되어 있는데, 바로 예수께서 성령께 이끌려 마귀에게 시험을 받으신 장면이다(마 4:1-11, 막 1:12-13, 눅 4:1-13). 그분은 가족과 추종자들을 떠나 유대 사막에 혼자 계셨다. "반항의 현장"인 광야에 계셨던 것이다.

그분이 그곳에 가신 것은 조상들의―또한 우리들의―오랜 적에 맞서, 이미 벌어진 일을 되돌리기 위해서였다. 당신이 장차 하나님 나라를 보게 된다면 그것은 바로 그 사막의 달빛 아래서 벌어진 일 때문이다. 거기서 두 나라가 조우하여 정세를 살핀 뒤 서로 대망의 공격을 펼쳤다.

어쨌든 에덴동산의 악한 영이 예수 앞에 나타났다. 그것이 어떤 모습을 하고 어떤 느낌을 주었을지 시인과 예술가들은 오랜 세월을 두고 궁리해 왔다. 예전의 하와처럼 예수께서도 그 광야에서 뱀의 모습을 보신 것일까? 사도 바울이 우리에게 경고한 대로 사탄은 찬란한 "광명의 천사"로 나타났을까?(고후 11:14) 일부 성화와 그림에 보듯이 그는 발굽에 군침 도는 빵 조각을 낀 염소 모양의 섬뜩한 괴물로 나타났을까? 아니면 마귀는 우리에게 늘 그러듯이 눈에 보이지 않게 등장하여, 자신의 교묘한 암시를 그분의 생각으로 위장시켰을까? 복음서는 말이 없다. 그저 마귀가 그곳에 있었다고만 되어 있다. 그리고 마귀는 침묵하지 않았다.

세상의 거의 모든 종교는—거의 모든 이단도 마찬가지다—우주에 영적인 존재들이 있음을 감지해 왔으며, 거기에는 우리를 해치려 하는 뛰어난 지능의 악한 존재들도 포함된다. 예수 그리스도의 복음은 이 어두운 실체와 직접 대결한다. 현대의 서구인들은 대개 그것을 어색해 한다.

머리가 비상한 신비의 뱀은 성경의 서두에서부터 소개되다가(창 3:1) 나중에는 용과 동일시된다(계 12장). 그는 지존하신 하나님을 대적하여 게릴라전을 벌이는 반항적인 한 무리의 수장이다. 이들을 가리켜 사람들은 "천사"라고도 했고 "신"이라고도 했다. 때로 그들은 "귀신"이나 "악마"로 불리기도 하며, 성경에는 흔히 "통치자들"과 "권세들"로 표현된다. 기독교 교회가 처음부터 고백한 대로 이 피조물들은 옛 괴물의 지배를 받는다. 그 괴물은 여러 이름으로 알려져 있으나 성경에는 사탄으로 밝혀져 있다. 선하신 신에게 지음 받은 피조물이 어떻게 괴물로까지 변질될 수 있을까? 그것은 우리의 이야기가 아니며 성경에도 말이 없다. 성경에 묘사된 악은 결국 "불법의 비밀"이다(살후 2:7). 이해할 수 없는 것을 너무 꼬치꼬치 파고들어서는 안 된다.

예수께서 하나님 나라를 선포하시려면 하나님이 창조하신 세상이 어째서 그분의 나라가 아닌지도 지적하셔야 했다. 예수께서 이전의 예언자들처럼 우리에게 보여주셨듯이, 이 "통치자들과 권세들"은 수천 년 전에 우주의 질서를 강탈했다(엡 6:12). 예수는 우리의 형체를 입고 친히 우리 죄를 위한 희생 제물로 죽으셨으며, 부활로 죽음의 저주를 깨뜨리셨다. 이로써 그분은 우주에 대한 귀신 세력들의 권리를 종식시키셨다. 하지만 그 세력들은 순순히 어둠의 통치를 내놓을 마음이 없기에 사력을 다해 반격을 가하고 있다. 그래서 이것은 전쟁이다.

유혹의 야수적 위력을 보며 우리가 상기해야 할 점이 있다. 우주는 귀신에 홀려 있다는 것이다. 또 하나 상기해야 할 점이 있다. 귀신들과 싸워서 이긴 사람은 딱 한분밖에 없다는 것이다.

예수께서 광야에서 당하신 유혹들을 보면 악한 세력들이 우리에게 어떤 종류의 전략들을 사용할지 알 수 있다. 이 글을 쓰던 중에 어느 노목사의 말을 들었는데, 요즘 사람들한테서 듣는 죄의 고백 중 절반 이상은 자기가 사역의 길에 들어설 때만 해도 물리적으로 불가능한 것이었다고 한다. 정말 맞는 말이다. 나는 성전환을 결심한 남편의 아내를 상담해야 하지만 성 어거스틴Saint Augustine은 그럴 일이 없었다. 토마스 아퀴나스Thomas Aquinas는 비디오게임 중독이라는 이슈를 거론할 필요가 없었다. 그런 예는 얼마든지 많이 있다.

하지만 그중에 새로운 유혹은 하나도 없다. 유혹은 이전과 같은데 거기에 굴하는 방식만 새로워졌을 뿐이다. 성경의 표현으로 유혹 자체는 "사람이 감당할" 만한, 곧 "사람에게 흔히 있는" 것들이다(고전 10:13, ESV). 예수께서 광야에서 당하신 시험을 보면 그것을 절감할 수 있다. 거기에 성경은 유혹의 보편적 전략들을 밝혀

놓았다. 당신도 예수처럼 유혹을 당할 것이다. 예수께서 당신처럼 유혹을 당하셨기 때문이다. 당신에게도 소비, 안전, 지위의 유혹이 찾아올 것이다. 당신도 자신을 부양하고, 자신을 보호하고, 자신을 높이려는 유혹이 들 것이다. 이 세 가지의 뿌리에 하나의 공통된 충동이 있다. 하나님의 아버지 되심을 버리려는 충동이다.

차차 살펴보겠지만, 하나님의 아버지 되심은 우리 주변의 모든 창조 질서 속에, 특히 인간의 본성 속에 새겨져 있다. 어떤 면에서 인간 아버지는 어머니와 다를 바 없다. 자녀양육에서 아버지가 담당하는 일부 기능과 소명은 어머니와 동일하다. 하지만 대부분의 문화에 배어든 아버지의 의미를 보면 아버지와 어머니는 중요하게 구별되기도 한다. 예로부터 대부분의 민족들은 아버지에게 부양과 보호와 유산의 전수라는 독특한 역할이 있다고 보았다(여기서 유산은 물리적 재산일 수도 있고 그냥 미래를 개척하는 본보기일 수도 있다).[1] 그렇다고 이런 역할이 아버지나 친부모에게만 한정된다는 말은 아니다. 다만 아버지 됨의 원형이 인간의 문명에 다양한 방식으로 되풀이되어 나타난다는 말이다. 어떤 사람들은 그 원인을 진화론의 자연 도태에서 찾을 것이다. 하지만 내가 믿기로 아버지 됨의 이상(理想)이 지속되는 이유는 하나님이 아버지시라는 독특한 사실 때문이다. 그분은 자신의 창조세계와 피조물을 보호하시고 훈육하시고 부양하신다.

우리의 삶 속에 유혹이 그토록 강한 이유는, 유혹의 궁극적 대상이 우리가 아니기 때문이다. 유혹이란 귀신의 세력들이 메시아의 라이벌 제국을 공격하는 일이다. 회심하고 그리스도를 믿어도 예상과 달리 유혹의 위력이 줄어들지 않는 것도 그 때문이다. 오히려 회심하고 나면 직관에 어긋나게 유혹이 더 격화된다. 악한 세력은 자기가 죽도록 대적하는 성령이 당신 안에 내주하시면 당신 안에 새겨진 예수의 십자가상을 허물려고 한다(벧전 4:14, 계 12:17). 궁극적으로 유혹의 고통은 당신이나 나의 문제가 아니다. 우리가 과녁이 되는 것은, 우리가 우리의 형제이신 맏아들 예수를 닮았기 때문이다. 신자든 아니든 모든 인간은 어느 정도 예수를 닮았다. 하나님의 형상이라는 인간의 속성을 그분과 공유하고 있기 때문이다. 하지만 예수를 통하여 하나님과 화목하게 되면 우리는 점점 더 그리스도의 형상을 닮아가는 여정에 오른다(롬 8:29). 귀신들은 그 영광이 점점 더 찬란해지는 모습에 질겁하며, 그 꼴을 보지 않으려고 더 미친 듯이 발악한다.

유혹이 모두에게 공통된 것이라는 내 말을 오해하지는 말라. 우리 모두가 정확히 똑같은 방식으로 유혹을 당한다는 말은 아니다. 당신은 내가 호텔 로비에서 겪었던 상황이나 그와 비슷한 상황에 처할 일이 없을 수도 있다. 당신의 문제가 무엇인지 나는 모른다. 어쩌면 당신은 오늘 아침에 자녀에게 고함친 말을 생각하며 눈물이 날지도 모른다. 어쩌면 당신은 다시는 그 동영상에 접속하지 않겠다고 다짐하며 이번 주에 방문한 웹사이트 목록을 컴퓨터에서 삭제했는지도 모른다. 어쩌면 당신은 먹고 난 간식 봉지를 직장 동료들이 볼까 봐 쓰레기통에 버리지 못하고 핸드백에 넣었는지도 모른다. 어쩌면 당신은 책상 서랍에 든 처방약 하나에 의지하여 제정신을 지키고 있는데 오히려 그것 때문에 제정신을 잃을까 봐 두려운지도 모른다. 어쩌면 당신은 직장 동료의 머리칼 향기나 옆 테이블의 술잔 부딪치는 소리를 도무지 머릿속에서 떨칠 수 없는지도 모른다.

어쩌면 당신이 느끼고 있는 유혹은 차마 지면에 옮길 수 없을 만큼 난잡한 것인지도 모른다. 반대로 너무 평범한 것이라 아예 내가 생각해 낼 수 없을지도 모른다. 나는 모른다. 하지만 그 모두의 배후가 무엇인지는 안다.

당신도 나도 지금 이 순간 유혹을 받고 있다. 대부분의 경우에 우리는 그 사실조차 모르고 있다. 유혹의 순간마다 우리는 그 유혹의 위력을 과대평가하거나 과소평가한다. 과대평가할 때는 이런 식으로 생각한다. '이런 감정이 드는 것으로 보아 나는 원래부터 이런 인간이 되도록 정해진 것이다.' 과소평가할 때는 이런 식으로 생각한다. '내게 닥친 유혹은 살인이나 간음처럼 끔찍한 일은 아니다. 그저 나의 불임(不姙)이 원망스러워 이 작은 일로 힘들어 하는 것뿐이다.'

그러나 복음은 우리처럼 유혹당하는 반항자들에게 기쁜 소식을 가져다준다. 유혹이 전체 이야기의 한 부분이듯이 유혹의 위력에서 벗어나는 전략도 마찬가지다. 예수를 광야로 이끌어 능히 악한 자를 이기게 하신 성령이, 믿음으로 예수와 연합한 우리 모두 안에도 지금 충만히 거하신다. 우리가 유혹을 이기는 방법은 예수와 똑같이 아버지를 신뢰하고 아버지의 음성을 듣는 것이다.

지금 우리에게 닥친 위험은 인지적인 것이 아니라 원초적인 것이다. 귀신들도 사고하는 존재라 하나님이 누구인지 알며 그 진리 앞에서 떤다(약 2:19). 지식만으로는 "시험에 들게 하지 마시옵고 다만 악에서 구하시옵소서"의 응답을 보장받을 수 없다(마 6:13). 그것은 오직 "사랑으로써 역사하는 믿음"으로만 가능하다(갈 5:6). 우리는 단순히 인간의 심리를 극복하는 게 아니다. 우리는 우주적 세력들과 씨름하는 것이며(엡 6:12) 우리를 삼키려는 야수 같은 영과 맞붙는 것이다(벧전 5:8).

이 책은 다이어트 책자가 비만의 퇴치를 약속하듯 유혹의 퇴치를 약속하는 자기계발 서적이 아니다. 일부 독자들은 이 책에 기록된 기쁜 소식을 접하고도 그것을 버리고 성적 쾌락이나 자존심을 고수할 것이다. 하지만 자신이 괴짜인 것 같아 고민하는 일부 독자들은, 그리스도께서 유혹까지도 우리와 함께 당하시는 모습을 보며 무거운 짐을 벗어 버릴 것이다. 당신이 원하는 것을 구하라. 그러면 구하는 대로 얻을 것이다(마 7:7-8).

이럴 때는 절박함이 있어야 한다. 그래야 우리의 유일한 피난처이신 나사렛 예수의 못 자국 난 손을 잡을 수 있다. 옛 복음성가에 "유혹과 시험 속에 자꾸만 드는 의문, 왜 우리는 온종일 이래야만 하는가"라는 가사가 있다. 이 책으로 불법의 비밀이 풀리지는 않겠지만, 그 의문에 다시 불이 붙기를 기도한다. 저 바깥의 광야와 우리 내면의 광야에서 정말 무슨 일이 벌어지고 있는지 알려면 먼저 "하나님의 아들 예수 그리스도의 복음의 시작"을 다시 들어야 한다(막 1:1).

복음 메시지의 한복판에 예수가 계시다. 그분은 모든 일에 우리처럼 유혹과 시험을 받으셨지만 한 번도 승리하지 못하신 적이 없다. 그분은 대제사장으로서 우리의 속성을 공유하시며 우리를 위해 우리와 함께 기도하신다. 그분은 시험받으시기 직전에 하나님이 공표하신 대로 하나님의 "사랑하는 아들"이시다. 하지만 그분은 혼자가 아니다. 그분은 그냥 "맏아들"이 아니라 "많은 형제 중에서 맏아들"이시다(롬 8:29). 모든 일에 우리와 똑같이 시험을 받아 우리의 연약함을 동정하시는 대제사장이 계시기에 우리는 "긍휼하심을 받고 때를 따라 돕는 은혜를 얻기 위하여 은혜의 보좌 앞에 담대히 나아갈" 수 있다(히 4:16). 거기서 우리는 뭐라고 기도할 것인가? "나라가 임하시오며 뜻이 하늘에서 이루어진 것 같이 땅에서도 이루어지이다.…… 우리를 시험에 들게 하지 마시옵고 다만 악에서 구하시옵소서"라고 기도한다(마 6:9-13).

간단히 말해서 예수를 따른다는 것은 그저 은유가 아니다. 첫 제자들은 1세기의 팔레스타인 땅을 누비며 말 그대로 그분을 "따라다녔다." 예수께서는 그들에게 "내가 가는 곳에 네가 지금은 따라올 수 없으나 후에는 따라오리라"고 말씀하셨다(요 13:36). 2천 년 후에 그분을 알아본 우리 모두에게도 그분은 똑같이 말씀하신다. 우리는 "그와 함께 영광을 받기 위하여 고난도 함께 받"을 것이다(롬 8:17). 성경이 말하는 이 "고난"은 우리가 흔히 생각하는 대로 정치적 박해나 사회적 소외나 힘든 역경만이 아니다. 그것은 유혹의 고난이기도 하다. 하나님이 우리를 데리고 악한 세력들의 현장을 통과하시는 것이다.

작가 바바라 브라운 테일러Barbara Brown Taylor는 어떤 세미나에 갔던 일을 이야기했다. 세미나 강사는 학생들을 단체로 데리고 광야에 들어가서, 도보 여행과 래프팅을 통해 "길들여지지 않은 야성의 신성함"을 경험한 일을 말했다. 브라운의 책에 보면 한 참석자가 손을 들고 "먹이 사슬에서 우리보다 위에 있는 육식동물들이 그곳에 있는지" 물었다. 광야의 가이드였던 강사는 물론 없다며, 그렇게 위험한 곳으로는 학생들을 데려가지 않는다고 답했다. 그러자 좌중의 한 멤버가 이렇게 되받았다. "그야 저라도 그럴 것입니다. 하지만 학생들을 속여 그들이 진정한 광야를 경험했다고 생각하게 하지는 마십시오. 나를 잡아먹을 수 있는 뭔가가 존재하는 곳만이 광야이니까요."[2] 이 말 속에 지혜가 들어 있다. 예수께서 경험하신 광야에는 어둡고 오래된 육식동물이 존재했다.

우리가 예수께 동참하여 유혹을 당할 장소는 대개 광야만큼 무서워 보이지 않을 것이다. 우리는 호텔 로비나 아침 식탁이나 직장 휴게실에서 유혹에 부딪칠 것이다. 그래도 거칠고 위험하기는 마찬가지다. 귀신에 홀린 황무지에서 예수께서 당하신 모든 유혹을 우리도 다른 수많은 곳에서 똑같이 당할 것이다. 보는 눈이 있다면 알겠지만, 지금 이 순간에도 우리는 광야로 나아가고 있다. 성령께서 맏아들 예수를 데려가신 그 똑같은 길로, 마귀가 지배하는 곳으로 우리를 데려가신다. 이것은 우연이 아니며 그곳에 우리 혼자만 있는 것도 아니다.

2장

도살장으로 가는 길

―― 인생을 망치는 건 한순간이다

(특히 그 사실을 모르고 있을 때)

나직이 깔리는 절거덕 소리는 어딘지 리듬감이 있어 마음을 가라앉혀 주는 듯했다. 차분히 반복되는 그 소리는 해안에서 밀려오는 여름날의 뇌우 같기도 했고 아득히 멀어지는 낡은 야간열차 같기도 했다. 잠시 후에야 알았지만 내가 듣고 있던 그 소리는 소들이 리듬에 맞추어 도살장으로 행진하는 소리였다. 운전 중에 우연히 라디오를 틀었는데 축산 농장에 대한 프로그램이 나오고 있었다. 소를 잘 죽이는 법에 관한 내용이었다.[1]

사실 주제는 소가 아니었다. 소는 배경일 뿐이었고 방송에 소개된 것은 자폐증을 딛고 눈부신 활약을 하고 있는 어느 과학자였다. 그녀는 자극에 따라 동물이 내는 소리를 식별하는 법, 가축에게 겁이나 스트레스를 주는 요인을 추적하는 법을 다년간의 연구 끝에 밝혀 낸 사람이다. 결국 소고기 업계는 돈을 주고 그 정보를 입수하게 되는데, 이는 순전히 인도주의적 취지에서만은 아니었다. 동물이 스트레스를 많이 받으면 육질을 떨어뜨리는 각종 호르몬을 분비하기 때문이었다.

세계 최대의 일부 기업들이 이 과학자에게 의뢰하여 도축장을 방문 검사하게 했다. 그녀에 따르면 비결은 낯선 환경이 소들을 불안하게 한다는 사실에 있다. 따라서 소들의 마음을 안정시키려면 소들에게 완전히 낯익은 것이 아니면 무엇이든 도살장에서 치워야 한다. 진짜 문제는 낯선 환경이다. 그녀는 이렇게 조언한다. "젖소들이 매일 착유실에 들어갈 때마다 문에 걸려 있는 샛노란 우비들을 보아 기기에 익숙해져 있다면 아무런 문제가 없다. 그러나 도살장이나 도살 직전의 비육장에서 문에 걸려 있는 샛노란 우비를 처음 보는 소는 가지 않으려고 버틴다."2

그녀에 따르면, 일하는 사람들은 소에게 고함을 질러서는 안 된다. 전류가 흐르는 막대의 사용도 금물이다. 오히려 역효과만 나고 필요가 없기 때문이다. 그냥 만족스럽고 편안하게만 해주면 소들은 어디로 이끌든지 따라간다. 소들을 놀라게 하지도 말고, 기운을 빼지도 말고, 도살할 때까지는 다치게 하지도 말아야 한다.

나중에 이 과학자가 개발한 신기술이 대규모 도축 방식에 혁신을 몰고 왔다. 이 방식은 트럭에서 소들을 내려놓을 때 전류 막대로 찌르는 게 아니라 경사진 트랩을 따라 조용히 인도한다. 소들은 꽉 조여 주는 통로 속을 지나게 되는데, 이는 어미가 코를 비벼 대는 촉감을 본뜬 부드러운 압력 장치다. 트랩을 다 내려가면 완만하게 구부러진 길이 나온다. 갑자기 홱 도는 곳은 없다. 소들은 여태까지 수없이 많이 다니던 때와 똑같이 집에 가는 느낌을 경험한다.

그렇게 어슬렁어슬렁 걷는 사이에 소들은 더 이상 자기 발굽이 땅에 닿지 않는 것조차 모른다. 컨베이어 벨트가 소들을 천천히 살짝 위로 들어 올려놓으면 눈 깜짝할 사이에 뭉툭한 도구가 정확히 소의 양미간을 강타한다. 그 순간 소들은 가축에서 고기로 변하는

데, 자기도 모르는 사이에 되는 일이라 중간에 놀랄 겨를도 없다. 이 기술을 개발한 그녀는 도축장들에 이 방법을 권유하면서 "천국으로 가는 계단"이라는 애칭까지 붙였다.

정육 산업이 있기 오래전부터 예수는 막대보다 음성이 가축을 더 잘 이끄는 길임을 아셨다(요 10:3). 또 예수는 이끄는 음성이 낯설지 않고 귀에 익어야 하며, 고함을 지르지 않고 부드러워야 함도 아셨다. 가축은 놀라면 달아난다(요 10:5). 아울러 예수는 이런 원리가 사육 동물에만 아니라 인간에게도 적용됨을 아셨다. 그래서 그분은 이전의 예언자들과 마찬가지로, 인류 전체와 이스라엘을 양식과 보호와 지도가 필요한 양떼로 보셨다. 그리고 죽음으로 이끄는 거짓 목자들도 있음을 경고하셨다.

이것은 당신이 겪는 유혹과 어떤 관계가 있는가? 성경은 유혹자와 유혹당하는 자의 관계를 육식동물과 먹이에 비유할 때도 있지만 또한 목자와 가축에 비유할 때도 많이 있다. 우리는 추격의 대상만이 아니라 사육의 대상이기도 하다(겔 34장, 슥 11장, 요 10장). 심판으로 향하는 사람들은 도살장으로 끌려가는 어린양들로 표현된다(시 44:22, 렘 5:26; 50:17).

성경에서 그 이미지가 가장 생생히 묘사된 곳은 아마 잠언일 것이다. 한 아버지가 아들에게 성적 밀회의 진행 과정을 천천히 묘사해 준다. 독자들은 마치 그 장면을 공중에서 한눈에 내려다보는 것 같다. 아들은 유혹의 덫으로 점점 가까이 다가간다(잠 7:6-21). 아버지의 말마따나 그것은 새가 그물로 들어가는 것과 같고 소가 도

수장으로 끌려가는 것과 같다(잠 7:22-23). 잠언 뒷부분에는 "살육을 당하게 된 자"를 구원하라고 지혜로운 자에게 당부하는 내용이 나온다(잠 24:11). 유혹의 길은 임의의 돌발 사태처럼 보이지만, 사실은 머리를 쓰는 점진적 과정이다.

예수의 동생 야고보는 도살장의 언어를 잘 알았다. 교회 탄생 직후에 예루살렘에서 기독교 주교가 된 야고보는 당대의 안일한 부자들에게 경고하기를 "사치와 쾌락을" 누리고 살면 구원을 얻을 수 없다고 했다. 그는 "살육의 날에 마음을 살찌게 하였다"고 일갈했다(약 5:5, 새번역). 야고보가 그것을 알게 된 데는 본인의 경험도 작용했다. 야고보도 언제나 거룩한 사람은 아니었다. 그도 어렸을 때는 나머지 친족과 이웃들처럼 형 예수를 망상에 빠진 이기주의자나 귀신들린 이단자라고 비웃었을 것이다. 하지만 결국 그는 형을 하나님의 정확한 형상이요 우주의 정당한 통치자로 바로 보게 되었다.

야고보는 환상 속의 삶이 무엇이며 거기서 깨어나는 것이 무엇인지 잘 알았다. 예수께서 부활하신 그 다음 세대에 소규모의 기독교 모임들이 도처에 점점이 흩어져 있었는데, 그들에게 야고보는 유혹이 도사리고 있는 곳과 그 경로를 분간하려면 초자연적인 영적 지혜가 필요하다고 경고했다(약 1:5). 비참한 사실이지만 우리는 타락한 피조물이며, 따라서 늘 "미혹"될 위험에 처해 있다(약 1:14). 유혹은 정체성의 문제로 시작되어, 욕심(갈망)의 혼동으로 진행되고, 결국은 미래 쟁탈전을 벌인다. 인류 전체도 그렇고 이스라엘 백성도 그렇고 우리 개개인도 그렇다. 유혹은 배아(胚芽)의 상태이고, 사람의 성격에 따라 다르게 찾아오며, 지향하는 목적이 있다.

저 바깥에 생각보다 깊고 오래되고 무서운 무엇이 버티고 있다. 성경은 "내 문제가 무엇인가?"라는 질문에 답을 제시한다. 그러나 자기 삶 속의 유혹과 씨름하기 전에 우리는 유혹의 끔찍한 실체를 직시해야 한다. 또 예수께서 유혹을 이기시는 영광스러운 방법도 보아야 한다. 예수는 우리를 위하여 유혹의 사이클을 통과하셨고 지금도 우리와 함께 통과하신다. "마치 도살장으로 끌려가는 어린 양"처럼 그분은 광야로 나가 지옥으로 가는 계단을 타셨다(사 53:7, 새번역).

당신은 누구인가

유혹의 사이클의 첫 단계는 당신의 정체성 문제다. 야고보는 가난하고 비천한 사람들에게는 "자기의 높음을 자랑"하라고 했고, 형통하고 유망한 사람들에게는 "자기의 낮아짐을 자랑"하라고 했다(약 1:9-10). 왜 그랬을까? 유혹이 자아에 대한 환상―내가 누구인가에 대한 비뚤어진 시각―에서 시작됨을 야고보는 알았던 것이다. 당신이 복음이 아닌 현 상황을 자아 정체성의 영원한 기준으로 삼는 한, 사탄의 세력들은 당신의 환상이 자화자찬이든 자기혐오든 상관하지 않는다. 가난한 사람이 가난 때문에 자신이 존엄해질 수 없다고 생각한다면, 그는 망한 것이다. 부자가 부를 구실로 "자기 일에 골몰하는 동안에……풀의 꽃과 같이 사라짐"을 부인한다면(약1:10-11, 새번역), 그는 가망이 없다.

우주적 이야기의 맨 처음부터 유혹은 늘 거기서 시작되었다. 성경에서 인류의 조상이 타락한 기사를 보면, 그 시발점은 정체성의 문제다. 창세기의 내러티브를 보면 "들짐승 중에 가장 간교"한 신비의 뱀이 여자에게 접근한다(창3:1). 문제는 거기서 시작된다. 여자 하와와 그 남편은 하나님의 형상대로 지음 받았다(창1:26-27). 하나님은 그들에게 하나님과 서로를 제외하고 모든 것을 다스리는 권한을 주셨다. 그들은 그 통치권의 산 증거였고, 그 통치권은 "땅에 기는 모든 것"에 이르기까지 만물을 포괄하는 것이었다(창1:26).

그런데 "들짐승"은 여자에게 질문을 던져 하나님의 명령과 특권에 이의를 제기했다. 통치권은 여자 쪽에 있어 여자가 뱀을 다스리는 것인데, 뱀은 은근히 여자를 유도하여 그 반대로 행동하게 만들었다. 여자는 하나님의 형상을 지닌 우주의 여왕이며 들짐승에게 권세를 행사하는 통치자다. 그런데 뱀은 여자를 설득하여 그녀 자신을 하나님이 일러 주신 존재가 아니라 한낱 동물로 보게 만들었다.

뱀은 자신의 여왕을 동물로 대하는 동시에 또한 교묘히 꾀어 그녀 자신을 여왕 이상의 여신으로 보게 만들었다. 뱀의 심사를 통해 여자는 신의 역할을 부여받아 신처럼 행세하게 되었다. 선악의 구별도 자율적으로 하고, 자신과 남편이 성숙해지는 시점도 스스로 정하고, 하나님의 말씀까지 자신이 평가하게 된 것이다. 뱀은 그녀를 부추겨 하나님이 금하신 나무의 열매를 먹게 했다. 그 나무는 사람의 양심을 깨워 "선악을 알게 하는" 위력을 지니고 있었다(창 2:17). 뱀이 이끄는 데로 따라가니, 여자는 마치 자신이 창조주의 거룩한 감시에서 벗어난 우주의 최종 재판관처럼 보였다. 인류의 이야기의 맨 처음부터 바로 이 질문이 있었다. 당신은 누구인가?

하나님이 구원 계획에 착수하여 새로운 민족을 형성하실 때도 마찬가지다. 그분은 아브라함의 후손으로 한 민족을 만드시고 그들을 통해 세상을 구원하실 것을 약속하셨다. 그런데 이스라엘의 이야기도 유혹의 내러티브로 시작된다. 우선 **이스라엘**이라는 이름 자체가 아브라함의 손자인 일개 개인으로 시작되며, 그 단어의 뜻은 "하나님과 씨름한 자"다. 야곱은 원래 큰 민족의 조상이 될 사람이 아니었다. 그 소명은 그보다 조금 먼저 태어난 쌍둥이 형 에서의 몫이었다.

야곱이 이스라엘의 조상이 된 것은 형을 속여 식사 한 끼에 형의 유업인 장자권을 빼앗았기 때문이다. 하와가 유혹을 당할 때와 마찬가지로 성경에서 이 사건도 정체성의 문제로 막을 연다. 처음부터 에서는 불길한 징조를 안고 있었다. 그는 태어날 때부터 몸이 붉었고 동물처럼 털로 뒤덮여 있었다. 그래서 '붉다'는 뜻의 이름을 받았다. 동물 같은 용모와 붉은색은 나중에 둘 다 그의 삶에 섬뜩하게 등장한다. 맏아들로 태어난 에서는 족장의 자질을 수련해야 할 사람이었다. 창세기 본문에 그는 "사냥꾼"으로 규정되는데 (창 25:27), 이 정체성이 평생 그를 따라다니며 더 구체화된다. 에서는 자기 아버지를 위한 사냥꾼으로 수련되었던 것이다.

성경에 보면 이삭은 "에서가 사냥한 고기를 좋아하므로" 그를 사랑했다(창 25:28). 아버지가 아들을 충실한 사냥개처럼 이용하여 자기가 즐겨 먹는 고기를 조달하게 한 것이다. 이삭은 아들에게 "공급자 아버지"의 본을 보이지 못했고, 에서를 자기 자식을 부양하는 사람으로 기르지 못했다. 오히려 이삭은 아들을 이용하여 자신의 배를 채우는 "소비자 아버지"였다. 이러한 관계는 이삭이 늙어 죽을 때까지 계속된다. 죽어가는 마당에도 그는 에서가 잡아 온 고기를 요구했다. 그래서는 안 될 일이었다.

예수는 이 두 이야기 속에 그리고 우리의 이야기 속에 들어오신다. 복음서의 기사에 보면 "그때에 예수께서 성령에게 이끌리어 마귀에게 시험을 받으러 광야로 가사"라고 되어 있다(마 4:1). 4세기의 기독교 지도자 존 크리소스톰John Chrysostom의 예리한 지적대로, 여기서 "그때에"라는 단어가 굉장히 중요하다.[3] 예수는 바로 "그때에" 곧 아버지께서 그분의 정체를 공적으로 밝히신 후에야 광야로 가셨다. 예수께서 겪으신 유혹을 이해하려면, 그분이 광야에 들어가실 때 아직 머리털이 물에 젖어 있었음을 알아야 한다.

성경에 보면, 예수는 공생애를 시작하실 때 먼저 사촌을 찾아가 세례를 요구하셨다. 그 사촌은 광야에서 세례를 베풀던 요한이라는 예언자였다. 세례를 종교 의식으로만 본다면 그 일이 아주 당연하고 문제될 게 없어 보일 것이다. 하지만 세례는 그 이상의 의미를 가진다. 당신이 언덕에서 현장을 내려다보았다면 예언자와 예수 사이에 오간 길고 어색한 대화가 눈에 띄었을 것이다. 그것은 의논 같았지만 사실은 논쟁이었다. 세례자 요한은 어깻짓을 하며 손사래를 치다 결국 예수와 함께 강물 속으로 들어갔다. 복음서에 나와 있듯이, 요한은 예수의 부탁에 마지못해 응해 세례를 주었다.

요한이 어리둥절하여 당황한 것은 지극히 당연한 일이다. 원래 이 세례는 하나님의 심판을 일깨우는 하나의 표징이다. 그래서 그것은 회개의 세례다. 강가로 내려온 "독사의 자식들"은 "임박한 진노"에 대한 "경고"를 들어야 했다(마 3:7). 물에 들어감으로써 사람들은, 자신이 심판 날에 하나님의 키질하는 불에 타 마땅한 존재임을 인정한다. 물속에서 깨끗하게 되면서 그들은 하나님의 진노가 홍수처럼 쏟아질 때 자신을 거기서 구해 달라고 "하나님을 향한 선한 양심의 간구"로 부르짖는다(벧전 3:21). 세례를 요구하시는 예수의 말씀이 요한에게는 마치 당신의 배우자가 아동 성폭행 사범들의 명단에 끼고 싶다고 말하는 소리처럼 들렸을 것이다. 그럼에도 예수는 그것이 "모든 의를 이루는" 데 꼭 필요한 일이라 말씀하셨다(마 3:15). 예수는 요한이 본 그분의 정체성을 반박하신 게 아니라 오히려 확증하셨다. 실로 그분은 세상 죄를 지고 가실 하나님의 어린양이었다. 예수께서 요한에게 하신 말씀은 사실상 이런 것이다. "맞다. 나의 하나님이 누구인지 모르고는 너는 내가 누구인지 알 수 없다. 또한 나의 백성이 누구인지 모르고는 너는 내가 누구인지 알 수 없다."

　당신이 현장을 지켜보는 가운데 두 사촌이 물에서 올라올 때 군중 속에 소요가 일었을 것이다. 그리고 어디선가 저 위에서 신비한 임재가 쏟아져 내렸을 것이다. 나중에 알고 보니 그것은 예수 위에 비둘기 같이 임하신 성령이었다(마 3:16). 더 놀라운 일은, 하늘에서 뇌성 같은 소리가 나서 "이는 내 사랑하는 아들이요 내 기뻐하는 자라"고 공표하셨다는 것이다(마 3:17).

　세례를 보지 않고는 유혹을 이해할 수 없다. 물은 야성을 지니고 있다. 당신의 몸은 대부분 물로 이루어져 있으며, 목숨을 부지하려면 물이 필요하다. 하지만 물은 당신을 익사시킬 수도 있고 홍수처럼 목숨을 삼켜 버릴 수도 있다. 창조의 첫 순간에 야성의 땅은 "혼돈하고 공허하며" 물로 덮여 있었고 "하나님의 영은 물 위에 움직이고" 계셨다(창 1:2, 새번역). 성경이 불시의 위험을 묘사할 때 가장 자주 사용하는 이미지는 바다의 이미지다. 성경에 약속된 대로 바다가 죽은 자들을 내어줄 것이며, 장차 임할 나라에는 더 이상 바다가 없다(계 21:1).

　바로 그 물속에서 예수는 우리와 동화하셨고 하나님은 예수와 동화하셨다. 이후의 모든 유혹을 통해 사탄은 세례 때 들려온 하나님의 음성을 뒤집으려 했다. "네가 만일 하나님의 아들이어든……." 이것은 사탄이 에덴동산에서 했던 "하나님이 참으로……〔말씀〕하시더냐"라는 말을 표현만 바꾼 것이다. 세례는 예수께서 왕위에 오르신 사건이자 전쟁의 선포였다.

하나님의 음성 그대로 예수는 "내 사랑하는 아들"이었다. 그때나 지금이나 그것이 그분의 정체다. 그렇다면 예수께서 "하나님의 아들"이라는 말은 그분께나 우리에게 어떤 의미가 있는가? 예수를 따라 광야로 들어가기 전에 우리는 먼저 이 질문에 답해야 한다.

성경에 보듯이 자녀는 아버지와의 관계 속에서 자기가 누구인지를 배운다. 그래서 성경 이야기 속의 인물들은 "눈의 아들 여호수아"나 "세배대의 아들 요한"으로 등장한다. 당신과 나의 정체는 우주적 아버지를 따라 형성된다. 천지간의 모든 부성은 바로 그 아버지에게서 유래한 것이다(엡 3:14-15). 우리 안에는 아버지 하나님께서 "너는 내 아들이라. 오늘 내가 너를 낳았도다"라고 공표하시는 그 부자관계의 역동성이 내재되어 있다(시 2:7).

예수의 속성이 하나님과 동일함은 분명한 사실이지만, 예수가 아들이라는 의미는 거기서 끝나지 않는다. 예수가 아들이라는 사실에는 또한 그분의 인성이 포함된다. 누가가 특히 그 점을 강조한다. 누가는 이 이야기의 한가운데인 세례와 유혹 사이에 예수의 족보를 밝히고 있다. 성경의 전형적인 틀—"누구의 아들, 누구의 아들, 누구의 아들……"(ESV)—을 따라 조상을 추적해 올라가는 족보는 결국 아담에까지 이른다. 하지만 족보의 끝은 아담이 아니다. 아담은 "하나님의 아들"이었다(눅 3:38).

예수의 사명은 세상을 하나님이 본래 의도하신 상태로 회복하시는 것이었으므로, 그분은 (아버지의 주권 아래 계시는) 피통치자이자 동시에 (만물을 그 발아래 다스리시는) 통치자로 사셔야 했다. 다시 말해, 그리스도는 인간들의 지배를 받으셨으나 사실은 그들이 그분의 지배하에 있다. 그러기 위해 영원하신 말씀이 육신(인간의 속성)과 거기에 함축된 모든 것을 입으셨다. 예수는 단지 인간의 속성이 아니라 인간 자체이셨다. 곧 그분은 사람이셨다. 그분이 하나님의 아들이라는 데는 이런 의미도 있다.

또한 세례를 통하여 예수는 특별히 하나님의 언약 백성인 이스라엘 민족과 동화하셨다. 성경에 보면 이스라엘은 "하나님의 아들"로 지칭된다. 이스라엘 민족사의 가장 의미심장한 순간에 하나님은 예언자 모세를 통해 자신을 계시하시며 이집트의 왕 바로와 싸우셨다. 바로가 하나님의 아들을 잘못 대하고 있었기 때문이다.

물론 당시의 이스라엘은 번식력이 왕성한 히브리 노예에 지나지 않았을 뿐, 제국이 눈여겨볼 상대가 못 되었다. 다만 이집트는 노예들의 수가 많아져 반란이라도 일어나면 무임 노동력에 기초한 경제가 무너질까 봐 그것을 우려했을 뿐이다. 바로가 권력을 행사한 이유는 그가 신의 아들로 통했기 때문이다.

이 이집트의 폭군에게 모세는 하나님의 말씀을 이렇게 대언했다. "여호와의 말씀에 이스라엘은 내 아들 내 장자라. 내가 네게 이르기를 내 아들을 보내 주어 나를 섬기게 하라"(출 4:22-23). 바로가 히브리 민족을 자기 영토에서 내보내지 않자, 하나님은 그에 대한 복수로 바로의 아들까지 포함하여 이집트의 모든 장자를 쳐서 죽게 하셨다(출 4:23, 12:29-30).

하나님은 이스라엘을 인도하여 무사히 바닷물을 통과하게 하심으로 누가 자기의 아들인지 입증하셨다. 바로의 군대는 그분의 심판을 받아서 바다 속에 수장되었다. 사도 바울은 이스라엘이 물속을 통과한 이 사건을 "세례"라고 표현했다(고전 10:2). 회개하며 요한과 함께 물속에 들어간 죄인들처럼 이스라엘도 하나님의 진노를 무사히 통과했다. 더욱이 하나님은 이 아들을 구별하여 자신의 임재의 가시적 증표를 주셨다. 낮에는 구름, 밤에는 불을 그들 위에 머물게 하신 것이다. 이 사건은 하나님 앞에서 이스라엘의 정체가 무엇인지를, 이스라엘에게는 물론 적에게도 끊임없이 상기시켜 주었다. 하나님은 "이스라엘이 어린아이일 때에, 내가 그를 사랑하여 내 아들을 이집트에서 불러냈다"라고 선포하셨다(호 11:1, 새번역).

이스라엘은 종살이에서 벗어날 때만 아니라 약속의 땅에 들어갈 때도 그런 "세례"를 경험했다. 하나님은 모세의 후계자 여호수아에게 "바로 오늘부터 내가 너를 모든 이스라엘 사람이 보는 앞에서 위대한 지도자로 세우고, 내가 모세와 함께 있던 것처럼 너와 함께 있다는 사실을 그들이 알게 하겠다"고 말씀하셨다(수 3:7, 새번역). 그래서 그분은 모세에게 홍해를 갈라 주신 것처럼 여호수아에게 요단강 물을 갈라 주셨다.

요단강에서 세례자 요한은 장차 임할 심판을 무리에게 경고하면서 그들의 민족적 정체성을 의지하지 말라고 했다. 그는 "속으로 아브라함이 우리 조상이라 말하지 말라. 내가 너희에게 이르노니 하나님이 능히 이 돌들로도 아브라함의 자손이 되게 하시리라"

고 설파했다(눅 3:8). 요한이 무리에게 지적한 대로, 이스라엘이란 단순히 민족적 혈통의 문제가 아니었던 것이다.

본래 아브라함도 하나님께서 아브라함, 곧 "많은 민족의 조상"으로 선포해 주시기 전까지는 현재의 이라크 출신의 이방인에 불과했다(롬 4:17). 우상을 따르는 사람들은 하나님의 복을 유업으로 받지 못하는데, 호세아는 하나님의 아들 이스라엘이 바로 그런 죄를 저질렀다고 말한다(호 11:2). 열매 없는 나무가 도끼에 찍혀 불 속에 던져지듯이(눅 3:9) 그런 사람들은 결국 유업을 잃는다.

예수는 물속에서 이스라엘의 역사를 재현하신다. 출애굽 때처럼 그분도 하나님의 공언을 통해 자신의 정체를 들으시고, 심판의 물속을 통과하시고, 하늘로부터 온 하나님의 임재의 가시적 증표를 보신다. 이스라엘이 약속의 땅을 정복했듯이, 그분도 물속을 지나고 적과 싸워 결국 유업을 받으신다. 그분의 이름 예수는 본래 히브리어로 여호수아이고, 그분이 가신 강은 요단강이다. 그분이 하나님의 아들이라는 데는 이런 의미도 있다.

끝으로, "하나님의 아들"이라는 말은 예수가 이스라엘의 정당한 왕이자 궁극적으로 모든 나라의 왕임을 가리킨다. 바로처럼 고대 왕들이 스스로 신의 "아들"로 자처한 예는 흔히 있었다. 하나님은 정말 왕위에 오르실 분을 "아들"이라는 말로 표현하셨다. 그분은 다윗의 왕위를 이을 상속자에 대해 "나는 그에게 아버지가 되고 그는 내게 아들이 되리니"라고 약속하셨다(삼하 7:14). 하나님은 그 왕을 "장자로 삼고 세상 왕들에게 지존자가 되게" 하시겠다고 약속하셨다(시 89:27).

　이스라엘 역사를 보면 왕이 하나님의 아들이라는 증표는 다음과 같이 나타났다. 예언자가 그를 하나님의 사람으로 공표하고 기름을 부으면 성령께서 그에게 임하셨다. 예컨대 다윗은 사무엘에게 왕으로 공인되어 머리에 기름 부음을 받고 성령을 받았다. 왕의 칭호와 부와 신하와 첩들은 아직 사울에게 있었지만, 하나님은 그를 버려 이스라엘의 왕이 되지 못하게 하셨다. 권좌는 그대로였지만 성령께서 떠나셨고, 대신 악한 영들이 그를 괴롭혔다.

　예수는 세례 받으실 때 다윗의 대망의 상속자로 드러나신다. 예언자 엘리야의 성정을 받은 예언자 요한이 예수께서 하나님의 택함을 받으신 분임을 공인한다. 다만 이번에는 기름 부음과 공표가 예언자의 중재를 통해 이루어지지 않고, 하나님의 음성이 직접 예수를 왕의 아들로 공표하시고 성령의 기름을 부으신다. 예수가 하나님의 아들이라는 데는 이런 의미도 있다.

　그렇다면 세례를 통해 예수가 아들로 선포된 사실은 현재 당신이 끌리고 있는 유혹과 무슨 관계가 있는가? 예수는 세례를 통해 당신과 동화하셨고 하나님은 예수와 동화하셨다. 여기 새 사람, 새 이스라엘, 새 왕, 새 출발이 있다. 그래서 뱀은 예수의 정체성에 의문을 제기하려 했다. 사탄은 에덴동산에서도 우리의 정체성에 의문을 제기했고, 지금 당신이 처한 자리에서도 마찬가지다. 하지만 예수는 거기 물속에 서서 하나님 앞에서 부끄러워하지 않으셨고, 곧 보겠지만 당신의 형제가 되기를 부끄러워하지 않으셨다.

아담과 하와는 동산을 거니시는 하나님의 소리를 듣고 두려워 숨었지만, 예수는 아버지의 음성 앞에 부끄러움 없이 서신다. 이스라엘은 광야의 불붙은 산 앞에서 떨면서 하나님의 음성을 듣지 않게 해달라고 애원했지만(출 20:19), 예수는 아버지의 음성 앞에 두려움 없이 서신다. 그들은 사탄의 저주를 받아 수치에 눌려 있었지만, 예수는 아무것도 숨길 게 없으시다. 아버지께서 그분을 기뻐하신다. 그런데 마귀는 교묘한 표현으로 첫 의문을 제기한다. 그 의문은 마귀가 던지는 미끼의 조건절인 "네가 만일 하나님의 아들이어든"이라는 말 속에 숨어 있다.

이것이야말로 오늘날까지도 귀신의 세력들이 공격을 개시할 때 퍼붓는 집중 포화다. 축산 농장은 소들이 자신을 애완동물이나 친구나 그냥 홀로 "자유로운" 존재라고 착각하게 만든다. 소들은 머잖아 고기로 변할 존재이지만 축산 농장은 소들이 그것을 인식하지 못하게 한다. 사람들이 말 따로 행동 따로일 수 있는 이유는 바로 정체성의 혼돈 때문이다. 그리스도인다운 사고와 세계관을 아무리 훈련시켜도 사람들이 여전히 인생을 망치는 것 또한 그 때문이다.

대부분의 사람들은 불같이 화를 내거나 폭음을 일삼거나 전쟁 포로를 고문하거나 제3세계 노동자를 착취하거나 인근 수원지에 독극물을 버리는 일 따위를 "선택하지" 않는다. 대부분의 사람들은 먼저 간음이 옳은 일이라고 결론부터 내려놓고 나서 공상 속에 이웃의 옷을 벗기는 게 아니다. 대부분의 사람들은 먼저 폭식을 예찬하는 법부터 배우고 나서 온갖 기름진 음식을 배가 터지도록 먹는 게 아니다. 사실은 순서가 그 반대다.

우리는 "이 같은 일을 행하는 자는 사형에 해당한다고 하나님께서 정하심을 알고도" 일단 자기가 하고 싶은 대로 한다. 그러고 나서야 "그런 일을 행하는 자들을 옳다"고 한다(롬 1:32). 먼저 우리는 자신을 특별한 존재나 가망 없는 존재로 본다. 그러면 통상적 제한이 나에게만은 적용되지 않는 것처럼 보인다.

어쩌면 당신은 지금 어떤 악습에 빠져 있을 수 있다. 만일 내가 묻는다면 당신은 그것이 도덕적·윤리적으로 왜 잘못된 일인지 정확히 말할 수 있을 것이다. 당신에게 상황을 진단할 만한 인지적 능력이 부족한 것이 아니다. 그보다 당신은 점차 자신의 상황이 예외적이라 믿게 되고("나는 신이다"), 그리하여 그 행위가 엄밀히 말해 절도나 시기심이나 미움이나 음행이나 권력 남용 따위가 아니라는 온갖 구실을 대게 된다("나는 선악을 구별할 수 있다"). 또는 당신은 자신이 욕심 앞에 무력하다고 믿고("나는 동물이다"), 그리하여 감쪽같이 책임에서 벗어난다("나는 결코 죽지 않는다"). 당신은 자신이 누구인지 망각한 것이다. 당신은 피조물이며 또한 왕이나 여왕이다. 당신은 짐승도 아니고 신도 아니다. 유혹은 바로 그 문제에서 시작된다.

당신이 요단 강가에 서서 예수께서 세례 받으시는 장면을 지켜보았다면, 충격파처럼 퍼져 나오는 영광에 정신이 번쩍 났을지도 모른다. 이스라엘의 하나님께서 자신이 약속하신 메시아를 이제 공공연히 귀에 들리고 눈에 보이게 드러내셨으니 말이다. 주변 사람들은 충격과 외경심에 젖어 로마의 전복이나 다윗의 왕위 같은 큰일을 입에 올렸을지 모른다. 당신은 이 새 왕이 어서 성령의 능력을 발휘하시기를 바랐을지 모른다. 하지만 정작 당신에게 보인 것은, 그분이 머리의 물을 털어 내신 뒤 잠시 멈추어 강둑의 흙을 보다가 광야로 멀어져 가시는 모습이었을 것이다. 당신 곁을 지나실 때 그분이 뱀의 머리를 상하게 하리라고 나직이 혼잣말을 하시는 소리가 당신에게 들렸을지 모른다. 예수는 자신이 누구인지 아신다. 당신은 자신이 누구라고 생각하는가?

당신은 무엇을 원하는가

유혹의 두 번째 단계는 욕심(갈망)의 혼동이다. 예루살렘의 야고보는 양떼에게, 그들이 반드시 지독한 유혹에 맞닥뜨릴 것과 이를 하나님 탓으로 돌리고 싶어질 것을 예고했다. 야고보는 "사람이 시험을 받을 때에 내가 하나님께 시험을 받는다 하지 말지니 하나님은 악에게 시험을 받지도 아니하시고 친히 아무도 시험하지 아니하시느니라"고 썼다(약 1:13). 당신에게는 이것이 문제로 보이지 않을 것이다. 당신이 "회사 돈을 횡령하여 위조 신분증을 가지고 멕시코의 휴양지로 떠나라고 하나님이 나를 꾀시는 것 같다"라고 말할 일은 절대로 없을 테니 말이다.

그러나 위험한 것은 우리가 유혹을 원래부터 있도록 되어 있는 우주의 정상적 일부로 생각할 수 있다는 점이다. 신자들이나 비신자들이나 마찬가지다. 우리는 "사람이 시험을 당하는 것은 각각 자기의 욕심에 이끌려서 꾐에 빠지기 때문"임을 알아야 한다(약 1:14, 새번역). 사실 인류의 이야기는 사람이 자신의 비뚤어진 욕심에 넘어가 놓고는 엉뚱하게 하나님을 탓하는 것으로 시작된다("하나님이 주셔서 나와 함께 있게 하신 여자가", 창 3:12).

하나님은 우리 인간을 지으실 때 아무 의욕도 없는 백지 상태로 짓지 않으셨다. 우리에게는 사명이 있었고 그 사명을 수행하려면 여러 가지 욕구가 필요했다. 우선 삶을 지속하려면 식욕이 필요하다. 생육하고 번성하려면 성욕도 필요하다. 땅을 정복하려면 창조 욕구도 필요하다. 이 모두는 완벽하게—말 그대로 완벽하게—인간의 일면이다.

뱀은 하와를 공격할 때 하나님이 그녀 안에 지어 놓으신 갈망에 호소했다. 그 갈망 자체는 창조세계 전체처럼 "심히 좋"은 것이었다(창 1:31). 하와는 "먹음직"한 것을 갈망하도록 지음 받았다(창 3:6). 하나님이 사방의 나무마다 맛있는 음식을 풍성히 지어 놓으셨기 때문이다. 하와는 또 아름다움을 분간하도록 지음 받았다. 유혹의 기사 바로 앞을 보면, 창조세계의 아름다움이 예찬되면서 장엄한 우주와 짙푸른 동산이 시적으로 자세히 묘사되어 있다. 하와가 금단의 열매가 "보암직"하다는 점에 매혹된 것은 당연한 일이다(창 3:6). 하와는 또 지혜로워지고 하나님을 닮고 싶도록 지음 받았다. 본래 그녀는 하나님의 형상대로 창조되었고, 하나님을 대신

하여 창조세계를 다스리되 그분처럼 지혜로 다스리게 되어 있었다(잠 8:22-31). 그러니 그녀가 자신을 지혜롭게 해줄 수 있는 열매에 유혹을 느낀 것은 이상한 일이 아니다.

뱀은 영악한지라 처음부터 대놓고 하나님의 선하심이나 주권에 이의를 제기하지 않았다. 대신에 그는 하와로 하여금 그녀가 원하는 것이 무엇이며 왜 지금은 그것이 없는지 곰곰이 생각하게 했다. 하와의 갈망을 시기심으로, 시기심을 다시 행동으로 이끌어 간 것이다. 하와는 자기 욕심에 끌려 미혹되어 뱀의 노예가 되고 말았다.

이스라엘 최초의 유혹의 내러티브에서도 비슷한 기사를 볼 수 있다. 야곱과 에서의 이야기는 사건의 완벽한 연출(마귀의 입장에서 보면 그렇다는 말이다)에서 절정에 달한다. 들에서 돌아온 맏아들 에서는 "심히 피곤"하고 배가 고팠다. 그래서 그는 천막 근처의 솥에 "붉은 것"을 요리하고 있던 동생 야곱에게 다가가 "내가 피곤하니 그 붉은 것을 내가 먹게 하라"고 소리쳤다(창 25:30).

웬만한 사람은 그 요리에 썩 식욕이 당기지 않을 것이다. 염소 고기에 붉은 콩이 섞였을 그 요리의 냄새를 당신이 맡는다면 아마 욕지기를 참아야 할지도 모른다. 에서에게도 그것은 아주 평범한 음식이었을 것이다. 그것은 에서가 숲에 나가 잡아 온 고기의 진미가 아니었다. 그런데도 심신이 약해지자 그는 무엇보다 간절히 그것을 원했고, 말 그대로 "무엇이든" 팔아서라도 그것을 얻어 냈다.

전체 내러티브는 아주 무미건조하게 진행되다가 끝날 때는 속사포처럼 끝난다. "에서가 먹으며 마시고 일어나 갔으니 에서가 장자의 명분을 가볍게 여김이었더라"(창 25:34). 굶주린 사냥꾼은 그 붉은 것을 게 눈 감추듯 한순간에 먹어 치웠다. 에서는 자기 욕심에 끌려 미혹되었고 미혹의 종국은 사망이었다.

우리 욕심의 싸움 속에 들어가신 예수를 생각할 때, 우리는 유혹을 하나님의 행위로 착각해서는 안 된다는 야고보의 경고를 기억해야 한다. 그런데 그 일은 어려워 보인다. 성경에 예수께서 성령에게 "이끌리어 마귀에게 시험〔유혹〕을 받으러" 광야로 가셨다고 분명히 나와 있기 때문이다(마 4:1).

하나님이 예수를 유혹으로 이끄신단 말인가? 이는 예수께서 우리에게 기도하라고 가르치신 "시험〔유혹〕에 들게 하지 마옵시고"의 정반대가 아닌가? 마치 하나님과 사탄이 예수를 공동의 적으로 삼아 합동작전을 펴는 것 같지 않은가? 하지만 그것은 결코 있을 수 없는 일이다. 그보다 예수는 유혹과 시험을 함께 받으셨다.

야고보가 가르친 유혹의 똑같은 속성이 여기 광야에서는 내러티브의 형태로 나온다. 우리나 예수를 유혹하는 것은 하나님이 아니다(약 1:13). 유혹temptation이란 악 쪽으로 꾐을 받는 것이다. "하나님은 빛이시요 하나님 안에는 어둠이 전혀 없다"(요일 1:5, 새번역). 그러나 하나님은 우리에게 시험test을 주시며 예수도 우리의 시험에 동참하신다. 야고보는 "시험을 참는 자는 복이 있나니 이는 시련을 견디어 낸 자가······생명의 면류관을 얻을 것이기 때문이라"고 썼다(약 1:12). 시험과 유혹의 차이는 사소한 문제가 아니다. 유혹의 목표는 악하지만 시험의 목표는 우리로 "온전하고 구비하여 조금도 부족함이 없게 하려 함"이다(약 1:4).

    욥기라는 오래된 책에서 하나님의 시험과 사탄의 유혹의 상호작용을 조금 엿볼 수 있다. 본문에 보면 하나님을 경외하며 사는 한 의인이 등장한다. "땅을 두루 돌아 여기저기 다녀"온 사탄이 하늘의 하나님 앞에 나타나 욥의 순종이 순전히 이해타산 때문이라며 욥을 고발했다. 욥의 하나님은 사탄에게 욥을 건드리도록 허용하셨지만, 사탄은 하나님이 정해 주신 테두리를 벗어나 욥의 생명을 취할 수는 없었다(욥 1:6-2:10). 사탄은 악한 의도에서 욥을 꾀어 하나님을 저주하게 만들려 했지만, 하나님은 의로운 의도에서 자기 종 욥의 순전함을 입증하려 하셨다.

    사도 바울도 고린도 교회에 쓴 편지에 비슷한 상황을 고백했다. 그는 "사탄의 사자" 곧 신기한 육체의 가시가 "나를 쳐서" 괴롭게 한다고 말했다(고후 12:7). 그러면서 자신이 "여러 계시를 받은 것이 지극히 크므로 너무 자만하지 않게" 하려고 그런 사탄의 짐이 있는 것이라고 했다. 그렇다면 본질상 교만과 자만의 세력인 사탄이 바울을 성화시키려고 겸손을 길러 주었단 말인가? 그럴 리가 없다. 다만 하나님이 사탄의 악의까지도 합력하여 선을 이루게 하셨을 뿐이다(창 50:20, 행 2:23-24; 4:27-28, 롬 8:28). 하나님의 시험과 사탄의 유혹이 동일한 사건에서 겹쳐질 수 있으나 그 둘은 근본적으로 다르다. 동기도 다르고 의도하는 결과도 다르다. 광야에서 사탄은 예수의 갈망을 지배하여 세상을 정죄하시게 만들려고 했다. 그러나 예수의 아버지께서는 전혀 다른 생각을 품고 계셨다.

이미 보았듯이 사탄의 세력은 인류 전체를 미혹하여 하나님의 통치에서 벗어나게 만들었다. 그것이 우리 인류의 우주적 이야기다. 예수는 우리처럼 갈망하는 인간이 되어 인간의 갈망을 바로잡으신다. 타락한 뒤로 우리의 갈망은 사탄의 갈망을 닮게 되었고, 그래서 인류는 악에서 헤어나지 못하고 있다. 예수의 갈망이 예수의 정체를 시험해야 했다.

새 인간이신 예수는 그분의 조상이자 우리의 조상이 시험받은 그곳으로 가셨다. 고백자 막시무스Maximus가 역설했듯이, 악한 세력들은 주 예수께서 아담과 하와처럼 인간의 몸을 입으신 것을 보고 그분도 최초의 부부처럼 동일한 기만에 취약하실 줄 알았다. 예수께서 "거기에 응하신 것은 우리처럼 유혹을 경험하심으로 악한 세력을 도발하여 그의 공격을 무찌르시고, 태초에 아담을 미혹했듯이 자신을 미혹하려는 세력을 죽이기 위해서였다."[4] 예수는 아담이 섰던 곳에 서서 아담이 잃은 것을 되찾으셨다. 첫째 아담은 하나님이 복 주신 동산에서 시험받아 쓰러졌지만, 둘째 아담은 하나님이 저주하신 광야에서 시험받아 승리하셨다.

예수께서 40일 동안 광야에 계셨다는 사실도 우연이 아니다. 예수는 인류의 보편적 이야기만 아니라 이스라엘의 특수한 이야기도 재현하셨다. 이스라엘도 홍해에서 "세례"를 받은 뒤에 성령에 이끌려 광야로 가서 시험을 받았다. 하나님은 거기서 그들에게 악을 행하신 것이 아니라 오히려 "사람이 자기의 아들을 안는 것 같이" 그들을 안고 광야를 통과하셨다(신 1:31). 거의 처음부터 이스라엘 백성은 "우리가 정말 하나님의 자녀인가?" 하고 의문을 품었다. 시험이 닥치자 그들은 공급과 보호와 명예라는 자기네 욕심을 기준으로 오히려 하나님을 시험했다. 이집트의 적에게 임했던 것과 똑같은 종류의 재앙을 당한 후에도 이스라엘은 훈련받기를 거부했고, 선을 베푸시는 하나님의 뜻에 따르기를 거부했다. 결국 대다수가 약속의 땅에 들어가지 못하고 광야에 남겨졌다(고전 10:5). 세상에서 가장 온유한 사람인 모세도 그 땅을 유업으로 얻을 만큼은 온유하지 못했다(신 3:23-29).

전체 출애굽 세대 중에서 오직 갈렙과 여호수아만 유업의 땅에 들어갈 수 있었다. 그들은 하나님의 약속을 처음부터 믿었고 끝까지 그분의 말씀에 충실했다. 여호수아는 부모 세대가 반항할 때 너무 어려서 선악을 분별하지 못하던 "아이들"을 이끌고 그 땅에 들어갔다(신 1:39).

몸에 할례의 표만 남긴다고 해서 이스라엘이 되는 게 결코 아니었다. 광야에 엎드러진 모든 시체는 할례를 받은 상태였다. 문제는 마음의 할례였다. 사람의 갈망이 하나님의 갈망에 합한 것인지가 관건이었다(신 10:16, 롬 2:29). 예수께서 광야에서 받으신 마음의 시험은 일찍이 조상들을 쓰러뜨린 것과 똑같은 시험이었다. 이로써 그분이 하나님의 참 이스라엘이요 주의 길로 행하는 거룩한 나라임이 밝혀진 것이다. 참 여호수아이신 그분은 개척자로서 백성보다 앞서가 미리 적군을 살피시고, 때가 되면 군대를 이끄시는 분이다. 시험을 통해 예수는 명실상부한 이스라엘이요 하나님의 아들로 입증된다.

아울러 예수께 왕의 자격이 있음도 광야의 시험을 통해 밝혀진다. 일찍이 이스라엘의 왕들은 군사력, 성적 쾌락, 보복의 살인, 물질적 부 등 빗나간 욕심을 좇다가 정권을 무너뜨리기 일쑤였다. 그러나 예수는 자신이 신명기 17장에 밝혀진 이스라엘 나라의 왕에 대한 하나님의 기준에 부합함을 입증하셨다. 그분은 목자이자 하나님의 아들로서 자기 백성을 다스리신다.

이전의 왕들처럼 예수도 기름 부음을 받자마자 전쟁터로 나가셨다. 사울과 다윗은 성령께서 임하신 뒤에 전쟁터에 나가 민족의 적과 싸워야 했다. 초기의 이런 소규모 접전은 그들에게 왕의 힘이 어디서 오는지를 가르치기 위한 것이었다. 하나님께서는 이는 "힘으로도 되지 않고, 권력으로도 되지 않으며, 오직 나의 영으로만" 된다고 말씀하셨다(슥 4:6, 새번역).

예수는 그저 왕이 아니라 구체적으로 다윗 혈통의 왕으로 기름 부음을 받으셨다. 다윗은 기름 부음을 받은 후에 광야로 나가 사울에게 쫓겨 다녔다. 사울은 하나님께 퇴위를 당하고도 아직 자신의 왕권이 무너진 것을 보지 못했다. 결국 다윗은 하나님의 보호와 천부적 지혜로 사울의 덫과 올무에서 벗어났다. 그는 살아남아 왕위에 올랐고, 그 과정에서 그는 자신의 적처럼 되지 않았다. 하나님은 장차 다른 왕이 기름 부음을 받을 것을 약속하시며 그에 대해 "원수들이 그를 이겨 내지 못하며, 악한 무리가 그를 괴롭히지 못할 것이다"라고 약속하셨다(시 89:22, 새번역). 그분이 바로 광야에서 마귀와 씨름하신 왕 예수다.

예수께서 당하신 유혹을 논할 때면 꼭 이렇게 묻는 사람이 있다. "예수는 그때 죄를 지으실 수도 있었는가?" 간단히 말해서 답은 "그럴 수 있다"라는 단어의 의미에 달려 있다. 이렇게 반문하고 싶다. 당신이 가장 사랑하는 사람을 생각해 보라. 그 사람의 얼굴을 마음속에 떠올린 채로 이렇게 자문해 보라. "나는 이 사람을 죽일 수 있는가?" 물론 당신은 "말도 안 된다!"라고 답할 것이다. 그러면서 당신이 그 사람을 얼마나 사랑하는지, 그 사람이 당신에게 얼마나 큰 의미가 있는지 말할 것이다. 당신은 그 사람을 죽일 수 없다. 그 행위 자체가 당신의 모든 것과 어긋나기 때문이다. (주의할 사항이 있다. 만일 당신이 선선히 "그렇고말고!"라고 답했다면 이 책을 내려놓고 전문가의 도움을 받기 바란다.)

당신은 "그럴 수 있다"라는 단어를 도덕적 능력의 의미로 썼다. 하지만 이 단어에는 물리적 능력의 의미도 있다. 당신은 사랑하는 사람을 죽일 "수 없다"라고 말하지만, 그것이 물리적으로 그 사람을 죽일 능력이 없다는 뜻은 아니다. 절대로 그런 일을 하지 않겠다는 의미일 뿐이다.

신성과 인성을 겸비하신 예수는 하나님과 인간의 연합체이시다. 물론 하나님은 도덕적으로 죄를 지으실 수 없다. 하지만 인성을 지니신 예수는 인간이 본래 갈망하도록 되어 있는 것들을 정말로 갈망하신다. "예수는 그때 죄를 지으실 수도 있었는가?"라는 말이 "그분의 속성이 빛이면서 동시에 어둠일 수 있는가?"라는 뜻이라면, 답은 부정이다. 하지만 그 말이 "빵을 먹고, 성전에서 뛰어내리고, 무릎 꿇고 사탄을 주로 고백할 수 있는 물리적 능력이 그분께 있었는가?"라는 의미라면, 답은 당연히 긍정이다.

바로 이 부분에서 우리는 예수와 우리의 연대성을 자주 오해하곤 한다. 우리는 죄가 있는 우리의 현 상태를 "본래의" 모습으로 생각할 때가 너무 많다. 이는 죄가 없는 세상을 경험해 보지 못했기 때문이다. 당신이 만일 기름이 유출된 해안에서 쭉 자랐다면 갈매기가 원래 까만색인 줄 알 것이다. 그러다 독서나 여행을 통해 자연 상태의 새를 보면, 당신의 경험이 비정상이며 본래는 그렇지 않음을 알게 된다. 전혀 인간답지 못한 속성을 우리는 "지극히 인간다운" 속성으로 치부할 때가 너무 많다. 사실 그것은 에덴의 타락 이후로 인간에게 기생하는 사탄의 속성이다.

성경에 보면, 예수는 유혹당하는 우리를 "동정"하시는 분이다(히 4:15). 하지만 이 동정을 뭔가 심리적 동기에서 죄를 무시하거나 축소한다는 의미로 생각한다면 그것은 오산이다. 친구들끼리 둘러앉아 저마다 자신이 느끼는 유혹을 털어놓을 때 좌중에서 나올 반응을 생각해 보라. 한 친구가 정욕을 고백하면 다수가 이해한다는 뜻으로 고개를 끄덕일 것이다. 다른 친구가 용서하지 않는 마음이나 욱하는 성질을 털어놓으면 이번에도 몇 사람이 "그 심정 나도 안다"며 격려해 줄 것이다. 하지만 누가 "나는 자꾸만 고양이를 분쇄기에 넣고 싶다"고 말한다면 고갯짓과 격려가 사라질 것이다. 아마 당신은 믿어지지 않아 옆 사람을 쿡 찌를 것이고, 맞은편 사람과 이런 의미의 눈빛을 교환할 것이다. "야, 이건 병 아니야!" 남들이 지은 죄를 나도 지었다면 대개 우리는 그런 죄일수록 정당화를 가장 잘한다. 그만큼 공감이 가기 때문이다.[5]

히브리서에 따르면, 예수는 "범사에 형제들과 같이 되심이 마땅"했다(2:17). 이것은 영적 전투의 행위였다. "자녀들은 혈과 육에 속하였으매 그도 또한 같은 모양으로 혈과 육을 함께 지니심은 죽음을 통하여 죽음의 세력을 잡은 자 곧 마귀를 멸하시며"(히 2:14). 예수는 한 인간으로서—"하나님의 아들"의 하나로서—우리와 연대하셨는데, 이는 그분이 땀구멍, 대변, 아드레날린 분비 등 모든 면에서 우리와 같아지셨다는 뜻이다.

게다가 이 인성은 신체적인 것만이 아니었다. 성경에서 "육"은 단지 물질을 가리키는 적이 없다. 그분은 정서적·의지적·지적·영적인 면에서도 인간의 삶을 취하셨다. 인간 예수는 정말 뭔가를 원하셨다. 그분은 외로울 수 있었고 배고플 수 있었다. 화날 수 있었고 피곤할 수 있었다. 그분은 죄가 없으신 것만 빼고는 우리처럼 그 모두를 경험하셨다.

우리는 내가 유혹을 견디듯 예수도 유혹을 견디셨을 줄로 생각한다. 물론 그분은 견디셨다. 하지만 우리가 "유혹"에 포함시키는 것 중 많은 부분은 그분께 전혀 유혹이 아니다. 그것들은 창조주께 받은 우리의 선한 갈망에 호소하는 것이 아니라 배아 단계의 악한 욕심이다. 예수께서 광야에서 받으신 시험은 정말 40일간의 고문이었지만, 이 고문은 그분이 우리처럼 금지된 것들을 갈망하셨기 때문이 아니다. 이 고문은 인간의 선한 갈망을 타고나신 그분이 (당분간) 금지된 것들 속에 내재된 각각의 선(善)을 갈망하셨기 때문이다.

우리를 향한 예수의 동정은 주로 심리적인 것이 아니다(물론 그리스도께서 우리의 체질이 흙임을 아시고 그것을 직접 경험하셨지만 말이다). 그분의 동정은 주로 동화(同化)되심이다. 성경은 말하기를 그분이 시험받을 때 고난을 당하셨기에 "시험받는 자들을 능히 도우실 수 있느니라"고 했다(히 2:18). 이 동정은 그분이 "자비하고 신실한 대제사장"의 자격이 있음을 보여준다(히 2:14-17). 다시 말해, 그분은 하나님 앞의 인간 중보자이시다. 그래서 이것은 말 그대로 동정이다. 동정이란 본래 곁에서 함께 느낀다, 공감한다, 함께 아파한다는 뜻이다.

예수께서 갈망(욕심)까지 포함하여 모든 면에서 인간의 속성을 취하신 것은 중요한 일이다. 이로써 그분이 인간의 속성을 변화시켜, 하나님의 형상을 온전히 비추는 영광을 우리에게 되찾아 주실 것이기 때문이다. 아담이 옛 사람의 출발점이었듯이, 예수는 하나님 앞에서 새 사람의 온전한 의미를 자기 안에서 "통일"시키셨다(엡 1:10).

그래서 그분은 성령의 인도 아래 인간의 갈망을 되찾으셔야 했다. 성경은 "그가 아들이시면서도 받으신 고난으로 순종함을 배워서 온전하게 되셨은즉 자기에게 순종하는 모든 자에게 영원한 구원의 근원이 되"셨다고 말한다(히 5:8-9). 예수께서 유혹당하는 우리를 동정하신다는 것은 곧 자기 안에서 인간의 정욕("육신")을 하나님 나라("성령") 쪽으로 승화시키셨다는 뜻이다. 그분은 아버지와의 한결같은 교제를 통해 인간의 뜻을 "나의 원대로 마시옵고 아버지의 원대로 하옵소서"라는 기도로 다스리셨고, 이로써 인간의 뜻을 변화시키셨다(마 26:39, 막 14:36).[6]

이는 그분 자신을 위한 일이 아니었다. 그처럼 완벽히 일치된 뜻을 그분은 "창세전"부터 아버지와의 교제 속에서 이미 누리고 계셨다(요 17:5). 예수는 현재와 미래의 제자들에 대해 "내가 그들을 위하여 나를 거룩하게 하는 것은, 그들도 진리로 거룩하게 하려는 것이"라고 말씀하셨다(요 17:19, 새번역). 예수를 광야 길로 인도하신―그리고 죽음에서 살리신―성령이 이제 믿음으로 예수께 붙어 있는 모든 사람들 속에 흐르고 계신다(롬 8장). 나무에 붙어 있는 가지들 속으로 나무에서 양분이 흐르는 것과 마찬가지다(요 15장).

곧 살펴보겠지만, 사탄의 세력은 끈질기게 예수를 공략하되 그분이 원하시는 것들을 가지고 공략했다. 사탄은 우리가 흔히 생각하듯이 예수께 독자적인 힘을 행사하라고 부추긴 것이 아니다. 그보다 사탄은 예수께 하나님의 능력을 이용하라고 꼬드겼다. 다시 말해, 사탄은 아들 예수가 자기 욕심을 최고의 목표로 삼고 아버지와의 교제를 수단으로 삼기를 원했던 것이다. 그렇게 되면 인간의 욕심은 하나님의 선하신 기쁨으로부터 영영 떨어져 나오게 되고, 인류는 "육체의 욕심을 따라 지내며 육체와 마음의 원하는 것을 하여" 귀신의 왕에게 끌려 다니게 된다(엡 2:3).

욕심에는 강력한 힘이 있다. 이 부분에서 다윈은 분명히 옳았다. 진화론을 어떻게 생각하든 분명한 사실이 하나 있다. 이성에게 마음이 끌릴 때 "내 유전자를 다음 세대에 제대로 전수시켜 줄 양질의 유전자 덩어리가 저기 있구나"라고 생각하는 사람은 거의 없다는 것이다. 설령 그것이 배경이 된다 해도(나는 그렇지 않다고 확신하며 적어도 배경의 전부는 아니다), "저 여자는 골반이 넓어 아기를 잘 낳겠구나!"라든지 "남자의 근육이 저 정도면 악당에게서 자식을 충분히 지켜 줄 수 있겠지"라고 생각하는 사람은 거의 없다. 또 우리는 자기가 왜 특정한 음식을 좋아하는지, 왜 오전 내내 한나절씩 늦잠을 자고 싶은지, 왜 강박적으로 일에 매달리는지 등에 대해서도 합리적 사고를 하지 않는다. 그냥 자기가 좋아하는 것이나 사람에게 끌릴 뿐, 그 이유를 다 인지하지 못할 수 있다. 우리는 단순히 자기가 원하는 것을 원하며, 어떤 때는 원하고 싶지 않은 것도 원한다. 세상에는 우리의 선한 목자이신 예수만 아니라 다른 목자들도 있으며, 다른 목자들도 아흔아홉 마리 양을 두고 한 마리 양을 찾아 나선다.

결국 당신은 "영을 따라" 행하지 않고 "육신을 따라" 행하게 된다(롬 8:4-8). 하나님의 인도하심에 따르는 것이 아니라 하나님의 통치를 벗어나 자신의 동물적 본능을 따라 사는 것이다. 갈망이 무엇이든—음식, 관심, 칭찬, 모험, 명예, 안전, 순간의 소원 등—일단 그 갈망의 방향이 틀어져 본래의 목적에서 벗어나면 그것이 당신의 주인이 된다.

정욕의 인력(引力)은 늘 "타오르는" 욕망의 해소를 약속한다. '이번 한 번만 회사 사람들을 약간 험담하여 동료를 조종해야지.' '그냥 포르노라는 게 어떤 건지 슬쩍 보기만 하는 거다.' 하지만 욕망은 미끼다. 욕망을 하나님께서 우주를 설계하신 지혜대로 해소하지 않으면 욕망은 영영 채워지지 않는다.

결국 욕심은 늘 만족을 구하지만 결코 얻지 못한 채 당신을 지배하게 된다(벧후 2:19). 야고보가 교회들에 경고했듯이, "욕심을 내어도 얻지 못하"고 "시기하여도 능히 취하지 못하므로" 정욕이 "너희 지체 중에서 싸우는" 것이다(약 4:1-2). 명예를 탐하는 사람을 만족시켜 줄 상한선이란 없다. 금전적 성공을 열망하는 사람이 "이 정도면 됐다"고 말할 수 있는 액수도 없다. 평생 지속될 만큼 짜릿한 오르가즘도 없다. 유혹이 지속되고 내면화되면 당신은 "죄 짓기를 그치지 않"게 된다(벧후 2:14, 새번역). 욕심의 포로가 되는 것이다.

당신이 유혹 쪽으로 다가가면 귀신의 세력은 당신이 원하는 바를 막는 게 아니라 오히려 적극 협조한다. 도살장에서 일하는 사람들이 소들을 놀라지 않게 하고 배불리 먹여 만족시켜 주는 데는 이유가 있다. 그 길로 끝까지 가면 도축장이 기다리고 있다. 욕심의 미끼는 한순간에 불쑥 생겨나는 법이 없다. 그러면 당신은 겁이 나 달아날 것이다. 욕심이란 조금씩 길러져야 결국 거기에 선뜻 굴하게 된다. 에서가 만일 배가 불렀다면 국 한 그릇에 유업을 파는 정신 나간 거래 따위는 생각지도 않았을 것이다. 다윗이 만일 골리앗을 이긴 직후에 밧세바의 알몸을 보았다면, 아마도 얼굴을 붉히며 자리를 떴을 것이다. 추락은 언제나 때가 찬 결과다.

원래 유혹은 교묘하며 사람의 성격에 따라 다르게 찾아온다. 애벌레 상태로 있다가 때가 차면 파괴적인 야수의 세력으로 등장하는 것이 유혹의 전략이다. 그래서 야고보는 욕심의 "미혹"을 말할 때 배아에 빗대어 표현했다. "욕심이 잉태한즉 죄를 낳고 죄가 장성한즉 사망을 낳느니라"(약 1:14-15).

귀신의 세력들은 당신을 지켜보고 있다. 그들은 지금까지 수천 년 동안 인간의 속성을 관찰했다. 하지만 그것만으로 부족하다. 농부이자 시인인 웬델 베리Wendell Berry가 지적했듯이, 유능한 목축업자는 동물을 대할 때 종과 품종의 특성만 아니라 "동물 하나하나의 개성"까지 알아야 한다.[7] 저 바깥의 영적 세력들은 우주의 전문 목축업자로서, 당신만의 욕심이 작용하는 방식에 따라 맞춤식 유혹을 구상한다. 그들은 무엇이 당신의 고개를 돌아가게 하고 당신의 맥박을 빨라지게 하는지 유심히 본다. 로마 병사가 주 예수의 팔뚝에 못을 대고 피하정맥을 더듬어 찾듯이, 귀신들도 당신을 살펴서 약점을 찾아내 그것으로 당신을 십자가에 못 박으려 한다. 그들은 당신이 원하는 바를 알아내 그것을 가져다준다.

잠언 7장의 미련한 아들은 자기가 원하는 바를 일사천리로 얻었다. 음녀는 그에게 욕망을 품었고 음녀의 남편은 마침 출장을 떠났다. 모든 게 척척 들어맞았다. 정말 무슨 섭리처럼 느껴졌을 것이다.

때로 그리스도인들은 어떤 기회가 열리는 것을 보고 그에 따라 결정을 내린다. 영적인 표현으로 우리는 "열린 문, 닫힌 문"에 대해 자주 말한다. 상황 속에서 "하나님이 역사하시는 곳을 보고" 그것을 하나님이 우리를 인도하신다는 증거로 삼는 것이다. 물론 결정을 내리기 위해 주변 상황을 살피는 것은 지혜로운 일이다. 하지만 때로 사람들은 자기 삶 속의 "열린 문"을 무조건 전진의 신호로 단정한다. 모든 것이 완벽하게 척척 맞아들어 가는데 어떻게 그 길이 옳지 않을 수 있겠는가? 하지만 악한 세력이 당신 앞에 지옥의 방으로 직통하는 문을 열어 주고 있다면 어찌할 것인가?

그렇다면 예수의 갈망에 닥친 시험은 당신이 현재 겪고 있는 유혹과 어떤 관계가 있는가? 잠시 책을 내려놓고 무인도의 시험을 치러 보라. 몇 년 전 한 친구에게서 이런 말을 들었다. 그는 자신에게 유혹이 되는 문제가 하나 있는데, 겉보기에는 몇 년 전에 극복한 것 같지만 사실은 회개한 게 아니라고 했다. "그냥 유혹의 기회만 차단해 둔 상태"라고 했다. 자신이 아직 그런 상태에 있다는 근거는 이랬다. 만일 주위에 아무도 없이 자기 혼자 무인도에 있고 완전히 비밀이 보장된다면, "나는 그 유혹대로 행할 것이다. 분명히 그럴 것이다"라는 것이었다.

지금 당신에게 그 질문을 해보라. 당신이 바라는 대로 무엇이든 할 수 있고, 그러고 나서 아무 일도 없었던 것처럼 시간을 되돌릴 수 있다고 가정해 보라. 당신의 삶이나 직장이나 가정에 아무런 영향도 없을 것이고, 심판 날에 아무런 평가도 당하지 않을 것이다.

그 유혹은 무엇인가? 지금 마음속에 떠오르는 유혹이 무엇이든, 그것을 보면 당신의 욕심이 자라고 있는 부분을 잘 알 수 있다.

예수는 무인도의 시험에 통과하셨다. 그곳은 정말 주위에 아무도 없는 황무지였다. 그분이 유혹에 굴하셨다 해도 아무도 알 수 없었다. 적어도 인간은 알 수 없었다. 하지만 그분은 자신과 우리를 위해 신뢰와 순종으로 이기셨다. 예수는 갈망의 시험에서 하나님께 순종하시는 분으로 드러났고, 그래서 능하신 대제사장이자 새 인류의 머리가 되셨다. 성령으로 말미암아 그분은 능히 우리의 갈망이 그분의 갈망을 닮아 하나님과 이웃을 향하게 하실 수 있다. 그러는 동안 사방에서 온갖 음성이 당신에게 이렇게 물을 것이다. "당신은 무엇을 원하는가?"

당신은 어디로 가고 있는가

내가 인터뷰를 들었던 도살장 컨설턴트는 가끔 자신이 검사하는 농장을 사람들에게 관람시키며 육류의 가공 과정을 가르친다. 자칫 그 시간은 악몽으로 변할 수 있다고 한다. 어떤 여자는 처음부터 피가 낭자한 도축장으로 잘못 들어갔다가 온 사방에서 일어나는 살육을 보며 큰 충격을 받았다. 과학자는 구역질하는 그녀를 위층의 좁은 통로로 데려가 진정시켜 주었다. 거기는 소들이 죽음의 자리를 향해 얌전히 걸어가는 아주 평온한 장면이 보이는 곳이었다. 조금 전에 피를 보며 받았던 충격이 가라앉자 그제야 그녀는 통로를 나서며 "이제 좀 괜찮네요"라고 말했다.[8] 중간 과정을 생략한 채 최종 단계만 보면 정말 끔찍하다. 그러니 소들이 그것을 안다면 어떻겠는지 생각해 보라.

유혹의 사이클의 마지막 단계는 당신의 미래를 빼앗는 것이다. 야고보는 욕심이 죄를 낳고 "죄가 장성한즉 사망을 낳느니라"고 경고했다(약 1:15). 유혹은 당신에게 닥칠 미래가 숨겨져 있어야만 통한다. 그래서 마귀는 최후의 심판 날을 포함하여 유혹의 모든 결과를 눈에 보이지 않게 감추어 놓거나 완전히 부정한다.

성경의 첫 유혹은 미래 쟁탈전이었다. 하나님은 인류에게 복의 그림(인류의 다스림 아래 결실하는 우주)과 저주의 그림(사망에 지배당하는 우주)을 보이셨다. 그분은 남자와 여자에게 "선악을 알게 하는 나무의 열매는 먹지 말라. 네가 먹는 날에는 반드시 죽으리라"고 말씀하셨다(창 2:17). 하나님은 인간을 지으실 때 음식, 예배, 교제, 섹스, 직업 등의 욕구를 주셨듯이 또한 생명의 욕구도 주셨다. 영적인 독이 든 음식을 먹는 것은 그런 본성에 어긋나는 자살 행위다. 하와를 그 지점으로 몰아가기 위해 뱀은 "너희가 결코 죽지 아니하리라"라는 자기 나름의 미래를 제시해야 했다(창 3:4). 하와에게 미래의 다른 가능성을 제시한 것인데, 그것은 바로 창조주께 복종하지 않고 스스로 신이 되는 것이었다.

하지만 뱀은 하와에게 심판을 영원히 숨길 의도는 없었다. 하와가 타락하여 남편을 끌어들일 때까지만 숨기면 되었다. 결국 뱀의 관심은 선악을 알게 하는 나무에 있었던 게 아니라 생명나무에 있었다. 생명나무는 하나님이 아담과 하와의 존재를 지속시켜 주시는 원천이었다. 사탄은 그들도 자기처럼 되면 하나님과의 교제에서 분리되어 심판 때 하나님의 성소에서 추방될 것을 알았다. 생명을 주는 그 나무와 단절되는 것이다.

성경에 밝혀져 있듯이 악한 세력들 곧 고소하는 자들은 "하나님 앞에서 밤낮" 인류를 감시하고 참소한다(계 12:10). 그들은 왜 고소하는 것일까? 우리에게서 하나님의 형상을 걷어 내고 대신 거룩하신 하나님을 대적하는 사형에 해당하는 죄를 씌우기 위해서다. 악한 세력들은 하나님의 정당한 권좌에는 오를 수 없지만 인간의 정당한 권좌에는 오를 수 있다. 그들은 처음부터 살인한 자들이며(요 8:44) 역사의 시초로부터 썩어 가는 시체와 낭자한 피의 악취를 풍긴다.

이스라엘의 첫 유혹에서도 미래는 시야에서 가려져 있었다. 결국 언제나 그렇듯이, 이 경우에도 욕심은 죽음에 대한 두려움과 맞물려 있었다. 사기꾼 동생 야곱은 에서의 장자권(맏아들로서 아버지의 유업을 이어받을 권리)을 붉은 음식 한 그릇과 바꾸자며 거래를 제안했다. 그러자 에서는 우리가 부끄러워 차마 눈을 들 수 없는 대답을 내놓았다. "이것 봐라, 나는 지금 죽을 지경이다. 지금 나에게 맏아들의 권리가 뭐 그리 대단한 거냐"(창 25:32, 새번역). 하지만 그 그릇 속에 사망이 들어 있었다.

에서가 잃은 것은 자기만의 것이 아니었다. 그것은 자신의 계보 전체, 곧 이후의 모든 후손의 것이었다. 출생 순서상 그는 언약 백성의 족장이 되어야 했고, 따라서 그 백성은 "아브라함과 이삭과 에서"의 후손이 되어야 했다. 그런데 한순간의 식욕 때문에 그 자신은 물론 만대 후손까지 딴 길로 벗어나고 말았다. 에서가 마침내 그것을 깨달은 시점은, 한순간의 공복감과 한순간의 군침이 사라진 지 오랜 후였다. 하지만 그는 "눈물을 흘리며 구하되 버린 바가 되어 회개할 기회를 얻지 못하"였다(히 12:17).

이것이야말로 예수께서 광야에서 당하신 시험의 가장 결정적인 부분일 것이다. 뒤에서 보겠지만 그분이 당하신 유혹 중 일부는 솔직히 우리에게는 다소 사소해 보인다. 그러나 만일 예수께서 어느 한순간이라도 사탄의 제의에 굴하셨다면 그분은 죄인이 되었을 것이다. 하나님을 경외하는 것이 아니라 사탄을 두려워하는 자가 되었을 것이다. 이스라엘과 온 우주의 왕이 될 자격을 잃었을 것이다. 그리고 당신과 나는 지금 지옥에 있을 것이다.

예수께서 나가신 곳이 "광야"임을 잊지 말라. 성경의 세계에서 사막은 가장 원초적인 차원에서 위험한 곳이었다. 건조하고, 열매가 없고, 외롭고, 길들여지지 않은 곳이다. 예로부터 많은 그리스도인들이 사탄의 타락에 관한 말씀으로 믿은 성경 본문이 있다. 거기에 보면 원수가 "열국을 놀라게 하며 세계를 황무하게like a desert" 했다고 되어 있다(사 14:16-17). 하나님의 심판은 땅이 선사시대의 상태("혼돈하고 공허"한 상태, 창 1:2)로 돌아간다는 뜻이다. 하나님이 진노하시면 그 결과로 "좋은 땅이 황무지desert가 되"고 "그 모든 성읍이……무너"진다(렘 4:26). 사막은 말 그대로 버려진 곳이요 "승냥이의 거처"다(렘 10:22). 하나님은 "가시덤불과 엉겅퀴"로 땅을 저주하셨는데(창 3:18) 그것을 가장 극한의 상태로 볼 수 있는 곳이 광야desert다. 곧 보겠지만 광야의 땅에서는 사람이 빵을 만들어 낸다는 것이 사실상 불가능하다(창 3:17-19).

옛 예언들에 공표된 하나님 나라는 광야의 반대다. 그곳은 "마른 땅에 냇물 같을 것"이며(사 32:2), 사막에 생수가 흘러 나무가 자라고 물고기가 노는 곳으로 변할 것이다(겔 47:1-12). 말세에 "광야와 메마른 땅이 기뻐하며 사막이 백합화 같이 피어 즐거워하며……광야에서 물이 솟겠고 사막에서 시내가 흐를 것"이다(사 35:1, 6). 그때에 사람들은 "이 땅이 황폐하더니 이제는 에덴동산 같이 되었고 황량하고 적막하고 무너진 성읍들에 성벽과 주민이 있다"라고 말할 것이다(겔 36:35). 성령께서 부어지시면 "광야가 아름다운 밭이 되며 아름다운 밭을 숲으로 여기게 되"는데 이는 "정의가 광야에 거하"기 때문이다(사 32:15-16). 그러나 예수께서 가신 광야는 전혀 열매가 없고 즐거움이 없는 곳이었다.

성경에서 광야는 시험의 장소만이 아니라 심판의 장소를 대변한다. 광야에서 새 아담이신 예수는 첫 아담이 불러온 저주를 경험하셨다. 옛 이스라엘이 우상을 숭배하고 하나님을 원망하여 방황을 자초했듯이, 새 이스라엘이신 예수께서도 40일 동안 그렇게 방황하며 고생하셨다. 또한 새 왕이신 예수는 통치할 대상이 하나도 없는 유랑의 황무지를 떠도셨다.

우리의 첫 조상이 뱀에게 통치권을 내주었을 때 하나님은 그 상태가 영원히 지속되지 않을 것을 공표하셨다. 뱀 신은 거꾸러지되 바로 악한 세력들이 미워하는 그것을 통해 거꾸러질 것이다. 다시 말해서, 하나님은 그분의 형상을 닮은 인류를 통해 우주를 통치하실 것이다. 하나님은 여자의 "후손"이 뱀의 머리를 상하게 하리라고 말씀하셨다(창 3:15).

그러나 대대로 뱀이 코를 킁킁댈 때마다 인간의 후손은 온통 죽음의 악취로 뒤덮여 있었다. 성경의 족보들은 하나같이 다 "죽었더라, 죽었더라, 죽었더라"로 끝난다. 다른 모든 역사의 족보도 마찬가지다. 모든 죽음은 하나의 증거였다. 시체는 사탄의 공모 세력이었고, 따라서 생명나무와 단절되어 있었다. 악한 세력들은 수천 년에 걸쳐 "우리는 결코 죽지 아니하리라"는 말로 위안을 삼았을 것이다. 그러나 마침내 하나님의 아들이 오셨다.

홍해에서 물세례를 받은 이스라엘이 광야에서는 불세례를 받았다. 그들은 하나님의 심판을 자초했고, 그래서 잠시 지나는 곳—"사망의 음침한 골짜기"(시 23:4)—이어야 할 광야가 죄의 처형장으로 변했다. 그들은 적들이 바다 속에 수장되어 다 끝난 줄로 알았다. 하지만 광야에 그리고 할례 받지 못한 그들의 마음속에 여전히 적이 도사리고 있었다. 그들이 늘 하나님께 반항했으므로 무수히 많은 시체가 광야에 버려졌다. 광야를 무사히 통과하는 것은 자비이고(겔 20:17) 광야에 남겨지는 것은 심판이다.

요한의 유대인 독자들은 구약성경을 잘 알았다. 그들은 동물이 인간의 죄를 "지고" 광야로 간다는 개념을 알고 있었다. 이스라엘 백성이 광야를 방황하는 동안 하나님은 그들에게 동물을 죽여 제사장을 통해 그분께 바치라고 하셨다. 하나님께 지은 죄를 희생 제물이 흘린 피로 속하게 하신 것이다. 제사장은 또한 살아 있는 염소에게 안수하여 "이스라엘 자손의 모든 불의와 그 범한 모든 죄를 아뢰"었다(레 16:21). 그리고 나서 "그 죄를 염소의 머리에 두어······광야로 보"냈다(레 16:21). 하나님은 모세를 통하여 "염소가 그들의 모든 불의를 지고 접근하기 어려운 땅에 이르거든 그는 그 염소를 광야에 놓을지니라"고 명하셨다(레 16:22). 하나님의 말씀대로 그들은 이 염소를 산 채로 드렸다가 "아사셀을 위하여 광야로 보"내야 했다(레 16:10). 신비의 존재인 구약의 아사셀은 염소 귀신으로 알려져 있다. 저 멀리 혼돈 속에 있는 악하고 두려운 존재인 것이다.

때로 그리스도인들은 우리가 마귀로부터 구원받는 것인지 하나님의 진노로부터 구원받는 것인지 논쟁을 벌여 왔다. 성경은 분명히 둘 다라고 답한다. 우리는 반항한 인류에게 임하는 하나님의 심판으로부터 구원받는 것이다. 죄의 삯은 사망이다. 하지만 사탄에게 넘겨지는 것이야말로 하나님의 무시무시한 심판이다(고전 5:1-5). 하나님이 사망이라는 형벌을 시행하시는 방법은 불의한 자들을, 죽음의 세력을 잡은 자 곧 마귀에게 넘겨주시는 것이다(히 2:14). 그래서 광야에서 이스라엘에게 임한 하나님의 가장 무서운 심판 중 하나는 뱀을 통해서 왔다.

이스라엘은 광야에서 하나님께 번번이 반항했는데, 그중 한 사건을 보면, 하나님이 "불뱀들을 백성 중에 보내어……이스라엘 백성 중에 죽은 자가 많"았다(민 21:6). 일부 사람들이 자비를 구하며 부르짖자 하나님은 모세에게 놋뱀을 만들어 장대에 달라고 지시하셨다. 그분은 백성에게 "물린 자마다 그것을 보면 살리라"고 말씀하셨다(민 21:8). 백성에게 독사와 사망이라는 저주가 임했는데, 이 저주에서 벗어나려면 그들은 높이 들린 그 저주 자체를 보아야 했다. 훗날 예수께서 밝혀 주셨듯이, 심판을 면하는 이 방법은 미래의 다른 일을 예표하는 것이었다. 그분은 자신을 찾아온 랍비에게 "모세가 광야에서 뱀을 든 것 같이 인자도 들려야 하리니 이는 그를 믿는 자마다 영생을 얻게 하려 하심이니라"고 말씀하셨다(요 3:14-15).

하나님의 택함을 받아 세상의 구속자가 되신 예수는 친히 우리의 불의를 담당하셨다(사 53:4-5). 그분은 우리를 위해 율법의 형벌을 지시고 저주를 받으셨다(갈 3:13). 그분이 이 저주에 동화하신 일은 골고다에서 그분의 손에 못이 박힐 때 시작된 것이 아니다. 예수께서 우리의 심판에 동화하신 일은 그분이 우리를 위해 회개의 세례를 받으실 때 시작되었고, 그분이 우리를 위해 일차로 "영문 밖으로" 나가 옛 저주의 장본인과 대결하실 때 시작되었다(히 13:13).

광야에서 예수는 자신을 제사장이자 제물로 준비하셨다. 제물로서 그분은 시험을 통해 흠과 점이 없으신 분으로 밝혀졌다. 대제사장으로서 그분은 하나님의 임재 안에 들어가 자신의 피를 바치기에 합당하신 분으로 밝혀졌다. 하지만 모든 대제사장처럼 그분도 자신이 대표하는 백성 중 하나가 되셔야 했고("사람 가운데서 택한 자이므로 하나님께 속한 일에 사람을 위하여", 히 5:1) 또 하나님의 택하심을 받으셔야 했다("이 존귀는 아무도 스스로 취하지 못하고", 히 5:4).

고대 히브리 민족과 우리 사이에 긴 시간 간격이 있지만, 그래도 우리는 그것이 상당히 정의로운 조치임을 알 수 있다. 당신이 죄를 지어 법정에 섰다고 생각해 보라. 당신의 사건에 대해 입력된 자료를 컴퓨터 프로그램이 법조항과 비교하는 방법도 이론상 가능하다. 하지만 당신은 그 방법을 원하지 않고 동료 인간들로 구성된 배심원단을 원할 것이다. 이번에는 같은 법정에 당신이 피고가 아니라 유족으로 나와, 당신의 가족이나 친구를 죽인 연쇄 살인범을 상대로 증언한다고 생각해 보라. 재판장이 연쇄 살인범 자신이라면 당신에게 문제가 될까? 물론이다. 그것은 정의롭지 못한 일이므로, 당신은 무슨 수를 써서라도 항의할 것이다.

성경은 "그러므로 그가 범사에 형제들과 같이 되심이 마땅하도다. 이는 하나님의 일에 자비하고 신실한 대제사장이 되어 백성의 죄를 속량하려 하심이라. 그가 시험을 받아 고난을 당하셨은즉 시험받는 자들을 능히 도우실 수 있느니라"고 말한다(히 2:17-18). 그분은 능히 제물을 바치실 수 있다. 친히 우리 중 하나가 되어 속속들이 시험을 받으시되 "죄는 없으시"기 때문이다(히 4:15).

이 광야의 사건은 장차 올 십자가와 부활을 예표한다. 유혹의 내러티브 이전과 이후에 똑같이 성령이 임재하신 사실(눅 4:1, 14)

은 아무리 강조해도 지나치지 않다. 본래 성령은 기름 부음의 표, 하나님이 왕에게 임재하신다는 표다. 사울이 하나님께 반항하자 성령이 그를 떠나셨다. 다윗은 간음과 살인을 저지른 뒤에 회개하면서 자신에게 그런 운명이 임하지 않게 해달라고 간구했다(시 51:11). 세례 받으신 예수 위에 강림하셨고 광야로 그분을 이끄셨던 성령이 예수께서 유혹과 시험을 받고 돌아오실 때도 그대로 그분께 머물러 계셨다. 예수는 고난을 참고 견디다가 무덤에 버려지신 것이 아니다.

광야에서까지도 하나님은 예수께 충만히 임재하셨고, 그리하여 장차 임할 하나님의 심판뿐 아니라 장차 임할 하나님의 평화도 우리 눈앞에 함께 펼쳐진다. "들짐승들과 함께 지내셨는데, 천사들이 그의 시중을 들었다"(막 1:13, 새번역). 예수는 조상인 아담이나 이스라엘과 달리 육식동물의 먹이가 아니다. 짐승들도 그분의 왕권을 알아본다. 천사의 화염검이 그분을 낙원에 들어오지 못하게 막지 못한다. 천사들도 그것을 안다. 그분은 인간과 천사와 동물 사이에 회복될 평화의 질서를 자신을 통해 예시하신다. 죄와 사망이 사라지는 날, 그 일이 실현될 것이 성경에 예언되어 있다(사 9:1-7). 광야의 소리가 외쳤던 것처럼 하나님 나라는 지금 인간들 가운데 임하여 있다.

당신과 내가 광야를 통과할 때 유혹의 세력들은 미래를 보는 우리의 눈을 변질시키려 할 것이다. 우리 조상들과 예수께 했던 것처럼 말이다. 아침마다 기름에 흠뻑 튀긴 도넛을 먹으면 콜레스테롤 수치가 올라간다는 것을 아무리 잘 알아도, 심장마비의 가능성을 함께 생각하지 않는 한 아무런 소용이 없다. 나는 우리 아이들에게 장난감 블록은 주지만 성냥은 주지 않는다. 집에 불이 나면 어찌될지 미리 생각할 수 있기 때문이다. 어느 교인이 내 정수리의 흰머리 한 올이 "눈에 거슬린다"고 말해도 나는 그를 바닥에 때려눕히는 게 아니라 그냥 참고 듣는다. 그리스도를 섬길 사역의 기회를 잃으면 어찌될지 미리 내다볼 수 있기 때문이다(물론 때려눕히는 게 잘못된 일이기도 하고 말이다). 사람은 미래를 보는 눈을 잃으면 결국 미치게 된다.

예컨대 여태까지 내가 접했던 거의 모든 간음의 사례들을 보면, 바람을 피우는 남자나 여자는 정말 자기가 들키지 않을 거라고 믿는다. 그들은 대개 이혼할 마음이 없으며, 모든 것을—배우자와 자녀와 내연의 연인까지—그대로 유지하기 원한다. 이는 세상의 순리에 완전히 어긋나는 불합리한 일이다. 그런데도 나한테만은 그게 통할 것이라고 확신하거나 자신을 다그칠 수 있다. 나는 특별한 존재가 아니던가. 그것이 유혹의 작용 방식이다. 우리는 그 행위가 불러올 당장의 결과와 영원한 결과를 머릿속에서 밀쳐 낸다.

하나님에 대해서도 우리는 그분이 보지 않으시거나(시 10:11, 94:7) 절대로 내게 책임을 묻지 않으실 거라고(시 10:13) 억지를 부린다. 하지만 그러려면 하나님이 지어 주신 우리의 양심을 잠재워야 한다. 창조주의 법정에서 우리가 받게 될 심판의 기준을 양심이 자꾸만 일깨워 주기 때문이다(롬 2:16).

귀신의 세력들은 우리가 원하는 바를 가져다줄 뿐 아니라 그것을 은폐하는 일까지 도와준다. 한동안은 그렇다. 바로 거기에 아이러니가 있다. 당신은 들키지 않았기에 대개 여러 가지 유혹을 넘나들며 신나게 즐긴다. 마치 자신이 보호막에 싸여 있어 법을 비켜가는 듯한 환상에 빠진다. 하지만 악한 세력들은 당신이 아직은 들키기를 원하지 않는다. 이렇게 일찍은 아니다. 도살장까지 가려면 아직 멀었다. 그들의 수명은 고작 70-80년이 아니다. 그들은 예전부터 있었고 인내심이 대단하다. 그들은 당신이 파멸하여 자신과 가정과 하나님 나라에, 그리고 당신이 품고 있는 그리스도의 형상에 최악의 결과가 닥칠 때까지 얼마든지 기다릴 용의가 있다. 그래서 그들은 당신의 은폐를 돕지만 때가 되면 무자비하게 당신을 전부 까발릴 것이다. 그 일은 당신이 전혀 모르고 있는 사이에 벌어질 것이다.

눈에 보이지 않는 악한 존재들은 전에는 율법의 내용을 반박했으나, 이제는 율법의 일점일획까지 들먹이며 우리가 그것을 어떻게 어겼는지 지적한다. 그들도 전에는 우리처럼 장차 심판이 있을 가능성조차 비웃었으나 이제는 심판의 확실성을 우리 눈앞에 치켜든다. 그들은 우리의 변질된 양심을 증거로 내세우며 우리를 고소한다. 우리도 그들의 고소 내용이 옳음을 안다.

예수께서 광야에서 겪으신 유혹이 우리에게 그토록 큰 해방을 가져다주는 것도 같은 이유에서다. 물론 그분은 귀신의 세력들에게 공격을 받으셨다. 그들은 그분을 고소하려 했다. 하지만 그분은 또한 아버지께 시험과 감찰을 받으셨고, 그리하여 그분의 마음이 순전하시다는 것이 확실히 입증되었다. 이 그리스도의 영을 통해 다윗은 "주께서 내 마음을 시험하시고 밤에 내게 오시어서 나를 감찰하셨으나 흠을 찾지 못하셨사오니"라고 하나님께 노래했다 (시 17:3).

예수는 아담이나 이스라엘이나 나와 달리 늘 자신의 미래를 기억하셨다. 사탄의 유혹 앞에서 그분은 물러나지 않으셨다. 아무것도 숨길 게 없으셨기 때문이다. 골고다로 가시는 길에 예수는 "이 세상의 통치자가 가까이 오고 있……다. 그는 나를 어떻게 할 아무런 권한이 없다"라고 말씀하셨다(요 14:30, 새번역). 하나님 나라는 유혹과 시험을 당하여 승리하신 그리스도를 통해 임한다. 그러는 동안 광야의 옛 귀신은 지금도 우리에게 묻고 있다. "당신은 어디로 가고 있는가?"

결론

당신은 지금 인생을 망치기 직전이다. 내가 확실히 아는 사실이다. 그렇다고 나는 점쟁이도 아니고, 책을 읽고 있는 당신의 마음을 읽는 것도 아니다. 이 책이 인공지능을 가진 인조인간이 읽을 때까지 장수할 일은 없을 것이다. 그러므로 일단 이 책을 읽고 있다면 분명히 당신은 인간일 것이다. 그리고 인간이라면 당신도 하나님을 생각하도록 지음 받았다. 더 구체적으로 말해서, 당신은 예수라는 인물 안에서 이루어진 하나님과 인간의 연합을 생각하도록 지음 받았다.

옛 성경이 옳을진대(내 이생과 내생을 걸고 그렇다고 확신한다), 눈에 보이지 않는 영적 존재들은 당신이 그들에게 연상시키는 모습을 싫어한다. 여기서 "당신"이란 인간 전반을 통칭하는 구어적 용법이 아니라 **당신**이라는 특정한 개인을 가리킨다.

당신은 그리스도인이 아닐 수도 있고 아예 종교가 없을 수도 있다. 하지만 당신이 인간이라면 우주의 악한 세력들은 당신 안에서 옛날의 무서운 말씀을 본다. 훗날 여자의 몸에서 난 당신 같은 한 인간이 그들의 머리를 상하게 하리라 하신 말씀이다(창 3:15). 당신은 자신이 예수와 비슷하다고 생각한 적이 없을지 모른다. 하지만 당신은 자신이 알고 있거나 어쩌면 원하는 것보다 더 그분을 닮은 존재다.

당신의 개인적 이야기에 무서운 우주적 이야기가 끼어든다. 그 접점이 어딘지 모르면 위험하다. 다행히 에덴동산과 당신 사이에 유대 광야가 있다. 바로 거기서 예수는 당신이 평생 부딪칠 모든 시험과 모든 계략에 부딪쳐 승리하셨다. 그래서 우리는 "도살당할 양 같이 여김"을 받을지라도(롬 8:36) "우리를 사랑하시는 이로 말미암아 우리가 넉넉히 이"긴다(롬 8:37).

하지만 당신이 이기려면 현실을 직시해야 한다. 당신의 양심이 편하다 해서 그것을 유혹에서 해방된 것으로 착각해서는 안 된다. 성경은 유혹이 "사람에게 흔히 있는" 일이라고 말한다(고전 10:13,

ESV). 문제는 당신에게 유혹이 있는지의 여부가 아니라 당신이 그것을 알고 반격을 가하고 있는지의 여부다. 당신은 지금 인생을 망치기 직전이다. 우리 모두가 그렇다.

악한 세력들은 지금도 버티고 서서 어떻게 하면 당신을 비둔한 소비품으로 만들어 가만히 힘들이지 않고 우주의 도살장으로 끌어갈지 궁리하고 있다. 당신에게 가장 쉬운 삶은 이런 문제로 고민하지 않고 그냥 본능에 충실한 삶이다. 삶이 쉬울수록 그것이 더욱 본래의 삶처럼 보일 것이다. 만사가 당신이 늘 바라던 대로 돌아가고 있다는 기분마저 들 것이다. 당신 삶의 상황은 마치 당신만을 위해 고안된 완벽한 계단을 타고 위로 전진하는 듯 보일 것이다. 정말 그것은 당신만을 위해 고안된 것이다.

여러 면에서 당신은 기분이 평온할수록 그만큼 더 위험하다. 삶의 완만한 모퉁이를 돌고 있을 때 어쩌면 당신은 그 모든 평온함에 의문을 품어야 할지도 모른다. 어쩌면 당신의 발밑에서 조용히 절거덕거리는 발굽 소리를 들어야 할지도 모른다.

3장

아사(餓死)

──왜 우리는 아버지보다 빵을 더 원하는가

마디 그라(Mardi Gras, '고기를 먹는 화요일'이란 뜻으로 '재의 수요일' 전날, 곧 금식을 하는 사순절을 시작하기 바로 전날에 고기를 먹으며 축제를 즐긴다—편집자) 이튿날 아침의 도시 거리처럼 황량한 것은 없다. 아침의 습한 김이 모락모락 피어오르는 아스팔트 위로 흘려진 동전, 깨진 병, 버려진 담배꽁초, 쓰고 난 콘돔, 엉겨 붙은 피, 뒤섞인 토사물이 널려 있다. 내가 자라난 미시시피 주 해안 소읍의 헌신적인 복음주의자들에게 이 광경은, 기독교가 문화와 타협할 때 어떤 문제가 생기는지를 보여주는 하나의 비유였다. 하지만 나는 긴가민가했다.

작고 구불구불한 띠 모양의 내 고향 빌락시는 옛 남부 연합의 성경지대 맨 밑에 자리한 다수파 천주교의 전초지였다. 같은 주의 투펠로보다 옆 주의 뉴올리언스가 더 가까워 나는 양쪽 세계에 살았다. 우리 집안의 절반은 남침례교이고 절반은 천주교라서 나는 양쪽의 가장 좋은 면들과 어두운 면들을 다 보았다. 카지노에서 하는 천주교 모금의 밤도 보았고 침례교의 사무회의도 보았지만, 어느 쪽도 사도행전과 썩 닮아 보이지 않았다. 천주교와 복음주의의 분열에 관해서라면 나는 분명히 뭔가 큰 차이점들이 있어 종교개혁 같은 역사적 사건이 일어났다고 확신했다. 하지만 어린 나와 친구들이 보기에 일상 속에서 그런 차이점들이, 매년 한 번씩 이마에 재를 바르는 사람이 누구이고 공공연히 맥주를 마시는 사람이 누구네 부모인가 하는 문제에 지나지 않았다. 그런데 어른들에게는 그런 차이점들이 아주 중요해 보였다. 적어도 양쪽이 섞여 있던 우리 집안 바깥의 어른들에게는 그랬다. 이 모든 것의 압축판이 바로 마디 그라였다.

  나는 마디 그라를 좋아했다(지금도 좋아한다). 아마도 그것은 내가 각종 전통과 의식(儀式)—공현절 케이크, 퍼레이드, 사탕 등—만 접했을 뿐 뉴올리언스 버번 가(街)는 제대로 경험하지 못했기 때문일 것이다. 물론 술 취함과 부도덕은 변명의 여지가 없다. 하지만 가장 순수한 차원에서 마디 그라는 하나님이 예언자 엘리야에게 공급해 주신 일을 꽤나 재현해 준다. 엘리야도 예수처럼 광야에 나가 40일 동안 금식했다. 그가 가기 전에 천사들이 그에게 "숯불에 구운 떡"을 주었다. 이렇게 먹고 난 예언자는 "그 음식을 먹고 힘을 얻어서 밤낮 사십 일 동안을 걸어" 갔다(왕상 19:6-8, 새번역).

  그런데 우리 교회의 일부 나이든 침례교인들은 마디 그라라는 개념 자체를 지독히 싫어했다. 그들은 마디 그라가 사순절이 시작되기 바로 전날임을 알았고 그 파티를 신성모독으로 여겼다. 사순절 곧 40일간의 금식은 예수께서 광야에서 음식 없이 유혹을 받으신 일에서 일부 기원했기 때문이다. 신(新)청교도인 어느 비관론자가 이렇게 탄식하던 말이 지금도 기억난다. "천주교인들은 그냥 나가서 실컷 취하고, 토할 때까지 먹는 거다. 사순절 동안 잔뜩 엄숙하고 거룩해져야 하니까 그전에 갈 데까지 가는 거야." 그래도 나는 전혀 천주교에 반감이 들지 않았다. 우리 친척이나 친구인 독실한 천주교 신자들 중에서 그런 식으로 행동하는 사람을 본 적이 없기 때문이다. 그래도 재의 수요일 바로 전날에 게걸스레 먹고 술에 취하는 것이 주께서 "회개하라. 하나님 나라가 가까이 왔느니라"고 말씀하신 뜻은 아닐 거라는 생각이 들었다.

하지만 세월이 가면서 나는 우리 침례교에도 마디 그라가 있었음을 새삼 깨닫는다. 다만 개신교는 마디 그라를 일반 달력으로 매년 하루씩 지킨 것이 아니라, 훨씬 더 중요하게 평생이라는 달력으로 지켰다. 전형적인 사이클은 이런 식이었다. 당신은 태어나서 주일학교에서 자라다 어느 정도 나이가 들자, 교사가 예수를 믿고 천국에 갈 사람이 누구냐고 물을 때 손을 들었다. 그때쯤 세례도 받았는데 대개 얼굴에 첫 여드름이 나기 한참 전이었다. 그리고 얼마 안 되어 당신은 중고등부 여름 수련회를 위한 모금 행사인 스파게티 저녁식사에 처음으로 참석했다. 그러다 15세에서 20세 사이의 어느 시점에서 당신은 완전히 반항아로 돌아섰다.

'대학과 직업'이라는 주일학교 공과를 보던 우리의 시각은 연옥을 보던 시각과 꽤 비슷했다. 그런 게 있을지는 모르나 거기에 간 사람은 아무도 없었던 것이다. 그렇게 육욕에 빠져 몇 년을 지내다 당신은 정착하고 자녀를 낳는다. 자녀가 주일학교에 들어갈 때쯤 당신은 다시 교회로 돌아오고, 그리하여 다시 사이클이 시작된다. 이혼자나 전과자가 아니라면 당신은 제직회나 여신도회 회장이 될 테고, 그때쯤에는 당신의 자녀들이 완전히 반항아로 돌아선다. 그것은 예상된 일이었다. 다들 갈 데까지 간 다음에 정착하는 것이다. 하지만 이 역시 사도행전에 나오지 않기는 마찬가지다.

나는 별로 반항기를 거치지 않고 겉보기에 꽤 바르게 살았다. 하지만 나중에 어느 기독교 지도자의 간증을 들으며 부러운 마음이 들었다. 그가 짜릿한 마약, 광적인 섹스, 끝없는 파티로 점철되었던 자신의 삶을 어찌나 시시콜콜 말하던지 어느새 나도 모르게 이런 아쉬운 생각이 들었다. '저 모든 것에다 천국까지, 양쪽 세계를 다 맛보았으니 얼마나 좋을까.' 내 마음속에 마디 그라의 어두운 면을 품고 있었던 것이다. 나는 거리에서 파티를 벌이는 취객들이나 그것을 질색하며 정죄하는 샌님들보다 내가 더 나은 줄 알았다. 그런데 내 안에도 그 모든 쾌락주의가 숨어 있었다. 그리스도를 주로 모셨다 하면서도 그 순간만은 나 자신의 타락한 육욕을 따르고 싶었던 것이다.

바로 그것이 그리스도께 닥친 첫 번째 유혹이다. 성경에 보면 예수께서 세례를 받으시고 광야로 나가시자 에덴동산의 옛 뱀인 마귀가 뒤를 쫓았다. 사탄은 에덴에서 그랬듯이 예수께도 음식을 제안하며 이렇게 말했다. "네가 만일 하나님의 아들이어든 명하여 이 돌들로 떡 덩이가 되게 하라"(마 4:3). 마귀는 예수를 부추겨 양식의 공급을 자체 해결하게 하려 했고, 그 일에 성령의 능력을 이용하게 하려 했다. 소비와 자체 공급 쪽으로 그분을 끌어당긴 것이다.

주린 배를 채울 기회 앞에서 예수는 마귀에게 옛 성경 말씀을 인용하셨다. "사람이 떡으로만 살 것이 아니요 하나님의 입으로부터 나오는 모든 말씀으로 살 것이라"(마 4:4). 이를 보고 흔히 그리스도인들은 우리도 예수처럼 성경 구절을 암송해 두었다가 유혹당할 때 즉각 활용할 수 있어야 한다고 말한다. 물론 그것도 맞는 말이다. 예수는 이 구절을 목수 아버지한테 배웠거나 나사렛 회당에서 다른 유대인 아이들과 함께 마을 어른들한테 배웠을 것이다. 모세가 명했던 대로 말씀이 그분의 마음속에 새겨진 것이다. 하지만 그게 전부는 아니다. 예수의 반응을 통해 우리는 그분이 사태를 정확히 파악하고 계셨음을 알 수 있다. 그분은 자신이 이전의 이야기를 재현하고 계심을 아셨다. 자기 앞의 어두운 세력에게 그분은 이렇게 말씀하신 셈이다. "나는 네가 누구이며 무엇을 하고 있는지 안다. 또 나는 내가 누구이며 무엇을 하고 있는지도 안다."

우리의 영원한 적이 성경 맨 처음에 뱀으로 등장하는 것은 우연이 아니다. 뱀의 이미지는 성경 전체에 걸쳐 마귀를 따라다니다가 마침내 요한계시록의 마지막 환상에까지 이른다. 철학자 리언 캐스Leon Kass의 말대로, "뱀은 먹이를 통째로 삼키는 움직이는 소화관이다. 그런 의미에서 뱀은 순전히 육욕을 상징한다."[1] 정말 그렇다. 그래서 성경 전체와 기독교 전통 전체는 육욕의 길, 곧 먹다가 죽는 길을 피하라고 교회에 경고한다.

성경은 우리에게 한 그릇 음식을 위하여 자신의 유업을 팔아먹은 에서의 길을 피하라고 명한다(히 12:16-17). 배의 신을 피하라는 말씀도 있다(빌 3:19). 에덴동산의 나무에서 시작하여 요단강

저편의 광야를 거쳐 현 시점에 이르기까지 하나님의 백성이 늘 받는 유혹이 있다. 소화기관이나 생식기관을 그리스도의 신비로부터 떼어 내어 자아라는 신에게 바치는 것이다. 그리스도의 영과 세상의 영은 지금도 이 부분에서 당신의 마음과 영혼과 배를 놓고 싸우고 있다. 우리는 빵과 아버지 중에서 자신이 원하는 것을 결정해야 한다.

육욕의 문제

귀신이 떼 지어 있는 황무지로 가신 예수에 대해 성경이 맨 먼저 하는 말은 그분이 굶주리셨다는 것이다. 한편으로 이 책을 읽는 대부분의 독자는 그것이 어떤 상태인지 전혀 모른다. 나도 마찬가지다. 우리 중에 정말 굶주려 본 사람은 별로 없다. 적어도 40일의 금식 후에 찾아오는 그런 굶주림은 아니다. 하지만 다른 한편으로 우리도 다 굶어 보았으므로 그 심정을 조금은 상상할 수 있다.

당신은 먹는 것도 잊어버리고 일에 몰두하다가 하루가 끝나고 나서야 그 사실을 깨달은 적이 있는가? 그때 약간 어찔어찔하거나 머리가 아프거나 신경이 곤두서거나 기운이 떨어지는 것을 경험했는가? 그래도 인간이 아주 오랫동안 음식의 필요성을 느끼지 못하는 경우는 드물다. 하나님이 주신 식욕이 우리를 쿡쿡 찔러 양분을 보충하게 하기 때문이다.

하나님이 지으신 인간은 순전히 이성에 기초하여 음식을 먹는 존재가 아니다. 우리는 육욕에 이끌려 자신의 필요를 채운다. 그것이 음식이든 수면이든 섹스든 무엇이든 마찬가지다. 하나님이 우주를 지금과 다르게 지으셨다면 혹시 당신의 입에서 이런 말들이 나올지도 모르겠다. "내 몸에 비축된 지방이 너무 줄어들어 걱정이다. 음식을 먹어 영양분을 공급해야 한다." "계산해 보니 내 몸의 수분의 양이 최저치보다 낮다. 그러니 물을 마시자." "결혼생활은 성관계를 통해 연합되어야 하며 자녀는 축복이다. 그러니 섹스를 하자." 물론 이성적으로 그런 조치를 취할 수도 있다. 체중 감량 프로그램이나 당뇨 식이요법이나 난임 치료를 경험해 본 사람들은 그것을 잘 안다. 하지만 대체로 우리가 어떤 필요를 지각하는 것은 육욕이라는 몸의 신호 때문이다.

    육욕은 앞 장에 말한 욕심의 일부이지만, 더 구체적으로 말하면 몸과 관계된다는 특성이 있다. 육욕은 생명체에 필요한 것을 공급하도록 알리는 역할을 한다. 대체로 우리는 육욕에 이끌려 음식, 수면, 섹스 등 생명체의 필요를 채운다. 때로 우리는 어떤 버릇을 들여 후천적 육욕을 만들어 내기도 하는데, 그런 육욕도 선천적 육욕 못지않게 강하거나 그보다 더 강할 수 있다. 금연을 시도해 보았거나 중독성 마약을 끊어 본 사람은 잘 안다. 좀 더 일상의 차원에서 우리는 카페인이나 운동의 쾌감 같은 육욕도 만들어 낼 수 있다. 일단 그런 육욕이 생겨나면 달리 훈련하지 않는 한 우리 몸이 계속 그것을 기대하게 된다. 육욕은 강하다. 하나님이 일부러 강하게 하셨다.

마귀는 예수의 굶주림을 이용하여 첫 일격을 가했다. 40일 동안 음식을 끊는 것은 어떤 상황에서도 위험한 일이며, 메마르고 외딴 광야에서는 더 말할 것도 없다. 사람이 탈수되어 기운을 잃으면 그대로 기절하여 자칫 주변을 배회하는 들짐승의 밥이 되기 쉽다. 예수의 굶주림은 단지 불편한 문제가 아니었다. 그분은 정말 물리적 위험에 처해 있었다. 그렇게 기력이 없는 순간에 사탄은 예수의 육욕에 호소했다. 사탄의 제안은 단지 실용적인 정도가 아니라("뭔가 먹을 것을 만들어 네 굶주림을 채우라") 또한 시각적인 것이었다("이 돌들로 빵 덩이가 되게 하라"). 상상을 통해 예수의 육욕에 호소한 것이다.

여기서 빵은 중요하다. 사실 사탄은 양분이 될 만한 음식을 빵 말고도 얼마든지 댈 수 있었다. 예컨대 쥐의 살점으로 만든 수프도 소화가 잘되기는 마찬가지일 것이다. 하지만 더러운 영이 굳이 "빵 덩이"를 언급한 것은 뭔가 익숙한 것을 연상시키기 위해서였다. 심리학자들이 말하는 욕구의 유발 요인을 건드린 것이다.

예수께서 태어나고 자라시는 동안 빵은 늘 삶의 일부였다. 우선 그분이 태어나신 곳인 베들레헴은 '빵집'이라는 뜻이다. 게다가 빵은 당시 모든 중동 사람의 주식이었다. 아마도 예수는 육신의 아버지와 함께 일터에서 지친 몸으로 돌아오면 뜰의 화덕에서 빵 굽는 냄새가 나던 일이 기억나셨을 것이다. 사탄이 말하는 순간, 그분은 그것을 눈앞에 그려 보셨을지도 모른다. 딱딱한 빵을 쪼개면 안에서 따끈따끈하고 부드러운 속살이 나오던 그 느낌이 떠올랐을 것이다. 그야말로 지극히 인간적인 모습이다.

더욱이 "빵 덩이"는 "이 돌들"과 대조를 이룬다. 이런 배경은 미주나 유럽이나 아시아 출신의 사람들보다 중동이나 아프리카 사람들에게 더 실감나게 다가올 것이다. 우리 중 일부는 본문의 "광야"를 숲이나 삼림지대로 생각하는 경향이 있다. 설령 예수께서 머무신 곳이 사막임을 안다 해도 여전히 우리는 그곳을 바다 없는 해변 같은 광활한 모래밭으로 보는 경향이 있다. 그러나 그곳 유대 광야는 바위투성이였다. 예수의 시야에 들어온 것이라고는 온통 돌들뿐이었을 것이다. 사탄은 그분께 이 바위투성이의 유랑지에서 벗어날 길을 제시했던 것이다.

"네가 만일 하나님의 아들이어든 명하여 이 돌들로 떡 덩이가 되게 하라"(마 4:3). 이 유혹은 허풍이 아니라 현실이었다. 이는 당신이 이렇게 말하는 것과는 다르다. "지금 내가 앉은 자리에서 공중부양을 해서 이 손으로 레이저 광선을 발사하고 싶은 유혹을 느낀다." 기적을 행하시는 성령이 예수 위에 임하여 계셨으므로 예수는 성령으로 말미암아 정말 돌들을 빵으로 만드실 수 있었다. 그리고 그분은 정말 빵을 원하셨다. 이 굶주림은 40일 전에 시작된 것이 아니다. 이 허기는 머나먼 과거, 악한 자가 우리의 조상에게 접근하던 때부터 줄곧 인간의 본성 속에 숨어 있었다. 예수는 하와와 이스라엘과 우리의 굶주림 속에 들어가셨다.

하와의 후손인 예수는 하와가 당한 유혹을 당하셨다. 뱀은 하와에게도 육욕을 통해 호소했다. 식욕뿐 아니라 시각과 상상을 통해 호소했다. 선악을 알게 하는 나무의 열매는 먹음직했고 보기에 아름다웠고 능히 하와를 지혜롭게 할 수 있었다. 그리고 하와도 예수처럼 그것을 손에 넣을 능력이 있었다. 손을 내밀어 열매를 입으로 가져가기만 하면 되었다.

문제는 하나님의 아버지 되심이었다. 바로 그것이 사탄의 유혹의 본질이었다. 그래서 그는 "네가 만일 하나님의 아들이어든"이라는 조건절을 달아 의문을 제기했다. 이것을 이해하려면 성경에 나오는 고대 농경사회로 일부 돌아가야 한다. 당시에는 자녀부양 대리인이나 정부 복지제도가 없었다. 가족을 먹여 살리지 않는 사람은 가문의 수치였다. 악한 자라도 자식이 생선을 달라는데 뱀을 주거나 빵을 달라는데 돌을 주지 않는다고 하신 예수의 가르침도 거기에 기초한 것이다.

위에서 말했듯이, 이것을 이해하려면 시대 정황으로 **일부만 돌아가도 되고 전부 돌아갈 필요는 없다**. 우리의 직관**으로도 이미 아**는 사실이기 때문이다. 당신이 알고 있는 가장 매정하고 무심한 아버지를 생각해 보라. 당신은 그 사람이 먹을 것을 달라는 제 아기의 입에 돌을 던져 주는 모습을 상상할 수 있는가? 아마 아닐 것이다. 굳이 종교적 관점이 아니더라도 심리적 관점이나 심지어 진화론의 관점에서도 우리는 그런 행동이 정상이 아님을 알고 있다. 아버지란 단지 핏줄의 문제가 아니라 특별히 공급의 문제다.

기록된 하나님의 율법인 토라를 배운 사람이라면 누구나 어렴풋이 알고 있던 사실이 있다. 인간 아버지는 하나님 아버지의 모형이라는 것이다(엡 3:14-15). 이 사실은 머잖아 기독교의 복음을 통해 더 분명히 계시된다. 그래서 예수는 우리에게 그분과 함께 "우리 아버지여"라고 기도하도록 가르치셨다(마 6:9). 우주의 핵심을 이루는 성부와 성자의 관계에 우리도 그리스도 안에서 신비롭게 동참하기 때문이다(요 17:24). 인간 아버지들이 가족에게 빵을 공급해야 하는 것은 하나님 아버지께서 자녀에게 빵을 공급하시기 때문이다.

하와는 바로 여기서 넘어졌고 아담도 뒤를 따랐다. 에덴동산에서 사탄은 인간을 정말 하나님처럼 되게 해줄 좋은 것을 하나님이 인간에게 감추어 두고 있다는 식으로 말했다. 그때부터 하와는 하나님을 아버지가 아니라 라이벌로 보았고, 그래서 그분이 감추어 두셨다는 그것을 손에 넣으려 했다. 사탄은 하나님의 말씀보다 하와 자신의 육욕을 따르는 게 그 필요를 채우는 더 확실한 길이라고 말했다.

사탄은 예수께서 오시기 수세기 전에 또 다른 "하나님의 아들"이 광야에서 배불뚝이로 시체가 된 모습을 보았다. 이스라엘 백성도 먹다가 죽었다. 홍해에서 "세례"를 받고 이집트에서 나온 그 백성도 같은 시험을 받았다. 하나님을 공급자 아버지로 인정하는지 알아보기 위한 시험이었다. 하나님은 그 백성에게 만나를 공급하셨다. 난데없이 지면에 나타난 만나는 일종의 빵이었다. 그분은 또 그들에게 메추라기를 내려 주셨고, 예언자의 명령에 따라 반석에서 물이 솟아나게 하셨다. 그런데도 그 백성은 금세 반항하여 하나님의 목소리를 거역했다. 그들은 "탐욕"을 품었다(민 11:4).

애초에 그 욕망을 지으신 분은 하나님이다. 이스라엘 백성에게 약속의 땅을 젖과 꿀이 흐르는 땅이라는 감각적인 상상의 언어로 표현하신 분도 그분이다. 풍년의 수확, 원 없이 먹을 수 있는 빵 등 농경사회의 혜택을 말씀하신 것도 그분이다.

그런데 그들은 그분을 별로 믿지 않았다. 만나를 처음 보던 날 이스라엘은 "이것이 무엇이냐"라고 멸시하듯 말했다(출 16:15). 하나님이 "지면에……서리 같은 가는 것"(14절) 곧 초자연적인 빵을 주시자, 그들 중 일부는 혹시 하나님이 이튿날 새로 주지 않으실까 봐 그것을 쌓아 두려 했다. 하지만 그들이 여분으로 쌓아 둔 만나에는 꼬물꼬물 벌레가 생겼다(출 16:14, 19-20).

이스라엘 백성은 아버지와 빵의 관계를 알았고 대대로 그 둘을 연관시켰다. 빵이 없다는 것은 곧 이스라엘 백성이 "아버지 없는 고아들"이 되었다는 증거였다(애 5:3). 그래서 예언자 예레미야는 조국이 망하여 백성이 포로로 잡혀갔을 때 울었던 것이다. 에스겔도 아주 비슷한 표현을 썼다(겔 4:17).

광야를 전전하던 이스라엘은 결국 하나님이 아버지가 아니라고 결론지었다. 그들은 하나님이 자기들을 구원하려고 광야로 인도하신 것이 아니라 정죄하려고 인도하셨다는 궤변을 지어 냈다. 시험 결과, 그들의 배가 하나님 말씀의 노예가 된 것이 아니라 그 반대가 되었다. 그들은 노예 생활의 향수에 젖어 이렇게 불평했다. "차라리 우리가 이집트 땅 거기 고기 가마 곁에 앉아 배불리 음식을 먹던 그때에, 누가 우리를 주님의 손에 넘겨주어서 죽게 했더라면 더 좋을 뻔하였습니다. 그런데 당신들은 지금 우리를 이 광야로 끌고 나와서, 이 모든 회중을 다 굶어 죽게 하고 있습니다"(출 16:3, 새번역). 이 말은 무슨 뜻인가? 그들은 바다에 떠올랐던 이집트 사람들의 시체를 정말 부러워한 것이다. 그 썩어 가는 시체들은 적어도 배는 불렸으니 말이다.

시험 결과, 그들은 아버지보다 바로를 더 원했다. 그들은 이집트에서 당한 압제, 노예 살이, 죽음의 위험 따위는 기억하지 않고, 육욕의 요구가 더 중요해져 그것만 기억했다. 그들은 "이집트에서 생선을 공짜로 먹던 것이 기억에 생생한데, 그 밖에도 오이와 수박과 부추와 파와 마늘이 눈에 선한데"라고 말했고(민 11:5, 새번역), 배은망덕하기 짝이 없게 하나님에 대해 "이제 우리 눈에 보이는 것이라고는 이 만나밖에 없으니, 입맛마저 떨어졌다"라고 말했다(민 11:6, 새번역). 결국 그들의 결론은 "이집트에서는 우리가 참 좋았"다는 것이었다(민 11:18, 새번역). 그들은 자녀가 되기보다 노예가 되기를 원했다.

그들은 이집트 사람이 되기를 바란 정도가 아니라 속으로 정말 이집트 사람이 되어 있었다. 그들이 떠나온 이집트 종교와 장차 부딪칠 가나안 종교들에서 신은 주로 인간의 육욕을 채워 주는 존재였다. 다산의 신, 태양신, 비의 신 등 온갖 잡신이 곡식을 자라게 하고 가축을 잉태하게 하고 배를 채워 준다고 믿었다. 훗날 예수께서도 사역 중에 이와 똑같은 성향을 목도하시게 된다. 갈릴리 호숫가에서 그분도 무리에게 초자연적인 빵을 주셨는데, 그러고 나서 그분은 그들이 자기를 찾는 이유가 "떡을 먹고 배부른 까닭"이라고 단언하셨다(요 6:26). 그 무리에게 예수는 메시아가 아니라 음식물 공급 장치였다. 이스라엘에게 하나님은 또 다른 바로가 되고 말았다. 재물을 가져다주지 않으면 그대로 버림받는 존재가 된 것이다.

예수의 조상 다윗도 광야에서 굶주림을 경험했다. 그때 다윗은 "물이 없어 마르고 황폐한 땅에서……내 육체가 주를 앙모하나이다"라고 노래했다(시 63:1). 하지만 굶주림 중에도 다윗은 또한 "골수와 기름진 것을 먹음과 같이 나의 영혼이 만족할 것이라"고 노래했다(시 63:5). 하나님은 정확히 다윗에게 필요한 것을 정확히 필요한 때에 먹여 주셨다. 한편으로 성령께서는 다윗에게 굶주림 끝에 "잔칫상"이 있음을 보게 하셨다(시 23:5).

그것이 사탄이 예수께 건넨 말의 요지다. 사탄은 그분께 돌들을 보여주며 이렇게 암시한 셈이다. "너에게 필요한 것은 빵인데, 너의 아버지는 돌이나 먹으라 하신다." 만일 예수께서 자기 위에 머물러 계신 성령을 이용하여 돌로 빵을 만드셨다면, 이는 아버지의 약속을 거부하고 사탄이 시키는 대로 자기 배를 채우는 것이다. 우리처럼 그분도 몸과 마음의 욕심을 따라 뱀의 노예가 되는 것이다. 천부당만부당한 일이다.

예수는 마귀에게 사람이 빵으로만 살 것이 아니라고 말씀하셨다. 보다시피 그분은 사람이 빵으로 산다는 것을 부인하지 않으셨다. 예수도 마귀도 육욕을 진지하게 대했다. 빵이 언급될 때 예수의 입에 고인 침은 일찍이 조상들의 입가에도 흘러내렸다. 마귀는 그것을 지켜보아 알았고 지금도 마찬가지다.

"그나마 먹을 거라도 있는 이집트로 돌아가자"라는 이스라엘의 한탄은 겉으로 보면 일리가 있다. 생각해 보면 이전의 에서가 표현한 감정도 그와 같았다. "나는 지금 죽을 지경이다. 지금 나에게 맏아들의 권리가 뭐 그리 대단한 거냐"(창 25:32, 새번역). 예언자 이사야와 사도 바울도 바로 그 정서를 포착하여 "내일 죽을 것이니 오늘은 먹고 마시자"라는 말을 인용했다(사 22:13, 고전 15:32, 새번역). 당신을 기다리고 있는 것이 벌레가 득실거리는 관(棺)뿐이라면 그야말로 모든 충동과 오감과 말초신경을 만족시키는 수밖에 없을 것이다.

하지만 예수는 우주가 그렇게 지음 받지 않았음을 아셨다. 죽음 저편에 상(床)이 있다. 사실은 혼인 잔칫상이며, "기름진 것과 오래 저장하였던 포도주로 연회를 베푸시니 곧 골수가 가득한 기름진 것과 오래 저장하였던 맑은 포도주로 하실 것"이다(사 25:6). 예수는 "이 유월절이 하나님의 나라에서 이루"어지면 그때에 자신이 빵을 먹으리라는 것을 아셨다(눅 22:16). 미래의 왕이신 그분은 그때까지 잔치든 금식이든 아버지의 뜻이면 무엇이든 기꺼이 받으셨다.

나아가 예수는 미래의 그 복에 이르려면 지금은 명령할 게 아니라 경청해야 함을 아셨다. 당장 귀에 들리는 것은 뱀의 소리였지만 그분은 다른 음성에 귀를 기울이셨고, 그리하여 돌을 녹여 빵으로 만드는 명령을 입 밖에 내지 않으셨다. 예수는 사람이 하나님의 입에서 나오는 모든 말씀으로 "산다"는 것을 아셨다.

사탄의 길, 에서의 길, 망한 이스라엘의 길은 육욕을 다스리는 것이 아니라 오히려 고조시킨다. 그래서 결국은 만족을 모르게 된다. 자체 공급의 최종 결과는 만족감이 아니라 혐오감이다. 소설가 프레드릭 뷰크너Frederick Buechner의 말대로, "욕정은 갈증으로 죽어가는 사람이 소금을 찾아 헤매는 격이다."[2]

예수는 에서의 뱃속에서 붉은 죽이 소화되고 있을 즈음 그가 그때로 되돌아가 장자권을 돌려받고 싶어 울었음을 아셨다. 예수는 이스라엘 백성이 빵과 메추라기를 원대로 먹다 못해 아예 질려서 토할 정도였다는 것도 아셨다. 나중에 그분은 제자 유다가 은전 30을 원대로 받지만 그 돈으로 밭을 사서 창자가 엉킨 채 그 위에 고꾸라질 것도 아셨다. 마귀의 빵은 결국 우리를 죽인다는 사실을 예수는 아셨다.

이 유혹이 지금 이 순간에도 우리와 싸우고 있다. 그 위력을 깨뜨리는 첫 단계는 애초에 육욕이 무엇을 위해 존재하는지 아는 것이다. 다시 말해서, 당신의 정체성을 되찾되 당신의 욕구를 떠나서 찾아야 한다. 세상은 흔히 당신의 욕구로 당신을 규정한다. 광고업계는 당신을 하나의 소비자로 보며, 이때 당신을 규정하는 것은 구매력과 제품에 대한 취향이다. 그 밖에 다른 세력들도 당신의 육욕 자체로 당신을 규정하려 한다. 술을 마시고 싶다면 당신은 술꾼이다. 섹스를 원한다면 그것이 당신의 "욕구"이므로 당신은 "자신에게 충실해야" 한다. 모두 그런 식이다. 하지만 당신은 빵으로만 살지 않는다. 당신의 욕구가 곧 당신은 아니다.

때로 우리가 그리스도인의 회심에 대해 말하는 방식은 오히려 사탄을 더 유리하게 만든다. 알코올 중독자였던 사람이 "나는 예수를 만난 뒤로 다시는 술을 마시고 싶었던 적이 없다"라고 말하면 우리는 그 간증을 대단하게 여긴다. 물론 그런 경우도 있으며, 우리는 하나님의 그런 능력에 마땅히 감사해야 한다. 하지만 그런 해방은 회개한 술꾼의 다음과 같은 간증보다 큰 기적이 아니라 어떤 의미에서 더 작은 일이다. "나는 술잔이 부딪치는 소리를 들을 때마다 마시고 싶어 몸이 떨리지만, 그때마다 신실하신 하나님이 나를 지켜 주신다."

동성에게 끌리는 여자는 자신이 레즈비언이 될 운명이라고 결론지을 수 있다. 남자에게 끌리지 않고 여전히 여자에게 끌리는 마음과 싸우고 있기 때문이다. 매달 월급을 충동구매로 날리지 않으려고 신용카드를 잘라 버려야 하는 사람은 자신의 "신앙"이 부족해 그리스도를 따르기 어렵다고 단정할 수 있다. 아직도 충동과 싸우고 있기 때문이다. 이는 다 말도 안 되는 소리다. 당신을 규정하는 것은 욕구가 아니라 정체다. 그리고 당신의 정체를 규정하는 것은 하나님의 말씀이다. 물론 하나님은 당신의 육욕을 그 끌리는 대상으로부터 해방시켜 주실 수도 있다. 하지만 대개 그분은 당신에게 싸울 능력을 주신다. 싸움은 40일, 40년, 평생 계속될 수 있다.

그래도 괜찮다. 그러므로 우리 교회들은 육욕과 관련하여 진정으로 서로의 짐을 져 주는 여유가 필요하다. 육욕이 회심의 순간에 즉각 없어지는 척한다면, 이는 하나님이 우리에게 주신 말씀을 거부하는 꼴이다. 그분은 우리가 아직 전투 중이라고 말씀하셨다.

하나님은 육욕이 애초에 왜 창조되었고 왜 그토록 강한지 보여 주심으로 유혹의 환상을 깨뜨리신다. 육욕이란 그 자체를 위해 존재하는 것이 아니라 더 깊은 영적 실체를 위해 존재한다. 옛 이스라엘 백성은 만나와 물이 그저 광야 여정 중에 자신들을 지탱시켜 준다고만 알았을 것이다. 그것도 맞기는 하다. 그들 가운데 영적으로 더 의식이 깨인 사람들은 하나님이 그분의 속성, 그분께 통치받는 삶에 대해 자기들에게 뭔가 가르치고 계시다는 사실도 알았을 것이다. 하지만 때가 차면 하나님이 자기 백성을 먹이신 일의 참 핵심이 그리스도의 신비를 통해 드러나게 된다.

예수를 에워싼 무리는 그분께 표적을 보여달라고 요구했다. 표적의 결과는 자기들의 배를 채우는 것이었다. 예수께서 돌들에게 빵이 되라고 명하신 것이 아니라 무리가 예수께 빵을 만들어 내라고 명했다. 그것도 구약성경까지 인용해 가면서 말이다. "기록된 바 하늘에서 그들에게 떡을 주어 먹게 하였다 함과 같이 우리 조상들은 광야에서 만나를 먹었나이다"(요 6:31). 우선 예수는 모세를 깎아내리는 듯한 말로 무리를 충격에 빠뜨리셨다. 그분의 말씀은 이런 것이나 같았다. "모세는 너희에게 아무것도 주지 않았고 내 아버지께서 너희에게 하늘로부터 참 떡을 주신다"(요 6:32 참조).

이어진 그분의 말씀은 이스라엘 민족의 정체성을 형성한 내러티브까지 무시하는 듯 보였다. "너희 조상들은 광야에서 만나를 먹었어도 죽었거니와 이는 하늘에서 내려오는 떡이니 사람으로 하여금 먹고 죽지 아니하게 하는 것이니라"(요 6:49-50). 나아가 예수는 자신을 하나님이 주시는 참 만나와 동일시하여 무리를 더 곤혹스럽게 만드셨다. 그분은 "사람이 이 떡을 먹으면 영생하리라. 내가 줄 떡은 곧 세상의 생명을 위한 내 살이니라"고 공언하셨다(요 6:51).

하나님이 자기 백성에게 하늘의 빵과 반석의 물을 주심은 복음에 대한 식욕을 돋우기 위해서였다. 그분이 그들을 주리게 하시고 그 주림을 채워 주심은 "의에 주리고 목마른" 것이 어떤 의미인지 조금이나마 알게 하시고(마 5:6), 그 갈망을 예수 그리스도의 복음으로 채워 주시기 위해서였다. 사실 우리는 더 거슬러 올라가 왜 하나님이 처음부터 인간을 음식으로 생존하도록 지으셨는지 생각해 볼 수 있다. 그분은 외부의 양분이 체내로 흡수됨으로써 우리가 먹는 음식이 곧 우리가 되게 하셨다. 하나님은 식생활부터 지으신 뒤에 거기에 맞추어 복음을 만드신 것이 아니다. 거꾸로 그분은 그리스도를 본떠 식생활을 지으셨다. 만물이 그분으로 말미암아 그분을 위하여 지은 바 되었다(골 1:16, 요 1:1, 히 1:2). "일용할 양식"을 구할 줄 알 때 우리는 "우리 아버지여"라는 말의 의미를 깨우치게 된다(마 6:9, 11).

그래서 예수는 야곱의 우물가에서 사마리아 여인을 만나셨을 때 화제를 물리적 목마름에서 그녀의 더 깊은 갈증으로 돌리셨다. 그것은 그분의 표현으로 "생수"에 대한 갈증이었다(요 4:10). 예수께서 그녀에게 보장하신 것처럼, 그분이 주시는 물은 그녀가 구하던 일시적 물과 달리 영원한 만족을 준다. 그녀는 "당신이 〔우리 조상〕 야곱보다 더 크니이까" 하고 물었다(요 4:12). 정말 그분은 야곱보다 크셨고 지금도 그렇다. 예수는 붉고 털이 많고 눈앞의 욕심에 급급했던 들사람 에서가 아니었다. 그분은 야곱도 아니었다. 적어도 말로 조종하여 유업을 슬쩍 빼앗은 옛 야곱은 아니었다. 예수는 새 야곱, 곧 하나님의 이스라엘이었다. 그분은 광야에서 하나님과 씨름하면서 하나님이 복을 주시기까지 놓지 않으실 분이었다. 그분은 비록 절뚝거리면서라도 그곳에서 다시 걸어 나오실 분이었다.

당신에게 욕구가 있다고 겁낼 것 없다. 오히려 욕구가 느껴질 때마다 지혜를 달라고 기도하면 된다. 당신이 어떤 존재가 되어 어떻게 살라고 지음 받았는지 깨달을 수 있도록 말이다. 욕구에 굶주리게 하는 당신만의 유발 요인들을 잘 살펴서 경계하라. 동시에 당신의 육욕을 바른 방법으로 채우려고 하라. 하나님의 말씀과 우주의 질서는 당신의 육욕이 채워질 수 있는 바른 방법을 일러 준다. 아울러 새 하늘과 새 땅에서 받을 궁극적 충족을 더욱 사모하는 마음을 기르라.

교회가 하나님의 말씀을 소홀히 해서는 안 되는 이유가 여기에 있다. 우리는 말씀의 내용―기록된 성경이든 각자에게 들려주시는 음성이든—만 아니라 하나님이 말씀을 주시는 모든 형식까지도 존중해야 한다. 하나님은 우리의 체질을 아시기에 우리가 말씀을 깊이 생각만 할 것이 아니라, 씹고 삼키고 소화해야 함을 아신다. 성만찬은 예수께서 빵과 포도주를 통해 우리에게 임재하신다는 표징이자 그분의 나라가 밝아 오고 있다는 표징이다. 함께 모여 빵을 먹고 포도주를 마실 때마다 우리는 예수의 이런 말씀을 듣는다. "너희의 감각적 육욕은 현실이며 선한 피조물이다. 육욕은 그 자체를 넘어 너희가 구하거나 생각하는 것 이상의 다른 것을 가리켜 보인다."

그러므로 성찬의 식탁은 단순히 환기 장치처럼 우리의 기억을 되살려 주는 시각적 보조물 정도가 아니다. 함께 모여 식탁에 둘러앉을 때마다 우리는 예루살렘의 "큰 상"에서 먹는 법을 연습하는 것이다. 무엇이 정말 실체인지 우리 자신에게 그리고 공중에 가득한 사탄의 세력들에게 공표하는 것이다. "내일 죽을 것이니 오늘은 먹고 마시자"라는 말은 허위다. 대안은 먹고 마시고 즐기기를 부정하는 게 아니다. 그것은 배은망덕한 일이다. 대신 우리는 부활하신 예수와 함께 이렇게 외친다. "어제 죽었으니 먹고 마시고 즐기자."

예수께서 갈릴리의 무리에게 주신 말씀이 우리에게는 더 이상 충격으로 다가오지 않는다. 우리는 "내 살을 먹고 내 피를 마시라"는 그분의 말씀을 듣고, 교회 앞쪽의 성찬 식탁에 쓰여진 그 말씀을 해석한다. 하지만 그 무리는 예수의 말씀을 듣고 기겁했을 것이고 그중 더러는 구토를 참아야 했을 것이다. 여기 이단 교주 같은 사람이 "나를 따르려면 내 살갗을 씹고 내 피를 빨아야 한다"라고 말하고 있지 않은가. 어느 문화에서나 이는 해괴하고 소름끼치는 말이다. 그러니 사람의 시체를 만지는 것조차 금지되어 있고, "육체의 생명은 피에 있"기에 무슨 고기든 피와 함께 먹지 못하게 되어 있던 이스라엘 문화에서는 오죽하겠는가(레 17:11).

성찬의 식탁에서 먹을 때 우리는 당연히 우리의 애정을 십자가에 집중시킨다. 사도 바울은 "너희가 이 떡을 먹으며 이 잔을 마실 때마다 주의 죽으심을 그가 오실 때까지 전하는 것이니라"고 가르친다(고전 11:26). 지당한 말이다. 우리의 육욕을 채우시는 하나님의 공급은 골고다의 처형과 전적으로 맞물려 있고, 그것은 다시 예수께서 광야에서 당하신 유혹과 맞물려 있다.

우리의 구원은 예수의 입에 달려 있다. 사탄이 예수께 시킨 일은 하나님이 아닌 돌들에게 말하라는 것이었다. 돌들에게 명하여 빵이 되게 하라는 것이었다. "마음에 가득한 것을 입으로 말함이라"(마 12:34). 옛 이스라엘은 입을 놀려 하나님이 아닌 서로에게 말하며 하나님의 공급과 훈련에 불평하다가 유업을 잃었다. 모세는 하나님이 반석에게 말하라고 명하셨는데 반항하는 백성에게 말하다가 유업을 잃었다(민 20:8-13).

광야의 적막한 밤에 예수는 입을 먹는 데 쓰지 않으셨고 금지된 빵을 만드는 데 쓰지 않으셨다. 오히려 그분은 입으로 기억 속의 약속을 전하셨다. "내가 너를⋯⋯네 조상 야곱의 기업으로 기르리라〔먹이리라〕. 여호와의 입의 말씀이니라"(사 58:14). 이 기업은 처음에는 사기꾼 야곱이 교활한 입으로 훔쳐 낸 것이었다. 그러나 이제는 참 아들이신 예수께서 당당히 유업을 얻어 내셨다. 그분은 식탁의 자리를 얻기 위해 아버지를 속이실 필요가 없었다.

예수께서 그날 광야에서 배우신 교훈이 우리를 마지막 구속의 날까지 데려갈 것이다. 예수는 음식을 위해 십자가에 달리셨다. 그분은 나무에 달린 자들에게 임하는 "율법의 저주"를 받으셨다(갈 3:13). 모세의 율법에서 그 저주가 규정된 전후 문맥을 보면, "아버지의 말이나 어머니의 말을 전혀 듣지 않고 반항만 하며, 고집이 세어서 아무리 타일러도 듣지 않는 아들"을 다루는 법과 관련되어 있다(신 21:18, 새번역). 그런데 성읍의 장로들 앞에 제시된 패역의 증거는 이 반항하는 아들이 "먹기를 탐하고 술에 잠긴 자"라는 점이었다(신 21:20, ESV). 예수도 "먹기를 탐하고 포도주를 즐기는 사람"이라는 비난을 받으셨으나(마 11:19, 눅 7:34), 사실은 아니었다.

그분은 죽으실 때도 목마르셨다. 그분은 고문자들이 내주는 포도주를 마시지 않으셨고 대신 하나님의 진노의 잔을 받으셨다. 그것은 우리 대신 마신 피의 잔이었다. 예수는 예언자 이사야가 한 말을 아셨다. "가련하고 가난한 자가 물을 구하되 물이 없어서 갈증으로 그들의 혀가 마를 때에 나 여호와가 그들에게 응답하겠고 나 이스라엘의 하나님이 그들을 버리지 아니할 것이라"(사 41:17). 흥미롭게도 하나님은 이사야를 통해 "내가······광야가 못이 되게 하며 마른 땅이 샘 근원이 되게 할 것"이라고 말씀하셨다(사 41:18).

예수는 우리를 위하여 광야에서 그 말씀을 신뢰하는 법을 배우셨다.

    예수는 귀신들의 식탁에서 먹느니 차라리 굶어 죽을 각오가 되어 있었다. 물론 그분은 하나님이 원수들의 한복판에서 능히 자신에게 상을 차려 주실 수 있는 분임을 처음부터 끝까지 확신하셨다(시 23:5). 다시 말해서 예수는 "너는 내 사랑하는 아들이라. 내가 너를 기뻐하노라"고 하신 아버지의 음성을 들으셨고 그 말씀을 믿으셨다(눅 3:22). 그분께는 이 보이지 않는 말씀의 소리가 뱃속에서 나는 꼬르륵 소리보다 더 컸다.

훈련의 문제

예수는 사람이 떡으로만 살 것이 아니라 하나님의 입으로부터 나오는 모든 말씀으로 살 것이라고 하셨다. 예수는 자신이 정확히 어떤 이야기 속에 들어와 있는지 아셨다. 그래서 신명기 8장에서 말씀을 인용하셨다. 인용하신 말씀의 문맥을 보면, 모세가 이스라엘 백성에게 지난 40년 동안 광야를 방황한 의미를 이렇게 설명하고 있다. "네 하나님 여호와께서 이 사십 년 동안에 네게 광야 길을 걷게 하신 것을 기억하라. 이는 너를 낮추시며 너를 시험하사 네 마음이 어떠한지 그 명령을 지키는지 지키지 않는지 알려 하심이라"(신 8:2).

    하지만 마귀를 꾸짖으시면서 예수께서는, 자신에게 아버지의 공급을 의심할 뜻이 없음은 물론 아버지의 훈련에 불평할 뜻도 없음을 보이셨다. 바로 이것이 옛 조상들이 벌인 반항의 핵심이었다. 그들은 "마음속으로 하나님을 시험하면서, 입맛대로 먹을 것을 요구하였다"(시 78:18, 새번역). 예수는 자신이 광야로 인도된 목적이 아버지를 시험하기 위해서가 아니라 자신이 시험받기 위해서임을 아셨다.

신명기 본문에 보면, 하나님은 자기 백성에게 그들이 광야에서 보낸 시간이 우연도 아니고 징벌도 아님을 보이셨다. 그분은 약속의 땅에서 보낼 시간을 위해 그들을 준비시키고 빚으시는 중이었다. 모세는 "너를 낮추시며 너를 주리게 하시며 또 너도 알지 못하며 네 조상들도 알지 못하던 만나를 네게 먹이신 것은 사람이 떡으로만 사는 것이 아〔닌〕……줄을 네가 알게 하려 하심이니라"고 말했다(신 8:3).

잘 보면 이스라엘의 훈련은 세 가지로 찾아왔다. 우선은 음식의 결핍("너를 주리게 하시며")과 하나님의 비범한 공급("만나를 네게 먹이신 것은")이 있지만, 또한 평범한 공급도 있다. 본문에 보면 하나님이 이스라엘 백성에게 "이 사십 년 동안에 네 의복이 해어지지 아니하였고 네 발이 부르트지 아니하였느니라"고 말씀하신다(신 8:4). 아마 그들은 그것을 알아차리기조차 못했을 것이다. 천막에서 천막으로 옮겨 다니는 동안 아무도 그것을 화제 삼지 않았을 것이다. 그러면서 그들은 자기들만 광야의 전사(戰士)가 된다는 것이 얼마나 비참한 일이냐며 불평을 늘어놓았을 것이다. 더 위로 거슬러 올라가면, 뱀 앞에 선 하와도 하나님이 한 나무만 빼고 동산의 모든 나무를 자기에게 주셨음을 까맣게 잊고 있었다.

그것은 별로 특이한 일도 아니다. 적어도 이 타락한 세상에서는 그렇다. 우리는 자신에게 일어나지 않은 일을 눈여겨볼 때가 과연 얼마나 되는가? 심장마비를 일으켰다 소생하면 우리는 감사를 느낄 것이다. 같은 또래의 친구가 심장마비를 일으켰을 때나 자신이 심장마비로 죽은 가족보다 오래 살고 있음을 생각할 때도 감사를 느낄 것이다. 하지만 자신이 심장마비를 일으키지 않았고, 교통사고를 내지 않았고, 특정한 직장에 들어가지 않았던 것 때문에 감사를 느끼는 사람이 우리 중에 얼마나 되는가?

정말로 우리는 복에 익숙해지는 경향이 있다. 얼마 전 나는 해거름 녘에 아내와 아이들과 함께 동네를 한 바퀴 걸었다. 아이들은 길가의 반딧불을 쫓으며 앞서 달렸다. 문득 나는 길에 멈추어 서서 그냥 주변을 둘러보았다. 서로 사랑할 수 있는 아내를 달라고 오래전에 기도했는데 아내가 곁에 있었다. 그 뒤로 몇 년 후에 난임과 거듭되는 유산 속에서 자녀를 달라고 함께 기도했는데 넷이나 되는 자녀가 반딧불을 쫓고 있었다. 정말 내게 감사가 없었던 건 아니지만 어느새 그런 복을 당연시하고 있었다.

유산이 끝나기를 기도하면서 눈물 흘리며 길을 걷던 때만 해도 내가 원하던 복이 아주 절실해 보였다. 그런데 이제는 유산되지 않은 자녀들이 내 주변을 종종걸음으로 달리고 있는데도, 그들이 있다는 사실이 얼마나 경이와 외경으로 충만한 일인지 잘 보이지 않는다. "아빠"라는 소리를 한 번만 듣게 해달라고 밤새도록 하나님께 간구하던 때에 비하면 지금은 그 단어가 아주 평범해졌다.

철학자와 심리학자들은 때로 이를 가리켜 "쾌락 적응"이라고 한다.[3] 우리는 이미 성취한 행복의 수준에 익숙해져 그 이상을 갈구한다. 돈을 바라던 것만큼 벌고, 늘 꿈꾸던 집에 살게 되고, 기도하던 가족들이 생겨나도 대개 우리는 별로 만족하지 않는다. 그저 당연히 그러려니 한다.

오히려 우리는 아직 자신에게 없는 것을 내다보며 동경한다. 주변에 중년의 위기가 그렇게 많은 것도 그런 이유다. 남자들만의 일이 아니다. 어떤 사람이 삶의 중턱에서 주변을 돌아보며 의문에 잠긴다. "내가 놓치고 있는 게 뭐지?" 그 사람에게 보이지 않는 것이 바깥에 있는 우리에게는 보인다. "도대체 저 이상 무엇을 더 바라는 거지?" 바로 그것이 문제다. 그 사람도 자기가 무엇을 원하는지 모른다. 그냥 더 원할 뿐이다.

예수는 유혹을 당하실 때 하와와 이스라엘과 우리가 인식하지 못한 다음과 같은 사실을 인식하셨다. 풍성함과 낮아짐의 사이클은 하나님이 인간의 필요를 무시해서가 아니라 하나님의 전략적 목적의 일환이라는 사실이다. 이스라엘이 보기에 양식의 결핍은 그들의 참 아버지가 하나님이 아니라 바로라는 증거였다. 하나님이 만나와 메추라기를 주자, 그들은 늘 그것만 먹어 질렸다며 다른 것을 달라고 투덜거렸다. 하지만 예수는 문제의 핵심을 간파하셨다. 그분은 하나님의 훈련이 미움이 아니라 사랑임을 아셨다.

하나님은 왜 하필 결핍과 음식을 통해 이스라엘을 "낮추신" 것일까? 그것은 그들이 약속의 땅에 들어간 뒤에 이집트 사람이나 가나안 사람처럼 다른 신들의 노예가 되지 않도록 하나님이 그들을 가르치시기 위해서였다. 스스로 공급할 수 있다는 환상에 빠지면 그들은 결국 배가 불러 마음이 "교만" 해질 것이다(신 8:14). 그러면 그들은 "내 능력과 내 손의 힘으로 내가 이 재물을 얻었다"라고 결론지을 것이고, 그리하여 악순환이 계속될 것이다(신 8:17). 그들은 "다른 신들을 따라" 갈 것이고(신 8:19), 자신의 능력을 발휘하여 육욕이 탐하는 것을 더 많이 쌓으려 할 것이다. 그런데 마귀의 요소들은 하나님 나라에 들어올 수 없으므로, 그들의 최종 결과는 자신들의 우상과 함께 불속에 던져지는 죽음이 될 것이다(신 8:20). 더욱이 예수는 자신이 왕으로 훈련받고 계시다는 것과, 왕의 자격은 육욕을 다스리는 것임을 아셨다(신 17:17). 이전의 이스라엘 왕들은 이래저래 이 시험에 실패했다.

    예수는 굶주림의 때가 형벌이 아니라 하나님이 "너를 낮추시며 너를 시험하사 마침내 네게 복을 주려 하심"임을 아셨다(신 8:16). 본래 아버지의 훈련은 그 자체가 공급의 일환이다. 성경 시대에는 자녀를 부양하는 대리인이 없었듯이 기업 인턴제나 취업 상담실도 없었다. 아버지의 부양은 어린 자녀에게 양식을 공급하는 것으로 끝나지 않았다. 예수께서 제자 요한과 야고보를 처음 만나셨을 때 그들이 아버지 세베대와 함께 고기를 잡고 있었던 것은 이례적인 일이 아니다. 당시에는 그것이 세상의 순리였다. 아담이 그랬듯이 아들은 땅을 일구어 빵을 얻어 내는 법을 아버지한테 배웠다.

아버지는 아들에게 가업을 잇는 법을 가르쳤고, 그리하여 아들은 다시 자기 자녀를 부양했다.

예수는 이 또한 우주의 한 질서임을 지적하셨다. "아들이 아버지께서 하시는 일을 보지 않고는 아무것도 스스로 할 수 없나니"(요 5:19). 예수는 훈련이 하나님의 거부가 아니라 수용임을 아셨다. "너는 사람이 그 아들을 징계[훈련]함 같이 네 하나님 여호와께서 너를 징계하시는 줄 마음에 생각하고"(신 8:5).

만일 예수께서 돌들을 명하여 빵이 되게 하셨다면, "이는 내 사랑하는 아들이요"라고 하신 하나님의 말씀은 거짓이 되었을 것이다. 그것은 하나님의 말씀을 확인하려고 아버지를 시험하는 행위가 되었을 뿐 아니라, 하와와 이스라엘처럼 예수도 자신에게 언제 무엇이 필요한지 스스로 안다는 주장이 되었을 것이다. 마땅히 아버지께서 하셔야 할 일을 오히려 예수께서 아버지께 시키시며 아버지를 훈련하는 꼴이 되었을 것이다.

육욕을 제어하지 못하면 복음 자체를 잃는다. 복음은 하나님이 당신의 생존에 필요한 것이 무엇인지 아신다는 진리다. 당신에게 필요한 것은 예수의 찢긴 몸과 쏟아진 피다. 하나님이 자기 백성을 "주리게" 하심은 그들이 택하는 것보다 더 좋은 것으로 먹이시기 위해서다. 이스라엘 백성은 고작 이집트의 부추와 파를 원했지만, 하나님은 그들에게 하늘의 빵에 대한 식욕을 길러 주셨다.

대부분의 서구 그리스도인들에게 식탐은 중죄가 아니라 농담거리로 통한다. 우리는 자신이 당분이나 지방, 카페인에 "중독된"

사실을 그냥 웃어넘긴다. 물론 우리도 음식과 몸의 관계에 신경을 쓰기는 한다. 어떤 때는 걱정이 지나칠 정도다. 하지만 대개는 건강상의 이유(당뇨나 고혈압이나 기타 질환을 예방하기 위해서), 경제적 이유(붉은 고기나 당분이나 술이나 담배를 과잉 섭취하다 자칫 비싼 의료비를 물고 싶지 않아서), 사회적 이유, 정치적 이유, 환경 보호의 이유 등에서 비롯된 걱정이다. 이 모든 요인도 식생활의 중요한 도덕적 일면이다. 하지만 식탐에는 인격적·영적 대가도 따른다. 그런데 우리는 그것을 잘 보지 못한다.

식탐과 비만은 다르다. 신진대사가 빠른 사람은 파이를 통째로 먹어도 호리호리해 보일 수 있지만, 어떤 사람은 식단을 엄격히 조절해도 유전적 요인 때문에 여전히 "우람할" 수 있다. 문제는 몸집의 크기가 아니라 육욕의 제어다.

내 생각에 때로 식탐에는 요즘 흔히 말하는 식생활 장애도 포함된다. 어떤 사람들은 삶의 한 부분이라도 "통제하려는" 강박관념에 빠진 나머지 하나님이 꼭 필요하고 선하다고 하신 음식을 거부하기도 하고, 폭식한 뒤에 토하여 음식물로 자위행위를 하기도 한다. 그렇다고 식생활 장애를 엄중한 영적 경고를 통해 쉽게 끊고 해결할 수 있다는 말은 아니다. 대개는 깊고 복잡한 심리적·생리적 요인들이 개입되어 있다. 다만 식생활 장애는 육욕(때로 체형을 사회의 기대치에 맞추려는 육욕)이 삶의 주인 행세를 하고 있다는 증거일 때가 많다. 이런 식생활 장애를 우리 교회들 안에서도 볼 수 있다.

음식과 관련하여 하나님은 일부러 금식과 잔치의 사이클을 통해 몸을 훈련하신다. 아버지이신 하나님의 선하심과 주권을 알려면 이 훈련이 필요하다. 이 점에서 마디 그라는 사순절과 좋은 짝을 이룬다. 육욕은 우리 삶의 주인이 아니다. 육욕은 예배, 삶, 문화, 가정, 사회 등 더 큰 요인들과 균형을 이루어야 한다. 금욕만 있거나 잔치만 있는 삶은 속이 병든 삶이다.

거의 모든 문화에서 음식은 섹스와 연관된다. 미국 문화가 전 세계에 수출한 식당들에서 여자들은 몸에 딱 달라붙는 셔츠와 치마를 입고 가공된 닭 가슴살을 팔면서 남자들에게 자기네 가슴을 곁눈질할 기회를 준다. 두 가지 육욕이 모두 자극되어야 하고, 적어도 그중 하나는 채워진다. 이 연관성은 비록 왜곡되기는 했지만 우연은 아니다. 성경이 그것을 자주 역설한다.

에서가 장자권과 맞바꾼 것은 한 끼 식사였지만, 잘 보면 히브리서는 그 사건을 예로 들어 "음행하는 자와……에서와 같이 망령된 자가 없도록 살피라"고 경고한다(히 12:16). 하지만 이야기 어딘가에 나체로 뒹굴고 있는 여자를 혹시 내가 그냥 지나쳤다면 모를까, 창세기 본문에 보면 에서는 음행하지 않았다. 그저 음식을 먹었을 뿐이다. 사도 바울은 이스라엘 백성이 광야에서 음식과 물에 대해 불평한 일을 그들의 우상숭배와 "음행"과 연관시킨다(고전 10:8, 민 25:1-9). 왜 그러는 것일까? 기독교 세계관에서는 음식과 섹스가 서로 직결된다. 과일의 맛이 곧바로 생식기의 수치로 이어지던 그때로부터 그랬다(창 3:6-7).

음식처럼 섹스도 천성적 육욕이다. 물론 성욕과 식욕은 종류가 다르다. 음식은 모든 인간에게 필수지만 성관계는 그렇지 않다. 성욕을 해소하지 않는다고 죽을 사람은 없지만(사춘기 전후의 남자 아이들은 여자 친구에게 그 반대로 말하려고 하겠지만), 음식이나 물이 없으면 인간의 몸이 존속될 수 없다. 그래도 꼭 필요하기는 양쪽 다 마찬가지다. 개인은 성관계 없이도 존재할 수 있지만 가계나 인류는 존재할 수 없다.

섹스는 육욕이 얼마나 원초적일 수 있는지 우리에게 수시로 보여준다. 물론 굶주린 사람도 식욕이 얼마나 인간의 이성을 앗아 가는지 보여줄 수 있다. 그래서 먹고 살려고 살인도 하고 절도도 하는 것이다. 하지만 사람이 정말 그 정도로까지 굶주리는 경우는 많지 않다. 반면에 성욕은 꼭 "굶주림"처럼 느껴질 수 있다. 피골이 상접한 사람이 먹을 것을 찾아 식품점을 약탈하는 위험마저 무릅쓰듯이, 성욕도 그 못지않은 위험을 무릅쓰게 만든다. 나아가 섹스라는 창조 질서도 음식처럼 인간에게 창조세계 너머의 더 큰 것을 가리켜 보이도록 지어졌다. 성적 연합은 단순히 신체 부위의 접촉이 아니다. 이 육적·영적 연합은 "비밀이 크"며, 그리스도와 교회의 교제에 대한 하나님의 원형적 계획을 가리켜 보인다(엡 5:32). 현대의 어느 학자가 이 부분에 자제가 부족한 것을 가리켜 "성적 비만"이라고 말한 것은, 그래서 아주 적절한 표현이다.[4]

성적 불륜이 위험한 것은 주로 당장의 결과 때문이 아니다(여기서 불륜이란 한 몸을 이루는 부부의 연합 바깥에서 벌어지는 모든 성적 관계를 가리킨다). 물론 그런 결과도 엄연히 현실이며 참담하다. 하지만 성적 불륜이 위험한 것은 그것이 복음을 부정하고, 그리스도와 교회의 이상적 관계를 짓밟으며, 다른 악한 영적 연합을 이루기 때문이다. 그대로 두면 그 악한 연합을 떼어 낼 수 없다.

우리 시대에 포르노는 남자의 성을 망치는 죽음의 천사가 되었다. 포르노가 남자에게만 유혹이 된다는 말은 아니다(사실 그렇지 않다). 다만 남자가 원래 성적으로 자극되는 방식이 그렇다 보니 포르노는 그것이 존재하는 곳이면 어디서나 남자에게 유혹이 된다. 나는 남편이 정서적으로 자아에 함몰되어 있어—아내와의 친밀함에 관한 한 죽어 있어—관계가 무너지고 있는 부부를 만날 때마다 포르노를 언제부터 보았느냐고 묻는다. 모든 경우에 포르노가 개입되어 있다. 그 정도로 우리 사회에 포르노가 만연된 것이다.

포르노에 빠진 남자는 어딘지 무력한 모습을 보이며, 대개 그것을 "싸움"이나 "중독" 같은 단어로 표현한다. 두 단어 모두 맞기는 하겠지만, 그런 표현은 사람과 죄를 분리시켜 영혼을 파멸로 몰아간다. 포르노는 단지 중독이 아니라 사이비 신앙이다. 아내가 아이들을 축구 연습에 데려다주는 동안 위층에서 포르노를 보는 남자는 무슨 유별난 "변태"가 아니라 (조상 아담처럼) 그리스도를 떠나 우주의 또 다른 신비를 찾고 있는 것이다. 그래서 그의 기억 속에 저장된 여자의 나체는 결코 그를 채워 주지 못한다. 아무리 나체여도 내면까지 얻을 수는 없기에 결코 만족이 있을 수 없다.

포르노를 신앙이라고 하는 이유는, 비록 육적인 인력이 강하긴 해도 포르노로 잡아끄는 힘이 그 이상이기 때문이다. 사탄의 세력들은 "음행하는 자는 자기 몸에 죄를 범"한다는 것을 안다(고전 6:18). 그들은 포르노 행위가 부부의 연합과 친밀한 한 몸의 관계를 갈라놓고, 대신 영적으로 그리스도를 잡지나 영상 속의 창녀와 결합시킨다는 것을 안다(고전 6:16). 또 그들은 이런 일을 하고도 회개하지 않는 사람들은 "하나님의 나라를 유업으로 받지 못할" 것도 안다(고전 6:9-10).

어떤 의미에서 포르노는 다른 모든 형태의 성적 유혹과 다르지 않다. 하지만 다른 의미에서는 훨씬 교활하다. 포르노에는 일종의 사이비 회개가 딸려 온다. 포르노를 본 사람은 "끝난" 즉시 역겨움과 자기혐오를 느낀다. 간음이나 간통을 한 사람은 그 죄의 배후에 "숭고한 사랑"이 있다고 합리화라도 할 수 있다. 하지만 아무리 양심에 화인을 맞은 사람도 사랑의 노래나 시를 지어 포르노의 자기만족을 예찬할 사람은 거의 없다.

대개 포르노를 보고 나면 다시는 하지 않겠다는 다짐, 이제는 끊고 외부의 감시를 받겠다는 다짐이 뒤따른다. 적어도 기독교적 정체감이나 도덕적 정체감을 가지고 있는 사람들은 그렇다. 하지만 이는 겉보기에는 양심의 회개 같지만, 대부분의 경우 잠시 육욕이 가라앉은 상태에 지나지 않는다. 다시 육욕에 "굶주려지면" 귀신의 세력들과 생물학적 충동의 합작으로 육욕은 다시 불가항력이 되고 만다. 유혹의 사이클이 계속되지만, 회개의 환상 때문에 죄가 가려진다. 그래서 제대로 된 회개는 결코 이루어지지 않고, 그러다 결국 에서처럼 양심에 화인을 맞아 회개가 아예 불가능해진다(히 6:4-6, 12:16-17).

물론 악한 세력들은 아담의 모든 후손과 특히 신앙을 고백하는 주 예수의 모든 형제자매가 바로 그렇게 되기를 원한다. 예수께서 사탄의 유혹을 물리치신 이유는 빵이 싫어서가 아니라 사탄이 줄 수 없는 다른 빵을 원하셨기 때문이고, 그 빵을 아버지와 함께 그리고 자신의 신부와 함께 교제하며 먹기 원하셨기 때문이다. 마귀는 광야에서 혼자 게걸스레 먹는 자위행위 같은 식사를 원한다. 그러나 예수는 새 예루살렘에서 "신부가 남편을 위하여 단장한 것 같"은 교회와 함께하는 혼인 잔치를 원하신다(계 21:2).

앞서 말했듯이 여자들도 분명히 간통, 간음, 포르노 등 성적 부도덕에 취약하다. 하지만 음란물의 야한 성행위에 아주 질겁할 여자들도 이따금씩 연애소설에는 매료된다. 후자도 다를 바 없이 정욕과 탐심의 매체다. 물론 인간의 문학에는 언제나 연애소설이 있었다. 하지만 그것은 섹스도 마찬가지다. 노골적인 외설물의 성애가 성경의 아가서나—로미오와 줄리엣—의 그것과 다르듯이, 순전히 정서적 친밀함에 대한 욕구를 자극할 목적으로 제작된 "예술"도 일반 예술작품 속에 묘사되는 로맨스와는 현저히 다르다. 포르노가 "소비자에게 통하는" 이유는 포르노가 환상에 기초하고 있기 때문이다. 친밀한 관계를 위한 "노력" 없이도 완전히 화끈하고 완전히 자발적인 파트너를 얻을 수 있다는 환상이다. 포르노가 남자의 성충동을 채워 주듯이, 흔히 연애소설이나 그에 상응하는 영화는 여자의 정서적 욕구를 채워 준다.

다행히 아직 "기독교" 포르노 시장은 없지만(언젠가는 누가 만들어 낼 것이다) "기독교" 연애소설은 시장이 있다. 이 장르로 분류되는 기독교 소설들 중 일부는 사실 "연애소설"이 아니라 인간 조건, 특히 남녀 관계를 기독교적 관점에서 심층 조명한 책들이다. 하지만 다른 많은 책들은 연애소설의 기독교판에 지나지 않으며, 친밀함을 성찰하는 게 아니라 허구적 환상 속의 친밀함으로 도피하기 위한 것이다. 물론 책 속에 성적으로 야한 내용은 나오지 않는다. 남녀 주인공은 동침하지 않고 함께 기도한다. 하지만 바로 그것이 문제다. 실망한 중년 여성들 가운데 이런 유의 소설을 읽으면서 거기 나오는 강인한 영적 지도자들을 자기 남편과 비교하는 사람이 우리 교회들에 얼마나 많은가? 그 주인공들에 비하면 소파에 누워 있는 자기 남편은 무능한 존재로 보일 수밖에 없다. "연애소설"을 영혼에 중대한 파멸을 부르는 포르노와 동격으로 취급하려는 것은 아니지만, 그래도 한 번쯤 자신에게 이렇게 물어볼 만은 하다. "이 책을 읽음으로써 나는 남편(또는 미래의 남편)에게 더 자족하게 되는가, 아니면 거기서 더 멀어지는가?"

서구 문화에서 음식은 당연시된다. 모든 문화의 대다수 사람들에게는 농경사회가 당연하겠지만, 우리는 거기서 단절되어 있다 보니 빵이 말 그대로 땅의 돌들로부터 생겨나는 줄 안다. 땅을 경작하는 사람이 너무 적기 때문이다. 요한복음 6장에서 무리가 예수께 빵을 요구하는 모습도 우리에게는 약간 이상해 보인다. 우리로서는 그것이 마치 야구장에서 경기를 보면서 주전부리나 달라는 소리처럼 들린다. 하지만 거의 모든 문화에서 그렇듯이, 고대 이스라엘 문화에서 빵은 경제적 생존의 기본 장치였다. 따라서 첫 번째 유혹의 주제는 단지 음식의 소비가 아니라 소비 그 자체다. 이는 우리가 물욕을 품고 경제적 안전을 추구하는 문제다.

역시 탐심은 미묘하여서 우리의 삶 속에서 쉽게 감지되지 않는다. 교회의 감시 그룹에서 어떤 남자가 지난주 해변에서 보았던 여자의 엉덩이를 묘사하며 마냥 좋아한다면 즉시 영적으로 성숙한 그 누군가가 그를 꾸짖을 것이다(대부분의 교회라면 그럴 것이다). 하지만 어떤 남자가 지난주 해변에서 보았던 보트에 대해 똑같이 말한다면 아마 이야기꽃이 필 것이다. 그러나 재물을 얻으려는 욕심은 마귀적인 것이며 불행과 파멸을 낳는다.

사도 바울은 "돈을 사랑함이 일만 악의 뿌리가 되나니 이것을 탐내는 자들은 미혹을 받아 믿음에서 떠나 많은 근심으로써 자기를 찔렀도다"라고 썼다(딤전 6:10). 그는 또 "부하려 하는" 마음이 곧 "시험과 올무"가 되어, 사람을 "여러 가지 어리석고 해로운 욕심"에 떨어뜨리고 "파멸과 멸망에 빠지게" 한다고 말했다(딤전 6:9).

불행히도 우리는 세상에 휩쓸려 시각이 심히 비뚤어졌다. 그래서 "부하려 하는" 마음을 우리 문화에서 흔히 볼 수 있는 억만장자가 되려는 욕심으로 해석한다. 그러나 성경이 정의하는 "부"는 그런 거부의 수준과는 전혀 거리가 멀다. 그보다 그것은 경제적 자유와 안전을 뜻한다. 성경에 묘사된 느부갓네살과 헤롯의 부 그리고 아모스와 야고보서에 나오는 사치와 방종으로 "살찐" 압제자들의 부는, 오늘날 미국 중산층 가정에서 흔히 볼 수 있는 부보다 그 호화로움이 훨씬 덜했다.

성경은 부를 금하지 않으며 오히려 어느 정도의 경제적 자급자족을 명한다(일가족 전체와 사회라는 단위 속에서). 자기 가족을 부양하지 않는 사람은 "불신자보다 더 악한 자"다(딤전 5:8). 복음은 우리를 강권하여 게으름을 피우지 말고 "수고하고 애써" 빵을 얻게 한다(살후 3:8). 그러나 물욕도 식욕이나 성욕만큼이나 만족을 모르며, 똑같이 치명적일 수 있다.

성경은 특정한 생활수준을 별도 규정으로 정해 놓고 신자라면 누구나 거기에 도달해야 한다고 명하지 않는다. 그러나 큰 부에 따라오는 유혹의 위험만은 성경에 명백히 보장되어 있다. 내게 필요한 것은 어느 만큼인가? 나는 얼마나 베풀고 있는가? 이런 질문을 던지는 것은 결코 율법주의가 아니다.[5] 자신의 부를 꼼꼼히 따지는 자세와 하나님이 이미 주신 것에 대한 감사가 어우러지면 탐심을 물리치는 성령의 무기가 될 수 있다. 이를 통해 우리는 "돈을 사랑함"과 재물의 축적이 단순히 하나의 생활방식이라기보다 "여호와께서 우리 중에 계신가 안 계신가"라는 집요한 의문임을 알 수 있다(출 17:7). 이는 "내가 정말 하나님의 아들이라면……"의 다른 표현이다. 그리스도의 영은 우리에게 자족을 강권하신다. 그리스도 안에서 자신의 정체와 유업을 인식하고 "내가 결코 너희를 버리지 아니하고 너희를 떠나지 아니하리라" 하신 약속을 붙들 때, 우리는 돈에 대한 사랑에서 해방될 수 있다(히 13:5).

이 타락한 세상에서 절제는 감각적 문화에 반한다. 오죽하면 절제하는 사람이 이상하다 못해 불순해 보일 정도다. 끝없는 소비가 가능하다는 환상 속에서 유례없는 풍요의 시대를 살고 있는 우리는 특히 더하다. 그것이 우리 교회들의 체질과 증언을 다분히 눈에 보이지 않게 바꾸어 놓았다. 예수는 몸이 피둥피둥하고 상향 이동에 집착하고 정치적 영향력을 지닌 사람들을 조심하라고 하셨는데, 우리가 바로 그런 사람들이 되었다. 그러다 보니 우리는 거의 모든 면에서 주변 문화에 동화되었다. 강단과 회중석 할 것 없이 우리 주변에 만연한 가정의 위기의 한 원인은 우리 뒷주머니의 지갑임을 알아야 한다.

우리 중에는 성혁명 및 그로 인한 가정의 혼란과 타협한 사람이나 교회들이 너무 많은데, 그 이유는 이미 오래전에 우리가 돈을 사랑하는 것과 타협했기 때문이다. 우리는 주변 문화와 똑같은 생활수준으로 살기를 원한다. 그 자체는 죄가 아니지만, 필요하다면 어떤 수단도 가리지 않겠다는 마음이 문제다.

예컨대 우리 교회나 교구들의 경건해 보이는 교인이, 임신한 미성년자 딸을 데리고 야음을 틈타 인근 도시에 가서 낙태를 시키는 이유는 무엇인가? 이는 *그*가 투표권을 행사할 때는 아무리 낙태를 반대할지라도 막상 위기가 닥치면 딸에게 "정상적" 삶을 주려고 하기 때문이다. 어느 페미니스트 지도자의 말마따나 그의 낙태 반대론에는 세 가지 예외가 있으니 바로 강간, 근친상간, 그리고 내 상황이다.[6]

그리스도인 부모들이 고린도전서 7장에 나오는 사도 바울의 명백한 권고에 어긋나게, 성인 자녀에게 결혼을 미루라고 하는 이유는 무엇인가? 이 결혼이 주님의 뜻인지 분별하는 데 필요한 시간보다 몇 년씩이나 더 지체될 때도 있다. 왜 우리는 그들에게 "형편"이 좋아질 때까지 기다리라고 생글생글 웃으며 말하는 것인가? 이는 부끄럽게도 우리가 음행보다 돈고생을 더 끔찍한 현실로 간주하기 때문이다.

목사들과 교회 지도자들이 동성애에 대해서는 기탄없이 말하면서 이혼에 대해서는 말하지 않는 이유는 무엇인가? 복음주의 그리스도인들의 이혼율이 "교회에 다니지 않는" 세상 사람들의 이혼율과 같거나 그보다 더 높은데도 말이다.[7] 이는 많은 경우 교회 지도자들이 회중석에 앉은 이혼자들의 얼굴을 알고 있어서 자칫 교인 수나 헌금이 줄어들까 봐 두려워하기 때문이다.[8] 솔직히 말해서 우리 교회들에는 공개적 동성애자보다 공개적 복수 이혼자가 훨씬 많다. 세례자 요한은 심지어 왕도 남의 아내를 취해서는 안 된다는 진리를 말하다 쟁반 위에 머리를 바쳤다. 그런데 현대의 복음주의 목사는 교회 공동회의에서 괜히 같은 문제를 거론하다가 퇴직금을 날릴 의향이 없는 것이다.

많은 그리스도인들에게 이혼은 문화 전쟁의 이슈로 보이지 않는다. 그만큼 이혼이 충격이나 반감을 주지 않기 때문이다. 우리는 "한 번에 한 배우자"의 세상에 익숙해졌다. 물론 우리는 이혼을 예찬하지는 않지만, 이혼을 복음의 증언을 막는 오명(汚名)이 아니라 개인의 비극 정도로 본다. 우리의 손자 대와 증손자 대에 가서는 성전환 수술과 매매춘과 일부다처가 "비참하지만 정상적인" 일로 통할지도 모른다. 지금 우리에게 이혼이 그렇듯이 말이다. 그들은 과연 우리보다 더 반문화적이 될 것인가? 우리는 성혁명의 속도가 더뎌, 일반 문화에 비해 성적 무법상태를 한 세대 늦게 받아들였다. 우리가 손자 대의 죄를 미리 비난하는 것은 아직 그 비난을 들을 손자들이 없기 때문이고, 단지 우리의 생활비를 손자들이 대지 않기 때문인가. 광고업계도 똑같은 전략으로 광고 대상을 설정한다. 그 대상만 우리와 다를 뿐이다.

우리가 부부간의 대화와 "사랑의 언어"에 대해서는 끝없이 말하면서, 정작 자녀를 놀이방에 맡기는 게 자녀나 부모에게 좋은 일인지의 문제는 전혀 언급하지 않는 이유는 무엇인가? 이는 부부들이 남편 혼자만의 수입으로는 생활이 안 된다고 답할 것을 목사들이 뻔히 알기 때문이다. 부부들의 그 말은 거의 언제나 옳다. 여기서 말하는 생활이 현재 살고 있는 지역에 살며 현재 누리고 있는 첨단 시설을 누린다는 뜻이라면 말이다. 왜 우리는 자녀를 키우는 일을 남한테 맡기기보다 단칸방이나 이동주택에 사는 게 더 나을지 묻지 않는가? 이는 그런 방법이 대안으로 보이지 않을 정도로 미국식 생활방식이 우리에게 너무나 당연해 보이기 때문이다.

생명을 중시하고 돈 욕심을 줄이는 문화에 거스르고자 하는 삶의 도전 앞에서, 우리는 무오한 성경이 말하는 기쁨의 삶을 보고도 슬프게 떠나갈 때가 너무 많다. 그런 면에서 우리는 영생을 원했지만 재물을 더 원했던 부자 청년과 같다(눅 18:18-30. 부자라고 해봐야 그는 이 책의 거의 모든 독자에 비하면 차라리 가난한 쪽에 들 것이다).

이 부분에서 현대 그리스도인들은 세상의 일부 진보주의자들로부터 비판을 듣기 십상이다. 이들 진보주의자들은 성경적 현실관은 부정하지만, 개인의 처참한 몰락과 우리가 당연시하는 집단 문화 사이의 연관성을 아는 것 같다. 대개 그들은 나염 티셔츠를 입고 예술가 마을에 사는 보헤미안도 아니고, 여성과 환경을 중시하고 폭스바겐 차에 다윈의 물고기를 붙이고 다니는 마르크스주의자도 아니다. 이 두 부류는 미국이 지금 전 세계에 그리고 교인 주소록에 있는 모든 주소로 수출하고 있는 문화적 포르노 천국을 만들어 내는 사람들이다. 그런데 그런 일의 배후 자금은 오히려 정장 차림의 "보수주의자들"에게서 나올 때가 많으며, 그중에는 침례용 수조의 내부가 어떻게 생겼고 찬송가와 복음성가를 어떻게 구분하는지 아는 사람들도 있다.

그리스도인들은 소비지상주의 문화가 가치중립적이라고 생각할 때가 너무 많다. 또 그들은 좌익의 문화 전사들이 결사반대한다는 이유로 미국의 코포라티즘(corporatism. 국가가 자본과 노동을 통제하는 방식—옮긴이)이 경건할 수밖에 없다고 생각할 때가 너무 많다. 하지만 좌익의 반문화는 환상이다. 미국 주류 사회의 좌익과 우익은, 어느 체제든 가장 유능한 체제가 육욕을 채워 주어야 한다는 이념에 똑같이 포로가 되어 있다.

반문화와 소비지상주의 문화가 서로 공생 관계라는 철학자 조셉 히스Joseph Heath와 철학자 앤드류 포터Andrew Potter의 말은 옳다. 그들은 "결국 사람들은 저마다 파티를 즐길 권리를 놓고 싸운다"라고 말했다.[9] 그렇다면 우리는 텔레비전 광고가 가정의 질서를 위협하고 있다고 말한 소비자 보호 운동가 랄프 네이더Ralph Nader가 옳지 않은지 자문해 보아야 한다. "기업들이 12세 이하의 아이들을 수지맞는 시장으로 판단하고 부모의 권위를 무시한 채 아이들에게 직접 팔고 있기" 때문이다.[10] 그러니 우리 대부분이 조부모 세대가 포르노로 여겼을 영화들을 보며 산다는 게 이상한 일인가? 물론 조부모 세대가 그런 부분에서 너무 엄격하고 점잔을 뺐을 수도 있다. 하지만 정말 우리가 살고 있는 상황이 달라졌다고 봐야 한다. 우리의 육욕을 채워 주는 일을 생업으로 하는 사람들이 정말 우리의 육욕을 채워 주고 있는데도 우리가 그것을 알아차리지 못하고 있을 수 있다.

교회가 육욕의 폭정에 맞서려면, 복음에 어긋나는 것들이 우리의 문화 정황에서 무엇인지를 지적하는 데서 그치지 말고 긍정적 대안을 제시해야 한다. 하나님 나라를 먼저 구함으로써 잠깐의 덧없는 자기만족을 초월하는 문화에 반하는 대안을 내놓아야 한다. 그러려면 당연히 설교도 필요하지만 이는 설교만으로 될 일이 아니다.

일찍이 소설가 존 업다이크John Updike는 "미국은 우리를 행복하게 만들기 위한 거대한 음모다"라고 했다.[11] 현대 미국의 복음주의는 서로 물건을 팔기 위한 거대한 음모다. 사람이 빵으로만 사는 것이 아님을 우리가 본으로 보이려면 맞서 싸워야 할 현실이 있다. 기독교가 이해득실만 따지는 얼굴 없는 기업 관료들의 마케팅 대상이 되었다는 사실이다.

우리 교회들이 광고 문화에 적극 맞서면 어떨까? 예컨대 무조건 기독교 음악 "업계"에서 걸러 주는 대로 받기만 할 것이 아니라 우리 스스로 음악 문화를 창출하면 어떨까? 정교회의 영창(詠唱)에서 애팔래치아 산지의 블루그라스까지 한때 기독교 음악이 지역 교회들에서 민속 형태로 자생하여 문화 속에 표출되던 시절이 있었다. 다시 그렇게 될 수 있다. 일부 교인들에게 하프나 바이올린이나 전자기타 같은 음악을 가르쳐 교회 안에서 창의성을 발휘할 기회를 주면 된다. 설교와 교육 분야에서 이미 하고 있듯이 말이다. 물론 그러면 음악의 "전문성"은 떨어질지 모른다. 많은 교회에서 음악의 수준이 낮아질 것이다. 하지만 그렇다 하더라도, 이른바 기독교 방송에 전파를 탈 만큼 시장의 시험만 통과한 것이면 무엇이든 흉내 내는, 현재의 수없이 많은 "예배" 인도자들보다 못하겠는가?

우리 교회들이 유명 목사에 열광하는 풍조를 버리면 어떨까? 물론 교회가 존경해야 할 지도자들은 늘 있다. 신약성경 이후로 쭉 그랬다. 야고보, 베드로, 바울, 클레멘트 등 얼마든지 많이 있다. 하지만 무조건 현재 인기 최고인 설교자가 담임목사가 되어야만 교회에 복이 되는 것이 아니라는 논의도 해볼 만하지 않은가? 소그룹 커리큘럼도 자꾸 더 구입만 할 것이 아니라 교회가 실험 삼아 교인들에게 일부 커리큘럼을 개발하는 법을 가르치고 훈련하면 어떨까? 물론 전부 자체 개발해야 한다는 말은 아니다.

지역 교회마다 다양한 은사가 있듯이 그리스도의 몸 전체에도 다양한 은사가 있다. 따라서 이미 나와 있는 자료들을 활용하지 않는 것은 낭비이고 비생산적인 일이다. 그래도 우리는 작은 반란의 방법들을 찾아내어, 늘 우리에게 뭔가를 사라고 들볶는 업계를 향해 "우리는 당신네 로고로 살지 않고 **로고스**로 산다"고 말해 줄 수 있어야 한다.

첫 번째 유혹을 알아보고 물리치는 교회는, 사람들을 교육하여 욕심을 버리게 하는 데만 주력하는 게 아니다. 그런 교회는 시대정신을 버리고 전혀 새로운 기풍을 받아들인다. 교회를 자유시장의 또 다른 제품으로 보는 시각은 의심할 여지가 없다. 지난 세대의 어느 유명 복음주의자는 자신이 바라는 교회 경험을 "그냥 재미 삼아" 치약의 상표를 바꾸는 경험에 비유했다. 그것을 보수 기독교에 적대적인 어느 기자가 인용했다. 그 목사에 따르면 우리 모두가 인정해야 할 점이 있다. 치약의 종류를 바꾸면 "남몰래 작은 스릴"이 느껴지면서 "이제부터 내 치아가 더 하얘질까? 입 냄새가 더 상큼해질까?" 따위의 질문이 머릿속에 퍼진다는 것이다. 내가 이상한지 몰라도 나는 치약을 사면서 머릿속에 "흥분된 질문"이 하나도 퍼진 적이 없다. 텔레비전 광고에서라면 몰라도 실제로 치약을 사면서 그런 "흥분"을 경험하는 사람이 있을지도 솔직히 잘 믿어지지 않는다(내가 틀렸다면 얼마든지 고쳐 주기 바란다). 결국 이 목사의 요지는, 사람들이 "자유시장 사회의 혜택과 모험과 무엇보다 흥분을 좋아하기" 때문에 교회들이 "자유시장 자본주의의 위력을 사역에 활용해야" 한다는 것이다.[12] 하지만 실제로 그것이 우리에게 어떤 작용을 하고 있는가?

이른바 "경제"(정부가 시장 등에 질서를 바로 세우는 일)를 어떤 관점에서 보든 우리가 분명히 동의할 수 있는 게 있다. 교회 내의 경제 질서는 달라야 한다는 것이다. 심지어 세상의 선하고 정의로운 질서들과도 달라야 한다. 대부분 동의하듯이, 특정 형태의 민주공화국은 세상 최고의 정치 제도이지만 교회는 민주 정치가 아니라 그리스도 정치다. 교회의 회중 정치를 신봉하는 사람들도 권위가 "사람의, 사람에 의하여, 사람을 위하여" 있다고 믿지는 않는다. 오히려 우리는 말씀과 성령을 통해 계시된 대로 권위가 그리스도의 통치에 있다고 믿는다. 당신이 정부에 바라는 것이 한편으로 소비자 지향의 자유시장 경제나 다른 한편으로 중앙 정부의 복지국가 경제라고 해도, 우리가 교회에 바라야 할 것은 그게 아니다. 교회 안에서는, 우리의 필요나 갈망을 가장 잘 아는 주체가 고객이나 소비자나 유권자가 아니라 하나님 아버지시다.

웬델 베리는 현대의 정치경제학을 폭넓게 비판하면서 "모든 어린 학생에게 컴퓨터가 '필요하고' 모든 16세 아이에게 자동차가 '필요하고' 모든 18세 아이에게 대학이 '필요한' 사회는 이미 망상에 빠져 있으며, 확실히 파산으로 치닫고 있다"고 지적했다.[13] 베리는 소비가 최고선이 되지 않도록 경제를 "역전시켜야" 한다고 제창한다. 당신은 그것이 세계 경제 질서에 좋은 방법이라고 동의하거나 그렇지 않을 수 있고, 여기서 거기로 가는 것이 가능한 일이라고 생각하거나 그렇지 않을 수 있다. 하지만 지역 교회들의 경제를 "역전시키는" 일은 내 생각에 분명히 바람직하고도 가능한 일이다. 교회는 영적 제품과 서비스의 소비라는 "최고선"을 버리고, 더 단순하고 깊고 오래된 것을 지향해야 한다.

대개 소비자 중심적인 교회생활에 대한 비난은, 이른바 구도자에 친화적인 신도시 대형 교회들을 대상으로 한다. 하지만 이는 공정하지 못한 처사다. 우선 교회의 크기는 교회의 가치관과 거의 무관하다. 또한 이런 비난은 대부분 똑같이 소비자 중심인 다른 교회들과 사역 단체들에서 나온다. 교인들의 성분상 서로 시장만 다를 뿐인데도 말이다. 이렇듯 교인들의 사고가 직선적이고 분석적인 교회들은 지극히 지적이고 이성적인 방식으로 교리에 치중하는 경향이 있다. 그곳에도 구도자들은 있어서, 안경의 두께가 모두 비슷비슷한 그들이 마케팅의 대상이 된다. 이는 예배, 교회 정치, 기타 모든 이슈의 경우에도 마찬가지다. 이른바 소비자 중심적인 대형 교회들을 향한 가장 신랄한 비판은 흔히 대형 교회의 "성공"을 부러워하는 교회들에서 나온다. 하지만 그들이 탐심의 입장에서 소비자 중심주의를 제대로 비판할 수는 없는 일이다. 소비자 중심주의의 문제점이 다름 아닌 **탐심**이기 때문이다.

소비자 중심적이라고 우롱당하는 일부 요소들―방문객을 친절히 대하고, 아이들을 환영하고, 알기 쉬운 기호를 활용하고, 친근하게 대화하는 등—은 마케팅이라기보다 그저 이웃 사랑의 한 방법이다. 반면에 소비자 중심주의를 철저히 배격하는 교회들과 사역 단체들에도 탐심과 욕심의 요소들이 나타난다. 더욱이 우리는 육욕의 정당성을 인식해야 한다. 사람은 분명히 빵으로 산다. 교인들의 당면한 필요를 인식하지 못하는 교회는 그들에게 전혀 관심이 없는 것이다. 그러나 육욕에 끌려다니는 사역과 육욕의 방향을 돌려 사람을 변화시키는 사역은 엄연히 다르다.

사람들에게 그리스도의 주되심을 전할 방법으로 세속의 육욕에만 의지하는 교회가 얼마나 많은지 모른다. 예수는 그런 식으로 일하지 않으신다. 예수께서 오병이어의 기적을 베풀자 육욕을 채운 호숫가의 무리는 그분을 왕으로 공포하려고 했다. 말로만 아니라 정말 "와서 억지로 붙들어 임금으로 삼으려" 했다(요 6:15). 하지만 예수는 떠나가셨다. 아마 지금도 그러실 것이다.

나아가 일대일 제자 양육에서 교회들은 육욕을 진지하게 대하는 본을 보여야 한다. 단, 유혹을 겪으신 예수께서 우리 안에서 중점적으로 하시는 일은 부정적인 쪽이 아니라 긍정적인 쪽이다. 예수는 성령을 통해 우리의 육욕을 자신과 함께 십자가에 못 박아 우리를 육욕에서 해방시키실 뿐 아니라, 또한 우리를 능히 그분의 새로운 생명 가운데 자유로이 행하게 하신다.

자체 공급의 궁극적 해결책이자 절제의 궁극적 원동력은 바로 감사다. 감사의 관건은 하나님의 자존심이 아니라 우리의 훈련이다. 우리가 우주를 다스릴 왕과 여왕에 걸맞은 사람으로 빚어지는 것이다. 하나님 나라의 유업을 우리는 어린아이로서만 받을 수 있다(마 18:4). 곧 복을 잘 받아들이는 사람이 되어야 한다. 우리는 하나님의 훈련을 받아들여, 그분이 육욕을 채워 주시면 즐기고 그러지 않으시면 기다린다. 그분이 결국 우리를 잘되게 해주실 것을 알기 때문이다.

물론 감사와 자족과 절제가 밥을 먹여 주는 것은 아니다. 식욕은 그대로 남아 있다. 하지만 하나님의 훈련은 서서히 우리에게 옛 육욕을 죽이고 새 육욕을 기르는 법을 가르쳐 준다. 그리스도의 영을 통해 당신은 "육체와 함께 그 정욕과 탐심을" 십자가에 못 박는 법을 배운다(갈 5:24). 이것은 어려운 일이다. 종종 굶주림, 경제적 결핍, 성적 좌절, 가족의 소원함 등을 통과해야 한다. 하지만 이를 통해 우리는, 삶이 재물이나 오르가즘이나 즐거운 추억 등을 얻는 문제 정도가 아님을 깨닫는다. 광야에서 유혹받으신 주 예수와 함께 우리도 일시적 굶주림을 통해, 음식이나 섹스나 소비의 "필요"를 채우는 일시적 만족에서 벗어나 더 영원한 것들을 지향할 수 있다.

결론

마디 그라 이튿날 아침이면 속 쓰림과 지독한 숙취와 양심의 가책을 느끼기는 쉽다. 그러나 육욕의 폭정 아래 살아가는 인생의 허무함을 느끼기는 훨씬 어렵다. 우리 대부분의 경우처럼 육욕을 당연히 주인으로 여기면 특히 더 그렇다. 솔직히 우리는 뱃속에 가득한 음식을 에서처럼 메스껍게 다 토해 내는 백성 가운데 살고 있다. 만족을 모르는 욕심의 문화 속에 살고 있다. 항상 마디 그라만 있고 부활절은 없는 세상에 살고 있다.

그러나 예수는 우리를 위해 우리와 함께 굶주리셨다. 그분은 하나님 나라의 맏아들, 새 사람, 하나님의 새 이스라엘이시다. 에덴동산과 광야의 조상들이 몰랐던 것을 예수는 아셨다. "네가 하나님의 아들이냐"라는 질문 앞에서, 그분은 뱃속에서 나는 꼬르륵 소리보다 아버지의 말씀을 더 크게 들으셨다.

원수의 잔꾀는 예수를 당해 내지 못한다. 예수는 인간이 빵으로 산다고 해서(이것은 맞다) 오직 빵만으로 산다고(이것은 틀렸다) 행여나 속으실 분이 아니다. 예수는 육욕을 아셨고, 인간의 동물성과 존엄성이라는 신기한 전체 그림에 육욕이 어떻게 맞아들어 가는지 잘 아셨다. 당장 눈앞에 보이지 않을 때도 그분은 아버지의 공급을 의심하지 않으셨다.

그리스도의 영을 통해 우리도 그렇게 된다. 죽음의 두려움은 우리를 덮쳐서, 기회를 잃기 전에 원하는 것을 손에 넣고 욕심을 채우라고 유혹한다. 죽음의 세력은 아무것이나 필요한 대로 배를 채우라고 우리를 몰아간다. 하지만 예수를 따라 광야를 통과하려면 우리는 빵만 아니라 아버지를 받는 법을 배워야 한다. 죽음은 만족을 주지도 못할 것을 자꾸만 더 탐하라고 가르치며 우리를 지배한다. 아버지의 식탁에 이르려면 그 지배를 끊어야 한다. 우리는 굶어 죽어야 한다.

4장

자유낙하

——왜 우리는 구조(救助)보다 결백을 더 원하는가

방음 이어폰은 생각보다 성능이 좋았다. 나는 좁은 비행기 좌석에 앉아 있었다. 바로 옆에는 회계사가 코를 곯고 있었고 바로 뒤에서는 아기가 앙앙 울고 있었다. 통로 건너편의 여자는 의사들이 자신의 방광염을 깨끗이 고친 이야기를 늘어놓고 있었다. 아까 들을 때까지는 그랬지만 지금은 하나도 들리지 않았다. 헤드폰의 방음 효과가 어찌나 좋은지 사방에 보이지 않는 방음벽을 둘러쳐 내가 가져온 음악 외에는 모두 차단해 주었다. 나 자신의 소리도 들리지 않았다. 바로 그게 문제였다.

비행 중에 문득 보니 내 앞쪽의 승객들이 모두 어이없다는 표정으로 뒤를 돌아보고 있었다. 그 짧은 순간에 온갖 무서운 시나리오가 내 뇌리를 스쳐갔다. 기체 뒤쪽에 구멍이 뚫려 승객들을 밖으로 빨아내고 있는지도 몰랐다. 테러리스트가 쿠바로 갈 것과 현금을 요구하는 쪽지를 들고 어떤 여자의 머리에 총을 들이대고 있는지도 몰랐다. 다른 가능성이 더 떠오르기 전에 고개를 뒤로 돌렸다. 그랬더니 뒤쪽의 승객들도 똑같이 어리둥절하고 못마땅한 표정으로 앞을 보고 있었다.

"아, 나를 보고 있구나" 하고 깨달은 것은 그때였다. 그리고 1초 후에 그 이유도 깨달았다. 내가 '자유 낙하'라는 노래를 큰소리로 열심히 따라 부르고 있었던 것이다. 그 소리가 내게는 들리지 않았지만 동료 승객들에게는 들렸다. 그런데 아마 그들은 싫었던 모양이다. 내 목소리 때문인지 가사 때문인지는 확실히 알 길이 없다.

얼굴이 화끈거리고 몸이 움츠러들었다. 그럴 때는 정말 아무 할 말이 없다. 그 정도라도 다행이라고, 다시는 안 볼 사람들이라고 자신을 타이를 뿐이다. 아까보다 더 꼭꼭 방음벽 안으로 숨고 싶어진다. 속살이 드러난 듯 창피하지만 속수무책이다. 어디론가 달아나 버리고 싶은 마음뿐이다. 아주 비참하다.

당신도 그런 기분이 들었던 적이 있을 것이다. 나처럼 공공장소에서 즉흥 음악회를 열다가 그러진 않았겠지만 당신도 무력감이 들었을 것이다. 많은 사람들이 공부하지도 않은 채 중요한 시험을 치르는 꿈을 꾸는 데는 이유가 있다. 직장이나 학교에서 걸어가다가 문득 자신이 바지를 입지 않았음을 깨닫는 꿈도 있다. 어떤 사람들은 급우들 앞에서 연극 대사를 말하기가 두려웠다. 어떤 사람들은 결승전 막바지의 중요한 순간에 공을 놓칠까 봐 두려웠다. 어떤 사람들은 상사 앞에 가서 연간 실적을 평가받는 일이 두려웠다. 치부가 드러나 창피를 당할 수 있는 가능성은 거의 모든 사람의 보편적인 두려움이다. 그래서 우리는 노출과 망신과 결국은 피해로부터 자신을 보호하려 한다. 때로 수단과 방법을 가리지 않고서라도 말이다.

그런가 하면, 과거에 창피함보다 훨씬 두렵고 끔찍한 일을 당한 사람들도 있다. 예컨대 당신은 학대나 강간이나 구타를 당했을 수 있다. 끊었던 중독이 다시 도져 당신의 목을 조를까 봐 두려울 수도 있다. 집안의 유전병이 당신에게 언제 발병할까 싶어 늘 초조할 수도 있다. 그래서 당신은 보호를 원한다. 그것이 예수께서 당하신 두 번째 유혹이다.[1]

두 번째 유혹은 여러 모로 그리스도인들이 가장 이해하기 어려운 것이다. 배고플 때 빵을 먹고 싶은 마음이야 인지상정이고, 세상에 군림하고 싶은 유혹도 대부분 공감할 수 있다. 하지만 높은 데서 뛰어내리는 일이 왜 유혹이 되는지는 선뜻 이해가 가지 않는다. 물론 엠파이어스테이트 빌딩에 올라갔을 때 거기서 뛰어내리는 기분을 상상해 보았노라고 내게 말한 사람들도 있다. 또 혼잡한 고속도로를 달릴 때 가끔 중앙선 반대편으로 핸들을 꺾는 오싹한 생각을 한다는 사람들도 있다. 하지만 그것은 누가 보아도 자살에 가까운 병적인 생각이지 "사람에게 흔히 있는" 유혹으로 보이지는 않는다(고전 10:13, ESV). 하지만 이것도 사람에게 흔히 있는 유혹이다. 당신과 내가 원하는 안전을 찾으려면, 타락한 우리가 왜 구조(救助)보다 결백을 더 원하는지 알아야 한다.

확인의 문제

이번 일의 의미를 어느 정도 알려면 잠시 물러나 지리(地理)를 보아야 한다. 첫 번째 시험과 이번 시험 사이에 시간이 얼마나 흘렀는지는 알 수 없으나, 광야의 더러운 악령은 예수를 예루살렘의 성전 꼭대기로 데려갔다. 이것이 물리적 이동이었는지 신비한 환상이었는지 역시 나와 있지 않다. 어쨌든 바위투성이 광야에 계시던 예수는 어느새 예루살렘에 와 계셨다. 사도 바울이라면 이를 "그가 몸 안에 있었는지 몸 밖에 있었는지 나는 모르거니와"라고 표현했을 것이다(고후 12:2).

바람결에 머리칼을 흩날리며 아찔한 높이에서 밑을 내려다보시던 예수께 마귀의 음성이 들려왔다. "네가 만일 하나님의 아들이어든 뛰어내리라"(마 4:6). 이 마귀의 제의에서 가장 중요한 것은, 아마도 누가가 자신의 내러티브에 넣은 단어일 것이다. "여기서 뛰어내리라"(눅 4:9).

"여기"는 예루살렘이었고 "여기"는 성전이었다. 이는 우연이 아니다. 예루살렘은 단순히 수도나 유대인의 종교적 메카가 아니라 그 훨씬 이상이었다. 예루살렘은 "큰 왕의 성"이요 하나님이 그분의 이름과 임재를 두기로 약속하신 곳이었다. 성전도 그냥 예배당이나 교단 본부가 아니라 그 훨씬 이상이었다. 성전은 하나님이 친히 거하시는 곳이었다. 하나님은 자기 백성과 함께하기로 약속하셨고, 그 약속대로 눈에 보이게 임재하셨다. 그분은 처음에 그들을 이집트에서 이끌어 내실 때는 구름과 불 가운데 계셨고, 그들이 광야를 방황할 때는 성막이라는 이동식 장막에 계셨으며, 마침내 그들이 약속의 땅에 들어간 뒤에는 건물에 계셨다. 이 건물은 하나님이 다윗 집안에 명하여 짓게 하신 그분의 거처였다.

하나님의 거룩한 임재가 그 성전 안에 머물렀다. 예수께서 "너희가 이 성전을 헐라. 내가 사흘 동안에 일으키리라"고 하셨을 때 그 당시 사람들이 대경실색한 것도 그 때문이다(요 2:19). 이것은 "세인트루이스 성당이나 달라스 제일침례교회를 폭파하라. 내가 다시 지으리라"는 말과는 차원이 달랐다. 그보다 훨씬 더 심한 신성모독이었다. 성전은 하나님이 계신 곳이었다. 가볍게 취급할 일이 아니었다. 특히 하나님의 임재가 현현하는 지성소에는 감히 아무도 접근하지 못했다. 사탄은 바로 그곳으로 예수를 데려갔던 것이다.

예수께서 내려다보신 저 밑으로 광야의 말없는 돌들과는 사뭇 대조적인 장면이 펼쳐졌을 것이다. 북적북적 시장을 드나드는 인파가 보였을 것이다. 길가에 노는 아이들도 보였을 것이다. 저 밑으로 아브라함의 자손이 하나님의 약속대로 바닷가의 모래알처럼 많았을 것이다. 예수는 또 로마인이라는 할례 받지 못한 외세에 지배당하고 있던 다윗 성을 둘러보셨을 것이다. 산꼭대기의 모세처럼 예수도 약속된 하나님 나라가 "이미" 임했으면서도 "아직" 완성되지 않은 양면성을 거기서 보셨을 것이다.

그렇게 예수께서 아래를 보고 계시는데, 사탄이 "뛰어내리라"고 속삭였다. 아니 어쩌면 고함을 질렀는지도 모른다. 이것은 위협이나 조롱이나 도전이 아니라 설교였다. 사탄은 시편 91편을 두 절이나 인용하며 성경 본문으로 설교를 했다. 이번에도 사탄은 강해 설교자의 재능을 보였다. 성경 암송은 예수만 하신 것이 아니라 사탄도 했다. 그는 외워 두었던 시편을 정확히 암송했다. 게다가 사탄은 그 구절만 따로 떼어 낸 것이 아니라 성경 전체의 맥락까지 알았다. 이 구절을 하나님의 기름 부음 받은 자의 실체이신 예수께 적용할 줄 알았던 것이다. 이번만은 사탄도 그리스도 중심의 설교자였다.

시편 91편은 하나님의 보호와 인간의 두려움에 관한 노래다. "지존자의 은밀한 곳에 거주하며 전능자의 그늘 아래에 사는 자여"(1절). 이 시는 기름 부음 받은 자를 구하시는 하나님을 올무의 새를 건지는 사람, 깃으로 새끼를 덮는 새, 적의 화살을 막는 방패 등 다양한 은유로 표현한다. 하나님의 구원이 확실하므로 기름 부음 받은 자는 두려움에서 벗어날 수밖에 없다. "너는 밤에 찾아오는 공포와 낮에 날아드는 화살과 어두울 때 퍼지는 전염병과 밝을 때 닥쳐오는 재앙을 두려워하지 아니하리로다"(5-6절).

광야에서 40일을 보내신 예수께는 이 말씀이 정말 피부에 와 닿았을 것이다. 칠흑 같은 유대 광야에서 잠을 잔다는 것이 상상이 되는가? 가로등이나 안전등도 없고 달빛과 별빛과 사방의 흑암뿐이다. 짐승의 뜨거운 혀가 언제 어느 순간 내 얼굴을 핥을지 모르는 상태로 잠을 잔다는 건 어떤 것일까? 그 짐승이 한 번 울면 다른 짐승들까지 우르르 몰려와 내 목의 혈관을 물어뜯을지 모른다. 수 세기 후에 사막의 교부들이 기록했듯이, "밝을 때 닥쳐오는 재앙"도 사방을 분간할 수 없는 밤 못지않게 무서울 수 있다. 해가 중천에 떠 있을 때 오히려 무력감과 허무감이 밀려올 수 있다.[2]

하지만 그 시각 그 장소에서 성경의 약속은 허구인 듯 보였을 것이다. 분명히 성경은 "화가 네게 미치지 못하며 재앙이 네 장막에 가까이 오지 못하리니"라고 기름 부음 받은 자를 안심시키고 있다(시 91:10). 그런데 지금 예수는 어둠의 임금인 마귀 앞에 계셨다. 이보다 더한 화나 재앙이 또 무엇이겠는가?

설교자 사탄은 강해를 계속했다. 그는 성경이 진리이니 예수께서 뛰어내려도 된다며 시편 말씀을 인용했다. "그가 너를 위하여 그의 천사들을 명령하사 네 모든 길에서 너를 지키게 하심이라. 그들이 그들의 손으로 너를 붙들어 발이 돌에 부딪히지 아니하게 하리로다"(시 91:11-12). 물론 예수는 신비의 피조물인 천사들을 잘 아셨다. 그들은 광야에 예수와 함께 있었고, 이번 시험이 다 끝나면 그분의 육안에 보이게 될 것이었다(막 1:13). 그런데 사탄은 천사들을 당장 눈에 보이게 만들라고 예수를 충동질한 것이다.

사탄은 예수를 꾀어 하나의 가정(假定)을 시험하고 증명하게 하려고 했다. 예수의 몸이 성전 꼭대기에서 떨어지면, 첫째로 하나님의 보호와 임재에 대한 말씀이 사실로 입증될 것이다. 둘째로 이 보호와 임재가 특별히 예수와 관련하여 사실로 입증될 것이다. 위험한 바닥으로 추락하는 자신을 천사들이 위로 받아 올릴 때 갈릴리 예수는 "네가 만일 하나님의 아들이어든"이라는 말 속에 함축된 의문의 답을 두 눈으로 똑똑히 보게 될 것이다.

여기서 우리는 예수께서 이런 일에 끌리실 만한 이유가 무엇인가 하는 질문으로 다시 돌아가야 한다. 이것은 엄연한 유혹이었다. 예수는 이번 일로 분명히 씨름하셨고 자신의 뜻을 아버지의 뜻에 복종시키셨다. 죄가 없으신 것만 빼고는 이번 일을 우리와 똑같이 경험하신 것이다. 그렇다면 예수께서 여기서 원하신 것은 무엇인가? 간단히 말해서, 인간 예수가 원하신 것은 모든 아들과 딸이 원하는 것과 똑같은 보호와 사랑이었다.

이번에도 역시 사탄의 제의는 하나님의 아버지 되심과 예수의 아들 되심에 대한 공격이었다. 그는 "네가 만일 하나님의 아들이어든 뛰어내리라"고 했다. 아버지의 역할은 자녀를 부양하고 먹여 살리는 데서 끝나지 않는다. 아버지는 또한 자녀를 위해 싸워 자녀를 외부의 위험으로부터 지키고 보호한다.

우리 맏이와 둘째가 아기였을 때 우리는 약간 과잉보호를 했던 것 같다. 지금은 다른 부모들에게 그렇게까지 하라고 권하고 싶지는 않다. 우리는 두 아들을 러시아의 고아원에서 입양하여 점차 가정생활에 적응하도록 돕고 있었다. 당시에 아기들의 침대는 일층 방에 있었고 우리 부부의 방은 지하실에 있었다. 어린것들을 그렇게 다른 층에 떼어 두어서 못내 죄책감이 들었지만, 집 구조가 그렇다 보니 어쩔 수 없었다. 우리는 혹시 아기들에게 우리가 필요할 때 소리가 들리도록 양쪽 방에 유아용 전자 모니터를 두었다.

하루는 한밤중에 모니터에서 낯선 남자의 목소리가 들렸다. 잠이 깨어 보니 "내가 뭘 하려는 건지 말해 줄까?"라는 말이 들렸다. 나는 비몽사몽간에 자리에서 벌떡 일어나 위층으로 올라갔다. 심장이 두근거리고 손이 떨리는 채로 부리나케 뛰어올라가 문을 박차고 아기들 방으로 들어갔다. 전혀 나답지 않게 엉성한 쿵푸 동작까지 취했고, 내 입에서는 "아기들에게 손을 댔다가는 죽여 버릴 거야"라는 외침이 터져 나왔다.

하지만 방 안에는 아기들밖에 없었다. 나중에 알고 보니 모니터 전파에 누군가의 전화 통화가 잡혔던 것이다. 영어를 겨우 조금 알아듣던 두 아기는 왜 새 아빠가 죽여 버릴 거라고 악을 쓰는지 모르겠다는 듯 앙앙 울고 있었다. 자녀를 더 두려던 우리의 계획이 그 일 때문에 적어도 두 주 동안은 싹 달아났다. 하지만 내 반응은 지극히 자연스러운 것이었다(쿵푸 동작만은 자연스러움과 전혀 거리가 멀었지만 말이다). 아버지로서 가족이 피해를 당하지 않도록 보호하려는 본능에서 그런 행동이 나왔던 것이다.

하나님도 그런 분이시다. 우리는 모두 그분의 아버지 되심에 반응해야 한다. 출애굽 때 하나님은 "아들"인 이스라엘 민족을 위해 싸우시며, 바로의 손아귀에서 *그들을 끄집어내어* 위험한 물속을 무사히 지나게 하셨다. "하나님의 아들들"인 이스라엘 왕들의 경우, 하나님은 그들을 수용하신다는 표징으로 그들을 위해 싸우셨고 사방에서 공격하는 적들로부터 그들을 보호하셨다. "악에서 구하시옵소서"라고 기도하며 하나님 아버지의 보호를 받는다는 것은 참으로 귀한 일이다(마 6:13).

예수는 이번에도 신명기 말씀으로 맞서셨다. 그분은 뱀의 강해 설교에 조목조목 대꾸하지 않으시고 그저 "또 기록되었으되 주 너의 하나님을 시험하지 말라 하였느니라"고만 말씀하셨다(마 4:7, 눅 4:12). 이러한 인용은 예수께서 현재 벌어지고 있는 일의 의미를 모르고 계시지 않다는 분명한 증거였다. 그분이 인용하신 말씀의 앞뒤 문맥을 그대로 옮겨 보면 다음과 같다.

> 너희가 맛사에서 시험한 것 같이 너희의 하나님 여호와를 시험하지 말고 너희의 하나님 여호와께서 너희에게 명하신 명령과 증거와 규례를 삼가 지키며 여호와께서 보시기에 정직하고 선량한 일을 행하라. 그리하면 네가 복을 받고 그 땅에 들어가서 여호와께서 모든 대적을 네 앞에서 쫓아내시겠다고 네 조상들에게 맹세하신 아름다운 땅을 차지하리니 여호와의 말씀과 같으니라(신 6:16-19).

성경은 "너희가 맛사에서 시험한 것 같이"라고 말씀한다. 맛사라는 곳에서 뭔가 일이 벌어졌다. 그때의 망령이 이 유혹 속에도 도사리고 있음을 예수는 보셨다. 그것은 무엇인가? **맛사**라는 말은 단순히 "시험"이라는 뜻이다. 그 사건은 하나님이 기적처럼 하늘에서 빵을 공급하신 직후에 벌어졌다. 이스라엘 백성은 광야 길에서 또 다른 위험에 부딪쳤다. 마실 물이 없었던 것이다. 위험이 더욱 절실해지자 백성은 성경의 표현으로 모세와 "다투"면서, 하나님을 움직여 물을 내놓으라고 그에게 요구했다(출 17:2, 7). 모세가 간파했듯이, 이 원망은 이스라엘 백성이 하나님을 "시험한" 행위였다. 백성은 "여호와께서 우리 중에 계신가 안 계신가"라는 의문에 답하고자 표징을 원했다(출 17:7). 그것은 하나님이 옳은가 바로가 옳은가 하는 의문이었고, 자기들이 정말 자녀인가 아니면 그저 노예에 불과한가 하는 의문이었다.

백성이 하나님께 표징을 원했다는 내 말은 엄밀히 말해서 틀렸다. 그들은 하나님께 또 다른 표징을 원했다. 여태까지 하나님은 그들을 이집트에서 구원하신 일로 시작해서 수많은 표징을 주셨다. "옛적에 우리는 이집트에서 바로의 노예로 있었으나, 주님께서 강한 손으로 우리를 이집트에서 이끌어 내셨다. 그때에 주님께서는 우리가 보는 데서, 놀라운 기적과 기이한 일로 이집트의 바로와 그의 온 집안을 치셨다"(신 6:21-22, 새번역).

이스라엘 백성은 그동안 표징을 수없이 보았다. 사실 그 정도면 더 이상 표징을 보이지 말아 달라고 벌벌 떨며 눈물로 애원할 만도 했다. 그런데 위험이 닥치고 물이 떨어지자 그들은 다시 표징에 집착했다.

이렇게 보호를 요구하는 태도는 그들이 하나님을 불신하고 있다는 표시였다. 이 백성은 하나님이 약속대로 자기들을 보호하시고 적으로부터 구해 주실 것을 믿지 않았다. 그들은 하나님이 정말 아버지임을 증명해 줄 눈에 보이는 증거를 원했다. 맛사에서는 그들이 원하던 표징이 마실 물이었지만 나중에는 그것이 여러 가지로 바뀐다. 표징 중독증은 쉽게 떨쳐지지 않는다. 그들은 하나님을 시험하려 했고, 그분의 임재와 보호를 그분의 말씀이 아닌 더 가시적인 무엇에 기초하여 증명하려 했다. 시편에 다음과 같은 노래가 나온다. "너희가 오늘 그의 음성을 듣거든 너희는 므리바에서와 같이 또 광야의 맛사에서 지냈던 날과 같이 너희 마음을 완악하게 하지 말지어다. 그때에 너희 조상들이 내가 행한 일을 보고서도 나를 시험하고 조사하였도다"(시 95:7-9).

문제는 이스라엘이 결코 하나님을 시험할 수 없었다는 점이다. 오히려 그들은 태초의 이야기를 그대로 답습했다. 사탄은 하와에게 열매를 권할 때도 그것을 보호 수단으로서 권했다. 하와는 그것을 먹는 날에는 반드시 죽으리라 하신 하나님의 말씀에 의문을 품고 결국 열매를 따 먹었다(창 3:3-4). 그것을 먹고 난 하와와 남편은 죄 때문에 더욱더 하나님으로부터 자신들을 보호하려고 동산 수풀 속에 숨었다(창 3:8). 그렇게 그들은 하나님의 주권을 시험했다.

맛사에서 정작 시험을 받은 쪽은 이스라엘 백성이었다. 하나님은 원망하며 표징을 구하는 그들을 가리켜 "마음이 미혹된 백성이라 내 길을 알지 못한다"고 하셨고(시 95:10), 결국은 "내가 노하여 맹세하기를 그들은 내 안식에 들어오지 못하리라"고 선포하셨다(시 95:11).

예수께서 성전 꼭대기에서 맛사의 물 시험을 재현하신 것은 우연이 아니다. 성전은 물의 근원지다. 예언자 에스겔이 환상으로 본 미래의 성전에서는 물이 졸졸 흐르다 점점 깊어져 결국 거센 강물처럼 불어나는데, 각종 생물이 많이 사는 이 물은 생명나무의 뿌리까지 적신다(겔 47:1-12). 예수는 이 물이 우리를 영원히 시원하게 하는 "생수"라고 하셨다(요 4:1-30, 7:37-39).

예수는 사탄의 속임수를 간파하여 하와와 이스라엘이 보지 못한 것을 보셨다. 하나님을 시험하면 하나님 백성의 자격을 잃고

"내 안식에 들어가는" 유업을 얻지 못한다는 것을 그분은 아셨다. 예수라는 이름은 문자적으로 여호수아다. 첫 여호수아처럼 예수도 승리의 가시적 보장이 없이도 적진 속으로 진군하신다. 그분은 "강하고 담대하라. 두려워하지 말며 놀라지 말라. 네가 어디로 가든지 네 하나님 여호와가 너와 함께하느니라" 하신 하나님의 말씀을 들으신다(수 1:9). 사탄의 모습과 벼랑 밑을 보시며 그분은 이스라엘이 망각한 다음과 같은 사실을 기억하셨다. "네가 나가서 적군과 싸우려 할 때에 말과 병거와 백성이 너보다 많음을 볼지라도 그들을 두려워하지 말라. 애굽 땅에서 너를 인도하여 내신 네 하나님 여호와께서 너와 함께하시느니라"(신 20:1).

더욱이 눈에 보이지 않는 보호야말로 예수의 왕권을 위한 준비였다. 본래 이스라엘 왕은 병마(兵馬)를 얻으려고 이집트로 돌아가서는 안 되었다(신 17:16). 왜 안 되었을까? 이스라엘 왕이 의지해야 할 것은, 이전에 그 백성이 노예로 살던 때와 같은 기준이 아니라 하나님의 능력이기 때문이다. 왕의 권력은 눈에 보이는 힘이나 능력에 있지 않고 하나님의 영으로 말미암는다.

예수의 조상 다윗도 이 부분에서 시험을 받았고 장소도 역시 광야였다. 다윗도 예수처럼 정당한 왕으로 기름 부음 받았으나 아직 공인되기 전이었다. 성령께서 다윗 안에 임하여 계셨으므로 그는 하나님이 자기에게 적과 싸울 능력을 주실 것을 알았다. 하지만 그의 적은 현재 실권을 쥐고 있는 이스라엘 왕 사울이었다. 다윗이 사울의 군대에게 쫓기던 중에 시험의 순간이 찾아왔다. 다윗 일행이 숨어 있던 굴속에 우연히 사울이 용변을 보러 들어온 것이다. 다윗의 부하들은 이것을 하나님이 주신 반전의 기회로 보았다. 다윗은 쉽게 창으로 사울을 땅에 내리꽂아 물리적 피해로부터 자신을 보호하고 왕권을 거머쥘 수도 있었다. 그랬다면 그는 하나님이 두 "아들" 중 어느 편이신지 확인할 수 있었을 것이다. 하지만 다윗은 사울을 죽이지 않고 대신 그의 옷자락만 베었다. 적보다 하나님을 더 두려워했기 때문이다. 다윗은 하나님을 시험하지 않았다.

그런데 다윗도 몇 년 후에 광야를 떠나 왕위에 오른 뒤에는 이런 지혜를 잃었다. 목자이자 왕인 그는 이스라엘의 모든 남자와 군사력을 계수하는 인구조사를 지시하여 왕권을 위험에 빠뜨렸다. 우리에게는 이것이 딱히 배신행위로 보이지 않는다. 특히 정기적으로 인구조사가 실시되는 나라들에 살고 있는 사람들의 경우는 더하다. 하지만 다윗은 가용한 상비군의 숫자를 파악하려고 했다. 사실 어느 주석가의 말대로, 그것은 "주의 복을 가늠하는 척도"였다.[3] 하지만 다윗에게는 하나님의 말씀이 있었으므로 굳이 그런 척도가 필요 없었다. 이 시험을 통해 다윗의 마음속에 숨어 있던 결함이 드러났다. 이는 하나님을 신실하게 신뢰하지 않고 안전을 확인하려는 욕망이었다.

예수께서 꼭대기에서 뛰어내리지 않으시고 하나님의 보호를 억지로 끌어내지 않으신 것은, 그 보호를 이미 믿음으로 "보셨기" 때문이다. 예수는 사탄의 속셈을 간파하셨고, 시편 91편의 가르침이 하나님의 기름 부음 받은 자는 환난을 당하지 않는다는 내용이 아님을 아셨다. 대신에 이 시는, 환난이 기름 부음 받은 자를 이길 수 없다고 노래한다. 시편기자는 "네가 사자와 독사를 밟으며 젊은 사자와 뱀을 발로 누르리로다"라고 말한다(13절). 마귀는 전에도 이런 표현을 들은 적이 있다(창 3:15). 하나님이 기름 부음 받은 자를 보호하시기로 약속하신 것은 맞지만, 그것이 환난을 면하게 하신다는 뜻은 아니었다. 하나님의 약속은 "환난당할 때에 내가 그와 함께하여" 그로 하여금 아버지를 부르게 하시겠다는 것이었다(시 91:15). 이 시에서 하나님은 "그가 나를 사랑한즉 내가 그를 건지리라. 그가 내 이름을 안즉 내가 그를 높이리라"고 공표하신다(시 91:14).

방식은 다를 수 있어도 이 유혹은 우리 모두에게 찾아온다. 어떤 사람들의 경우는 이 유혹이 그리스도를 따르는 가장 원초적 차원인 구원의 확신을 건드린다. 혹시 당신도 자신이 "정말 구원받았는지" 몰라 늘 두려워하는 그리스도인들 가운데 하나일지 모른다. 물론 당신은 구원받지 않았을 수 있고, 그래서 그런 느낌을 통해 성령께서 당신의 이전 고백이 진정한 구원의 믿음이 아니었다고 지적하실 수 있다. 그렇다면 내가 해줄 말은 간단하다. 회개하고 복음을 믿으라. 하지만 예수를 믿고 죄를 회개하며 사는데도 아직 예수께서 자신을 받아 주셨다는 "느낌"이 없는 그리스도인들도 많이 있다. 대개 이 괴로운 영혼들이 원하는 것은 하나님이 자신을 정말 받아 주셨다는 확증이다. 사람에 따라 그 확증은 눈에 보이는 복일 수도 있고, 자신이 구원받았다는 강한 직관일 수도 있다. 또한 그것은 보관해 두었다가 필요할 때마다 꺼내 볼 수 있는 성화(聖化)의 가시적 증거일 수도 있고, 어떤 기적일 수도 있다.

현대 서구 복음주의의 삶에서 이처럼 가시적 안전을 찾는 일은 이른바 죄인의 기도("주여, 이 죄인을 불쌍히 여겨 주소서")로 나타나기도 한다. 이 기도가 사탄에게서 난 것이라는 말은 아니니 오해하지 말기 바란다. 나도 이 기도를 통해 그리스도를 처음 만났고, 사람들을 인도하여 그리스도를 믿게 할 때도 늘 하나님께 용서를 구하는 기도를 하게 한다. 문제는 기도 자체가 아니다. 문제는 일부 그리스도인들이 확증을 얻으려고 이 기도를 기계적으로 사용한다는 것이다. 우리 중에도 여러 버전으로 미리 만들어진 영접 기도를 수십 번이나 심지어 수백 번씩 해본 사람들이 많이 있다. 혹시라도 처음에 드린 몇 번의 기도가 충분히 "진실하지" 못했을 경우에 대비해서 말이다. 일부 설교자들은 그리스도인 청중에게 "돌다리도 두드리는 심정으로" 죄인의 기도를 다시 하라고 권하기까지 한다. 그러면서 죄인의 기도를 한 뒤에는 기도한 본인과 그가 그리스도를 믿은 순간을 목격한 증인이 카드에 함께 서명하게 한다. 이런 설교자들은 "혹시 당신이 그리스도인인지 의심이 들거든 그 카드를 꺼내 보면 됩니다"라고 말한다.

분명히 이것은 복음의 자유나 단순성과는 거리가 멀다. 좀 더 신학에 밝은 일부 복음주의자들은 이런 낡은 부흥회식 관행을 맹렬히 비난하고 조롱한다. 하지만 그들도 비슷한 덫에 빠지기는 마찬가지다. 그들은 자신이 회심의 양적 "열매들"을 잘 유지하고 있는지 확인하기 전에는 기운을 잃고 우울해진다. 그래서 긴 점검표를 훑어 나가며 자신의 모든 생각과 동기를 일일이 따진다. 하지만 이것은 믿음의 길이 아니다.

물론 제대로 믿으려면 입으로 예수를 주로 시인하고 마음으로 그분의 부활을 믿어야 한다(롬 10:9-10). 물론 믿음은 순종이며(약 2:14-26) 사랑으로 역사한다(갈 5:6). 문제는 그런 진리들이 아니다. 문제는 우리가 뭔가 측정 가능한 것—서명한 종잇조각, 눈물 흘리던 순간의 기억, 내 계산으로 내가 작년 이맘때보다 세 배쯤 더 겸손해졌다는 사실—에서 안전을 찾으려 한다는 것이다. 그리고 문제는 그런 것들 역시 우리에게 확신을 줄 수 없다는 것이다. 구원받지 못한 "염소"는 심판대 앞에서 여러 가지 이유로 자기가 구원받았다고 확신하지만, 정작 구원받은 "양"은 비교적 말이 없다(마 7:22, 25:31-46).

우리 중 많은 사람들은 죄 때문에 힘들거나 삶에 역경이 닥칠 때면 우주의 휘장을 걷고 하나님이 정말 계신지 보려고 한다. 하지만 믿음이란 그런 게 아니다. 믿음이란 하나님이 그리스도 예수 안에서 당신을 받아 주심을 믿되, 당신이 표시해 두었다고 확인할 수 있는 무엇에 근거해서가 아니라 하나님의 말씀에 근거해서 믿는 것이다. 잠시 한 번 상상해 보라. 천사가 당신에게 나타나 하나님의 존재, 복음의 진리, 당신의 영원한 구원을 확실히 보장한다고 하자. 당신은 그저 성전 꼭대기에서 뛰어내리기만 하면 된다. 하나님이 당신을 밑에서 받아 주실 것이다. 영혼의 가장 어두운 밤에, 거기서 정말 뛰어내릴 사람이 우리 가운데 얼마나 많을지는 모른다.

자신을 보호하려는 유혹은 신앙 여정이 진전되어도 우리를 따라온다. 우리는 믿지 않는 사람들과 대화할 때 종종 이 유혹에 말려든다. 곧 보겠지만, 말투에서만 아니라 말의 내용에서도 그렇다. 대개 우리는 복음이 진리임을 보여줄 빈틈없고 논박의 여지가 없는 논증을 원한다. 시험에 통과할 수 있는 증거를 원하는 것이다. 우리는 예수를—그리하여 자신을—모든 가능한 공격으로부터 보호하려 한다. 그래서 어떤 사람들은 모든 것을 치밀한 지적 논증으로 밝히려 한다. 예컨대 부활의 역사적 증거나 안구(眼球)의 정교한 구조 따위가 그에 해당된다. 또 어떤 사람들은 기적, 신유, 부흥 등 하나님의 존재를 공공연히 보여주는 극적인 증거를 찾으려 한다. 이런 성향은 예로부터 그리스도인의 삶에 끈질기게 있어 왔다. 사도 바울이 고린도 교회에 썼듯이, 그리스인은 지혜의 표징을 요구했고 유대인은 능력의 표징을 요구했다. 하지만 사도의 가르침에서 보듯이 양쪽 모두가 바라는 것은 "하나님의 능력이요 하나님의 지혜"이신 그리스도 안에 있다(고전 1:24). 인간적으로 말해서 이는 역설이며, 연약한 능력이요 미련한 지혜다. 하지만 저 바깥과 우리 안의 어둠을 몰아내고 능히 빛을 비추실 수 있는 분은 오직 그리스도뿐이다.

때로 신자들은 주변의 비신자들에 대해 좌절하며 단념한다. "복음에 대해 내가 아는 것을 다 말했지만 상대방은 이미 다 알면서도 믿지 않는다"고 말하기도 한다. 흔히 우리가 원하는 것은 또 다른 논증, 질문자가 미처 생각해 보지 못한 비장의 묘수다. 하지만 사람들이 복음을 그런 식으로 듣고 받아들이는 경우는 드물다. 당신의 경우를 생각해 보라. 당신은 복음을 처음 듣고 바로 믿었는가? 그랬을 수도 있지만 그것은 아주 예외적인 경우다. 우리 대부분은 복음을 여러 번 듣고 또 듣다가 어느 날 그것이 아주 다르게 와 닿았다. 무엇이 달랐던가? 새로운 논증이었던가? 당신은 "잠깐, 헷 족속의 역사적 존재를 입증하는 고고학적 증거가 있단 말이지?"라든가 "어, 부활을 목격한 증인이 5백 명이나 된다고? 그럼 나는 구원을 받으려면 어떻게 해야 되지?"라고 혼잣말을 했던가?

아니, 대부분의 경우에 우리가 들은 복음은 늘 똑같았는데—그리스도께서 우리를 위하여 십자가에서 죽으시고 장사되었다가 죽음에서 부활하셨다는 내용—갑자기 빛이 비추어 들었다(고후 4:6). 여태까지 따분하거나 나와 무관해 보이던 것이 갑자기 내 것으로 다가왔다. 그 복음 속에서 우리는 한분의 음성을 들었고 그 음성을 따르고 싶어졌다(요 10:3, 16). 영광의 빛을 보았고 그 빛이 우리를 압도했다(고후 4:6). 아직 예수를 믿지 않는 바깥세상이나 명절날 우리를 기다리는, 아직 믿지 않는 친척들도 마찬가지다. 당신은 비신자들에게 주눅이 들 필요가 없다. 마치 당신에게 필요한 것이 그들의 반박으로부터 하나님 나라를 보호할 더 정교한 "세계관"이라도 되는 것처럼 말이다. 물론 우리는 논리적 변증을 할 때도 있지만, 그것이 우리 사명의 핵심은 아니다. 대화중에 비신자들에게서 하나님의 존재를 부정하는 논리나 맹목적 자연도태를 입증하는 과학적 증거를 들을 때, 사실 우리는 그들의 방어기제를 듣고 있는 것이다. 그들도 과거의 우리처럼 동산에 계신 하나님의 소리가 두려운 것이다. 우리는 그런 주제들에 대해서도 사랑으로 대화해야 하지만 믿음을 변호하기 위해서는 아니다. 대화의 목적은 오직 복음의 메시지에 도달하기 위해서다. 그 메시지만이 사람들의 마음을 혼미하게 하는 이 세상 신의 위력을 무찌를 수 있다(고후 4:4). 복음은 스스로 싸워 이길 만큼 강하다.

자기를 보호하려는 유혹은 종종 하나님이 내게 주실 복과 내 미지의 미래를 보는 우리의 관점을 통해서도 나타난다. 예컨대 스캔들로 얼룩진 "신유"의 사기꾼들을 생각해 보라. 이것은 전 세계에 걸쳐 끈질기게 나타나는 문제다. 나는 신유를 의심하지 않으며, 하나님이 병을 고쳐 주시고 종종 기적으로 낫게 하심을 믿는다. 하나님이 일부 사람들에게 특별한 신유 기도의 은사를 주심도 믿는다. 하지만 모두 알다시피 어떤 사람들은 하나님의 능력을 이용하여 장사를 한다. 이들 약탈자들이 노리는 시장은 절박한 환자들이다. 나는 이런 시장이 혹시 우리 때문에 생겨난 것은 아닐까 하는 생각이 든다. 우리 가운데 있는 환자들의 치유를 위해 우리가 시간을 들여 기도하지 않아서 말이다.

물론 모든 교회에는 환자들을 위한 기도 제목이 있고, 수요일 밤 기도회나 가정 성경공부 모임에서 그 제목대로 일일이 기도하는 교회들도 많이 있다. 하지만 솔직히 그런 "기도 제목"의 태반은 뉴스 보도나 공익 광고 같지 않은가? 야고보서 5:13-15에 보면,

환자들에게 어떻게 해야 하는지 성령께서 명하신 내용이 나온다. 그런데 그 명령대로 하는 교회를 당신이 마지막으로 본 것이 언제인가? 병고에 시달리는 그리스도인이 자기에게 기름을 바르고 치유를 위해 간절히 기도해 달라고 교회 장로들에게 청하는 모습을 당신이 마지막으로 본 것이 언제인가? 그런 일이 좀 더 일상적으로 이루어진다면, 우리의 환자들이 굳이 교회를 두고 천막 집회의 사이비 사도를 찾아갈 이유가 줄어들 것이다.

하지만 그보다 더 큰 문제는, 건강과 형통—가시적 보호—자체를 무조건 하나님의 임재와 사랑의 증거로 보는 우리의 태도다. 예수께서 성전 꼭대기에서 거부하신 일이 바로 그것이다. 물론 우리 대부분은 기복 신앙을 가르치지도 않고, 은근히 가나안을 닮은 아주 화려한 기독교 텔레비전의 전도자들과도 다르다. 하지만 솔직히 우리 대부분은 자신의 삶에 기대하는 바에 관한 한 정말 기복 신앙인이다. 겸손히 기도하며 하나님의 복을 구하기보다 하나님과 흥정하는 사람들이 우리 가운데 많이 있다. 그분의 보호로 자신이 만사형통하기를 기대하는 것이다.

16세기의 목사이자 신학자인 장 칼뱅은, 이를 하나님과의 진정한 교제를 막는 보편적 장애물로 보았다. 칼뱅이 보기에 "하나님을 시험하는" 성향이 있는 사람들은 "일정한 조건하에서만 하나님과 언약을 맺고, 마치 하나님이 그들의 욕심을 채워 주는 종이라도 되는 것처럼 자기네 법과 규정으로 그분을 속박한다." 칼뱅은 "하나님이 즉각 순종하지 않으시면 그들은 그분께 노하고 불평하고

대들고 투덜대고 욕한다"라고 덧붙였다.⁴ 우리 대부분은 자신이 그런 부류에 들지 않는다고 생각할 것이다. 하지만 막상 실망스러운 일이 생기면 그런 태도가 겉으로 드러난다.

안전과 보호가 우리의 최종 목표가 되면 하나님은 그 안전과 보호를 가져다주는 수단으로 변한다. 이제 우리는 그분이 내 진짜 신(神)의 수단 역할을 잘 하실 수 있는지 "시험"한다. 내 진짜 신이란 바로 만사형통이다. 우리의 몸과 감정과 재정과 관계와 가정이 형통 쪽으로 가고 있는 한 하나님은 환영받는다. 하지만 그런 것들이 위태로워지면 우리는 하나님을 책잡으며 불평한다. 어떤 때는 그것을 하나님이 아닌 환경에 대한 "감정 표출"로 잘 위장할 때도 있다. 우리는 하나님이 나를 사랑하신다면 **지금 당장** 눈에 보이게 나를 보호해 주셔야 한다고 단정한다. 그러다 그런 보호가 없으면 하나님과 멀어지고 기도도 하지 않는다. 그렇게 우리는 그분을 시험하는 것이다.

얼마 전에 나는 고등학교를 졸업한 뒤로 보지 못했던 사람한테서 연락을 받았다. 종교에 대해 물었더니 그는 자신이 "다른 증거가 없는 한 무신론자"라고만 말했다. 나 또한 여태까지 성경을 많이 배웠음에도 불구하고 그와 같지 않을까 생각될 때가 있다. 나는 모든 두려운 일로부터 보호받기를 원할 뿐 아니라 그런 보호가 항상 있으리라는 것을 지금 보장받기 원한다. 나는 그리스도를 원하되 일종의 수량화된 영적 자산으로 원할 때가 너무 많다. 나의 은행 잔고나 콜레스테롤 수치를 확인하듯이, 그분에 대해서도 늘 확인하여 안심을 받고 싶은 것이다. 나는 하나님이 약속하신 것들을 원하되, 내 쪽에서 필요하다고 판단될 때 그 약속들을 직접 시행할 수 있는 전결권을 원한다. 하지만 예수 그리스도의 복음은 그런 게 아니다.

결국 자기보호의 마력을 무너뜨리는 것은 십자가다. 예수께서 보호의 확증을 구하지 않으신 까닭은 자기 자신이 보호받는 것 이상을 구하셨기 때문이다. 그분은 당신을 찾고 계셨다. 그런데 당신은 성전 꼭대기에 있지 않고 하나님의 임재로부터 분리된 채 진 바깥에 있었다. 충실한 남편은 아내가 불타는 건물 안에 갇혀 있음을 안다면 거기서 뛰쳐나와 변호사에게 방화범을 고소하는 일부터 하지 않는다. 예수께서 높은 데서 뛰어내리지 않으신 이유도 그와 같다. 예수는 자신을 보호하러 오신 게 아니다. 그분은 세상을 위해 오셨고, 교회를 위해 오셨고, 당신을 위해 오셨다. 그분은 당신의 수치와 저주와 추방을 대신 지셨다. 이렇게 타인 지향적이셨기에, 예수는 불안에 찌들고 위축된 우리 수많은 사람들의 삶과는 전혀 다른 삶을 사실 수 있었다.

사탄은 이 두 번째 유혹에 물론 실패하지만 나중에 그것을 다시 들고 나온다. 예수는 자신의 제자이자 친구인 베드로에게서 이 유혹을 다시 들으신다. 그는 예수를 십자가로 데려가려는 자라면 누구와도 싸우겠다고 맹세했다. 실제로 당국자들이 예수를 체포하러 왔을 때 베드로는 검을 뽑아 그중 한 사람의 귀를 잘랐다. 예수는 돌이켜 친구를 꾸짖으셨고, 성전 꼭대기에서부터 이미 알고 계셨던 사실을 지적하셨다. "너는 내가 내 아버지께 구하여 지금 열두 군단 더 되는 천사를 보내시게 할 수 없는 줄로 아느냐"(마 26:53). 자기보호와 십자가가 대립된 상황에서 예수는 호전적인 베드로의 배후에 있는 영이 곧 사탄임을 알아보셨다(마 16:23).

언뜻 보면 두 번째 유혹은 모험을 감행하라는 유혹처럼 보일 수 있다. 천사가 받아 주기를 바라며 높은 데서 뛰어내리는 것보다 더 큰 모험이 무엇이겠는가? 하지만 그것은 오히려 모험을 회피하는 행위다. 예수는 그런 식으로 모든 불확실함을 일소하실 수도 있었고, 아버지가 자기편이라는 확실히 입증된 진리를 가지고 적에게 맞서실 수도 있었다. 하지만 예수께서 뛰어내리지 않으신 행위야 말로 진정한 용기였다. 그리스도의 영이 당신의 삶 속에 하나님 나라를 이루시며 견고한 진들을 무너뜨리시면, 당신도 비겁한 자기보호에서 벗어나 용감한 행위 쪽으로 끌리게 된다.

내 친구 패트릭 헨리 리어던Patrick Henry Reardon은 현대의 정황에서 "용기"란 여간해서 얻기 힘든 덕목이라고 지적했다. 삶의 모든 면에(섹스에까지도!) "안전"과 "무사"가 필요하다는 생각 때문에 우리는 용기를 통해 믿음을 배운다는 게 무엇인지 그 감을 잃어버렸다. 리어던은 이렇게 썼다. "결국 용기는 지독한 미련함으로 대체되고 말았다. 예컨대 스카이다이빙과 번지점프 따위는 가상의 위험이 주는 스릴 외에 어떤 목적도 없다. 순전히 감정을 목적으로 다분히 망상적인 위험을 지어낸 것이다."[5]

사실 진정한 용기를 버리고 자기보호를 내세우면, 그 결과는 모험의 회피가 아니라 무의미한 모험의 감행이다. 마귀가 예수께 제의한 것이 그것이다. 예컨대 아버지의 중요한 책임 중 하나는 자녀를 보호하는 것이다. 그렇다면 아버지들이 대체로 부재하거나 자녀를 방치하거나 학대할 때 사회는 어떻게 되는가? 그 결과는 반드시 다음 세대가 수동적으로 위축되는 것만이 아니다(대개 그것도 있지만 말이다). 그 결과는 대개 남자들이 지나치게 고압적이고 사나워지는 것이다. 그들은 아버지로부터 희생과 모험을 통한 보호의 본을 보지 못했기 때문에 용기 대신 과격한 허세를 부린다. 그러나 그리스도의 영은 우리를 다른 종류의 안전과 다른 종류의 모험으로 부르신다.

해나는 자신의 부모가 서로 팔을 두른 채 웃고 있는 옛 가족사진들을 차마 쳐다볼 수 없다. 해나의 아버지는 그리스도인으로서 신앙심도 깊고 영적 리더십도 있었다. 그녀는 그런 아버지를 존경했고 자기도 커서 아버지 같은 사람과 결혼하고 싶다고 늘 말했었다. 그런 아버지가 해나보다 나이도 별로 많지 않은 여자와 바람을 피우고 있었음을 그녀는 열일곱 살 때 알게 되었다. 부모는 곧 이혼했고 그 뒤로 모든 것이 달라졌다. 어느덧 해나도 나이가 들어 신혼살림을 하고 있다. 그런데 해나는 아버지가 어머니에게 그랬듯이 언젠가 남편도 자신을 배반할지 모른다는 생각에 시달리고 있다.

그녀는 남편에게 어떤 여자가 말만 걸어도 그것을 질투하며 늘 캐묻는다. 남편이 그녀를 사랑하는 건실한 남자로 보이는데도 해

나는 자기 아버지도 그래 보였다는 생각을 떨칠 수 없다. 어떤 면에서 이것은 깊은 상처를 입은 사람이 겪는 정상적 적응 과정이다. 하지만 해나가 사랑에 마음을 열려면 결혼생활에서 모험의 가능성을 배제할 수 없음을 받아들여야 한다. 상처받지 않으리라는 "보장"이 없어도 사랑해야 하는 것이다.

   모든 종류의 타인 지향적인 삶에는 모험이 내포된다. 결혼은 외도로 이어질 수 있다. 자녀를 둔 부모는 자녀가 교통사고로 죽거나 해외에서 전사하여 주검으로 돌아오거나, 자녀에게 가석방 없는 종신형이 선고되는 고통을 경험할 수 있다. 용기란 혼자 고립되어 이런 가능성들로부터 자신을 보호하는 것이 아니다. 용기란 상상을 초월하는 큰 고통을 당할지라도 앞으로 나아가 사람들을 사랑으로 품는 것이다. 예수는 당신보다 앞서 그 길을 가셨고 지금도 당신과 함께 그 길을 가신다. 그것이 십자가의 길이다.

신원의 문제

"그 여자 이상하다. 헤어지는 게 너한테 더 낫겠다." 표현법이 다르고 여자가 남자로 바뀐다 뿐이지 당신도 살다가 한 번쯤 이런 말을 하거나 들었을 것이다. 연애하다 헤어진 사람들은 대개 친구를 찾아간다. 내 탓이 아니라 나를 버린 상대방 탓이라고 맞장구쳐 줄 친구가 하나쯤은 있게 마련이다. 이런 습성은 연애의 기복이 끝나도 사라지지 않는다. 직장에서 해고당한 사람도 사장에 대해 똑같은 말을 듣기 원한다. 사실 해고까지 갈 것도 없다. 직장 휴게실에서 가장 인기 있는 사람은 상사에 대한 온갖 불만을 들어 주는 사람이다. 거기에는 그만한 이유가 있다. 사람들은 어차피 자신이 옳음을 입증하기 원하기 때문에 그런 말을 들으면 힘이 생긴다.

비록 약하게 변질되기는 했지만 어떤 면에서 이는 자연스런 현상이다. 본래 우주의 기본 원리 중 하나는 정의다. 정의란 사물을 있는 그대로 보는 것이요 영웅과 악당을 가려내는 것이다. 기독교적 관점에서 볼 때 이런 본능적 정의감이 존재하는 이유는, 우리가 창조될 때부터 최후의 심판 날에 대한 지식이 우리 안에 내장되어 있기 때문이다. 심판 날이 오면 모든 비밀이 드러나고 의인이 의인으로 공공연히 신원된다(롬 2:6-8). 이렇게 결백이 공적으로 밝혀지는 것을 신원(伸寃)이라 하며, 이는 성경이 말하는 "영광"의 아주 중요한 측면이다.

성경이 말하는 **영광**은 삼위일체 하나님을 에워싸고 있는 빛이다. 창세전부터 존재한 이 빛은 우리가 범접할 수 없는 세계다. 또한 영광은 하나님의 명성과 명예와 평판이다. 하지만 영광에는 극적인 요소도 포함된다. 영광이란 하나님의 진·선·미가 공적으로 드러나 그분이 찬양받기에 합당하신 분임이 알려지는 것이다. 한 신학자가 정의한 하나님의 영광에는 "자신을 있는 그대로 만천하에 분명히 드러내고" 입증하고 선포하실 수 있는 그분의 권리가 내포된다.[6] 또 다른 신학자는 하나님이 영광받으신다는 말은 "삼위일체 하나님이 각기 말과 행위로 서로의 평판을 높이고 서로에게 칭찬과 영예를 돌린다"는 뜻이라고 했다.[7] 우리도 하나님의 형상대로 지음 받은 존재이므로 정의가 이기고 진리가 드러나기를 갈망한다. 누가 하나님의 백성인가? 삶의 바른 길은 무엇인가? 누가 옳은가? 우리는 영화로워지도록 지음 받았다.

하나님은 자기 백성을 악으로부터 보호하셨는데, 이를 통해 그분이 세상에서 하신 일의 핵심은 곧 자신의 결백을 세상에 공적으로 드러내신 것이다. 결국 하나님이 광야에서 자기 백성 이스라엘을 인도하시고 해를 당하지 않게 지키신 것도 자신의 "이름을 영화롭게" 하시기 위해서였다(사 63:14). 아울러 하나님의 백성도 그분과 함께 신원되는데, 이 일은 하나님이 뭇 나라 중에 그 백성의 옳음을 드러내실 때 이루어진다(사 66:18, 겔 39:21). 결국 하나님이 만사에 사필귀정을 이루시면 "내 성소가 영원히 그들 한가운데 있을 그때에야 비로소 세계 만민이, 내가 이스라엘을 거룩하게 하는 주인 줄 알"게 된다(겔 37:28, 새번역). 공적인 신원은 하나님이 자기 백성을 구하시는 일에 없어서는 안 될 부분이다. 성경에 보면, 하나님은 그냥 내게 상을 차려 주시는 것이 아니라 이 상을 "내 원수의 목전에서" 차려 주신다(시 23:5).

마귀가 천사들의 보호를 내세워 예수께 제시한 것이 바로 그것이다. 사탄의 시나리오대로라면 예수는 그냥 보호받는 것이 아니라 예루살렘의 인파 앞에서 보호받게 된다. 그리하여 확실한 구조로 목숨을 건지실 뿐 아니라 공적인 구조로 유명인사가 된다. 예수의 전체 정황을 잊지 말라. 그분은 부정한 사람, 술꾼, 이단자라는 비난을 받았다. 만일 그분이 성전에서 뛰어내리셨다면 정말 천사들이 그분을 구했을 것이다. 게다가 이 모든 일은 대중의 눈에 가장 잘 띄는 곳, 이스라엘의 종교와 정치와 상업의 한복판에서 벌어지게 된다. 사실 옛 예언자들이 말한 대로, 그곳은 세상 열방이 모여들어 하나님의 정의와 영광을 공공연히 보게 될 장소다.

예수께서 거기서 뛰어내리셨다면 본인과 아버지와 복음에 대한 그분의 모든 주장이 사실로 입증되었을 것이다. 마귀의 말이 그토록 설득력이 있었던 것도 그래서다. 그가 인용한 시편에 이런 약속이 나온다. "내가 그를 장수하게 함으로 그를 만족하게 하며 나의 구원을 그에게 보이리라"(시 91:16). 성경의 약속에 보면, 하나님이 원수들을 공개적으로 거부하시고 그분 편에 있는 사람을 공개적으로 인정하신다는 내용이 나온다(시 89:49-51). 기름 부음 받은 자가 당하는 수치에는 "그가 어느 때에나 죽고 그의 이름이 언제나 없어질까"라고 말하는 사람들의 모욕이 담겨 있다(시 41:5). 이 물음에 대한 답은 하나님의 구조와 신원으로 찾아온다. "내 원수가 나를 이기지 못하오니 주께서 나를 기뻐하시는 줄을 내가 알았나이다"(시 41:11). C. S. 루이스Lewis는 예수께서 자신에 대해 펴신 주장들은, 그분이 "거짓말쟁이나 미치광이나 주님 중 하나"라는 뜻이라는 명언을 남겼다.[8] 성전 꼭대기에서 예수는 이 난제를 논쟁의 여지없이 해결하실 수도 있었다.

이번에도 예수는 우리의 이야기들 한복판에 서 계신다. 이스라엘 백성을 이집트에서 구원하실 때, 하나님은 그들에게만 재앙이

미치지 않게 하여 바로에게 하나님의 백성을 구별하는 "표징"을 보이셨다(출 8:23). 하나님이 광야에서 자기 백성 이스라엘을 멸하실 뜻을 돌이키신 것도, 모세가 하나님께 간구하여 그러한 심판이 적들에게 어떤 의미로 비칠지 생각해 보시게 했기 때문이다. "어찌하여 애굽 사람들이 이르기를 여호와가 자기의 백성을 산에서 죽이고 지면에서 진멸하려는 악한 의도로 인도해 내었다고 말하게 하시려 하나이까"(출 32:12).

하나님의 신원은 예수의 왕권의 이야기에도 꼭 필요하다. "사울이 죽인 자는 천천이요 다윗은 만만이로다"라는 군중의 노래를 듣고 옛 사울 왕이 노한 데는 그만한 이유가 있다(삼상 18:7-8). 사울은 질투하여 "그가 더 얻을 것이 나라 말고 무엇이냐"라고 투덜거렸다(8절). 사울이 다윗을 죽이려고 쫓아다니자, 사울의 아들은 다윗이 적으로부터 건짐을 받은 일이 곧 하나님의 은총의 표징임을 지적했다. "그가 자기 생명을 아끼지 아니하고 블레셋 사람을 죽였고 여호와께서는 온 이스라엘을 위하여 큰 구원을 이루셨으므로 왕이 이를 보고 기뻐하셨거늘 어찌 까닭 없이 다윗을 죽여 무죄한 피를 흘려 범죄하려 하시나이까"(삼상 19:5). 다윗이 골리앗의 손에서 그리고 이전에 "사자의 발톱과 곰의 발톱에서" 건짐을 받은 일은 단지 물리적 안전의 문제만이 아니었다(삼상 17:37). 또한 하나님이 자기편이심을 다윗이 알게 된 문제만도 아니었다. 공중의 새와 땅의 들짐승이 블레셋 용사의 시체를 파먹은 일의 목적은 바로 이것이다. "온 땅으로 이스라엘에 하나님이 계신 줄 알게 하겠고 또 여호와의 구원하심이 칼과 창에 있지 아니함을 이 무리에게 알게 하리라. 전쟁은 여호와께 속한 것인즉 그가 너희를 우리 손에 넘기시리라"(삼상 17:46-47). 하나님이 왕을 보호하여 해를 당하지 않게 하심은, 곧 자신이 택하신 왕을 위해 싸우신다는 증거였다. 반면에, 왕의 패전은 그가 주님의 복을—어쩌면 그분의 기름 부음까지—잃었다는 증거였다. 예수는 성전에서 뛰어내려 자신이 하나님의 아들이심을 자기 자신과 예루살렘의 구경꾼들에게 입증하실 수도 있었다.

 그러나 예수는 인간 스스로 이루려는 신원은 신원이 아님을 아셨다. 에덴동산의 남녀는 반항 후에 자신들이 옳음을 입증하려 했다(창 3:12-13). 온갖 우상숭배에 빠진 이스라엘 백성은 심지어 하나님에게까지 자신들이 옳음을 계속 공공연히 입증하려 했다. 금송아지를 만든 아론은 그냥 금붙이를 불에 던졌더니 "이 송아지가 나왔나이다"라고 말하기까지 했다(출 32:24). 사울이 왕위를 잃은 원인은, 자신이 하나님의 참 기름 부음 받은 자임을 백성 앞에 점점 더 필사적으로 입증하려고 한 데도 있었다.

 어쩌면 예수는 하나님의 약속의 땅을 내다보시면서 그곳에 묻히지 않은 한 사람을 생각하셨을지도 모른다. 바로 모세다. 이스라엘 백성이 하나님을 "시험한" 일은 맛사에서 끝나지 않았다. 그 백성은 므리바에서도 물이 없다고 또 불평했다. 하나님은 다시 생수의 반석을 가리키시며 예언자 모세에게 "그들의 목전에서 너희는 반석에게 명령하여 물을 내라 하라"고 지시하셨다(민 20:8). 그런데 모세는 약간 다르게 그 지시를 따랐다. 그가 한 행동은 하나님이 이번이 아니라 다른 상황에서 시키셨던 일이다. 모세는 "반역한 너희여, 들으라. 우리가 너희를 위하여 이 반석에서 물을 내랴" 하고 소리치며 지팡이로 반석을 쳤다(민 20:10). 하나님은 약속대로 물을 주셨으나 모세에게 "너희가 나를 믿지 아니하고 이스라엘 자손의 목전에서 내 거룩함을 나타내지 아니한 고로 너희는 이 회중을 내가 그들에게 준 땅으로 인도하여 들이지 못하리라"고 말씀하셨다(민 20:12).

약간 충동적인 조치 같지 않은가? 모세는 약속의 땅을 보려고 40년을 여행한 충성되고 겸손한 지도자였다. 그런데 어째서 하나님은 막대기로 돌을 친 한순간의 행동 때문에 그를 그 땅에 들어가지 못하게 하시는 것인가? 여러 가지 이유가 있겠지만, 그중 하나는 모세가 지도자의 본분을 잊고 자신을 신원하려 했다는 것이다. 그는 반석에게 말하지 않고 무리에게 말하여 자신의 분노를 표출하고 자신의 리더십을 옹호하고 자신의 이름을 신원했다. 그 한순간의 행동 때문에 하나님은 자기 백성의 지도자가 하나님의 약속의 성취인 유업과 안식을 잃었다고 하셨다. 모세는 막대기 하나와 돌 하나와 말 한 마디 때문에 유업을 잃었다. 예수는 같은 오류를 범하지 않으신다.

예수는 자신의 결백을 입증하려고 하나님을 시험하지 않으셨다. 하나님이 아버지이심을 아셨기 때문이다. 공적인 신원은 하나님이 아버지로서 아들 예수를 보호하시는 일의 한 부분이다.

이미 예수는 "너는 내 사랑하는 아들이라"고 선언하시는 음성을 들으셨다. 하나님의 이 말씀에 근거하여 예수는 자신이 사랑받는 아들임을 아셨다. 그래서 그분은 지금 여기서 자신의 결백을 입증하고 드러내라는 사탄의 충동질에 응하지 않으신다. 예수처럼 우리도 해를 당하지 않게 보호받기 원하고 자신의 결백이 입증되기 원한다. 그러나 신원이 최후의 심판 날로부터 분리되어 우리를 향한 하나님의 의무로 변하면, 그 신원은 악해져 마귀의 일이 되고 만다.

일례로 당신이 남들의 비판을 받아들이는 방식을 생각해 보라. 어떤 사람들은 누가 자기를 좋아하지 않는 것 같은 낌새만 보여도 자신의 결백을 입증하려고 총력전에 나선다. 애런과 나오미는 젊은 그리스도인 부부다. 둘 다 이름뿐인 기독교 가정에서 자랐다. 영적인 문제를 진지하게 대하지 않은 지 오래인 양가 가족들은 이들 둘이 종교에 왜 이렇게 헌신적인지 이해하지 못한다. 특히 그것은 자녀양육에서 나타난다. 애런과 나오미는 자녀가 주님이 주신 복임을 믿는다. 이 가정은 다른 시대 다른 지역의 가정들에 비하면 식구가 많은 편도 아니지만, 어떤 사람들 특히 나오미의 어머니에게는 딸의 어린 네 자녀가 귀찮은 대가족으로 보인다. 나오미는 친정 식구들한테서 "너 정신없이 바쁘구나", "나라면 너처럼 못 살아" 같은 말을 듣곤 한다. 이따금씩 어머니는 "무엇을 해도 잘할 똑똑한 우리 딸이 엄마 노릇이나 하며 인생을 허비하고" 있다고 한탄한다.

애린도 나오미도 양가 부모에게 못내 신경이 쓰인다. 게다가 지금은 시기적으로 자녀를 훈육하는 일이 특히 더 어려운 때다. 어느 날 문득 그들이 깨달은 사실이 있다. 그들의 훈육 대상은 자녀의 불순종이 아니라 "어수선해" 보이는 모습이었다. 그들은 양가 가족들에게 자기들이 "쩔쩔매고 있다"는 "증거"를 보이고 싶지 않았다. 자녀가 복임을 알았던 그들은 모든 일을 가지런히 유지하여 그것을 입증하려 했다. 그들이 원한 것은 신원이었고, 회의적인 부모들 앞에서 자신들의 결백을 입증하는 것이었으며, 논쟁에 이기는 것이었다.

나는 아주 보수적인 개신교 교단에 속해 있다. 한 세대 전에 우리 교단은 성경적 정통성의 이슈들을 놓고 적잖은 내홍을 겪었다. 마침 나는 성경이 무오하다는 점, 구원을 얻으려면 그리스도를 믿어야 한다는 점 등에서 그중 보수파와 입장이 같다. 내가 신학생이던 10년 전에 우리 교단 기관지는 교단 내 반대 진영인 진보파의 전국총회를 취재하는 일을 나에게 맡겼다. 거기는 나를 아는 사람이 아무도 없어서 나는 자유로이 전시관을 둘러보며 지도자들과 대화도 나누고 배부 자료도 읽었다. 해당 이슈들에 대한 일부 지도자들과 일부 자료의 견해는 우리 교단 주류에서 한참 벗어나 있었다(당시 개신교 주류에서는 오히려 그것이 보편적 입장이었지만 말이다). 나는 일련의 기사를 작성하여 그런 견해들을 "폭로"하면서, 이 진영의 지도자들이 성경에 충실하지 않은 과격파라고 은근히 꼬집었다.

내가 기록한 내용은 모두 정확했다. 그 진영 중에서도 더 "급진적인" 그룹—교단의 방향을 더 신속히 바꾸려고 로비하던 그룹—이 오히려 나를 가장 친절히 대해 주었다. 해당 내용이 성경에 충실한 기독교에 포함될 수 있는지에 대한 입장만 달랐을 뿐, 거기에 걸려 있는 의미에 대해서는 그들이나 나나 생각이 같았던 것이다. 하지만 그 진영 전체는 나를 혹독히 비난했다. 내가 상황을 폭로하여 "정치적" 목적에 이용하고 있다는 것이었다. 총회 기간 중에 내 기사가 발표되기 시작하자, 그들 중 일부는 내게 다가와 나와 내 "부류"에 대한 자신들의 생각을 정확히 알려 주었다. 그때부터 그 일은 내게 성전(聖戰)이 되었고, 그 성전은 내 영혼에 매우 위험한 것이었다. 사실 내가 들추어낸 이슈들은 소수의 극단론이 아니라 그 진영의 핵심 쟁점이었다. 그것이 더 명백히 밝혀질수록 나는 내 옳음이 입증된 것을 고소하게 여겼다.

다시 말하지만 그 이슈들은 중요한 것이었고, 나는 결정 과정을 지도자들(좌파든 우파든)이 은폐하게 두기보다 자유롭게 출판물을 통해 사람들에게 경과를 알려야 한다고 믿는 사람이다. 하지만 옳은 일을 하려는 내 열정은 좋았으나, 그것을 수행하는 방식에서 나는 그리스도인답기보다 마귀에 더 가까워졌다. 나 자신을 보호하고 신원하고 있었던 것이다. 나의 동기는 하나님 말씀의 진리가 아니었다. 내가 옳았던 이슈들조차도 단순히 나의 연장(延長)이 되고 말았다. 나는 그리스도나 그분의 교회를 위해 싸운 게 아니라 나 자신의 명예와 이미지와 평판을 위해 싸웠다. 내가 소신인 줄 알았던 것이 사실은 피를 보려는 욕망이었다. 일부 반대파 사람들의 견해는 정말 틀린 것이었지만, 추문을 폭로하고 비난하는 나에 대한 그들의 생각은 갈수록 더 사실이 되었다. 예수와 성경에 대해 틀렸든 말든 그들은 나에 대해서만은 분명히 옳았다.

실제의 적이든 가상의 적이든, 당신이 기자의 신분으로 "적들"과 맞서야 할 일은 아마 없을 것이다. 하지만 당신도 자신을 신원하고 싶은 유혹에 늘 부딪칠 것이다. 어쩌면 당신은 예전에 다니던 직장을 보며 당신을 박대하던 그 회사의 수익이 떨어지고 있는 것을 은근히 좋아할지 모른다. 어쩌면 당신은 당신에게 아무런 장래성도 없다고 말하던 그 교사를 떠올리며 "이래도 내가 싫으신가?"라는 말로 당신의 성공을 뻐길지 모른다. 어쩌면 당신은 몇 년 전에 당신을 버린 배우자가 재혼하여 불행해진 것을 두고, 친구들에게 "다 자업자득이지"라고 말하고 다닐지 모른다.

그보다 정말 위험한 일이 있다. 자기를 보호하고 신원하는 사고방식은 우리 교회들이 주변의 비신자들에게 그리고 비신자들에 대해 말하는 방식에도 나타난다는 것이다. 지금 나는 우리 동네의 어느 커피숍에 앉아 이 글을 쓰고 있다. 창밖으로 차 두 대가 보이는데, 하나의 범퍼에는 "다윈의 물고기"가 번쩍이고 있다. 초대 그리스도인들의 상징물이던 물고기에 네 다리를 붙이고 그 안에 "다윈"이라고 쓴 스티커다. 주인이 그리스도인일 것 같은 다른 차에는 예수의 더 큰 물고기가 다윈의 물고기를 집어삼키는 범퍼 스티커가 붙어 있다. 이것이 정말 전도의 도구인가?

진화론을 믿는 무신론자가 그런 것을 보고 "다윈주의는 역시 이상해. 나도 이제 전도지를 보고 예수를 믿어야지"라는 결론에 이른 적이 있을까? 아마 없을 것이다. 오히려 우리의 어법은 다분히 비신자를 설득하거나 신자의 믿음을 지켜 주기보다, 토머스 머튼Thomas Merton이 한 세대 전에 말한 대로 "내 '옳음'을 입증해 줄 탄탄한 논증"을 찾기 위한 것이다.9 그래서 우리는 "적들"의 관점들을 희화화하며 우리끼리만 "아멘"을 외칠 뿐, 우리 자녀 세대가 이에 대처하도록 전혀 준비시켜 주지 못한다. 우리가 무조건 깎아내리던 관점들을 자녀들이 실제로 접하게 될 때는 더욱 주도면밀한 논증들에 부닥치게 된다.

그 결과는 무엇인가? 그 결과는 기독교의 우물 안 개구리 식의 궤변이다. 그것으로는 바깥사람들을 설득하지 못할 뿐더러 우리 자녀와 손자 세대를 지켜 주지도 못한다. 우리는 처음부터 두려워 자녀들을 다른 관점들에 노출시키지 않고 있다. 결국 우리에게 남는 거라곤 어느 세속 비평가의 말대로 "끈질긴 분노의 집단"에 지나지 않는다.10 사실 "문화 전쟁"이라는 우리의 과열된 어법은 윌리엄 포크너William Faulkner가 말한 "무능한 격분"에서 비롯된 구차한 음향과 분노일 뿐이다.11

그렇다고 우리가 문화에 맞서지 말아야 한다는 말은 아니다. 예수와 그분 이전의 예언자들과 이후의 사도들은 모두 문화에 맞섰다. 예수의 말씀대로 우리가 "사람을 낚는 어부"라면 우리는 물고기가 사는 생태계도 중요함을 안다(마 4:19). 다만 문화에 맞설 때 우리는 사도 바울이 고린도 교회에 말한 것처럼 기꺼이 "불의를 당하"고 속으려는 마음이 있어야 한다(고전 6:7). 우리의 궁극적 신원이 나중에 올 것을 알기에 말이다. 비신자들이 가시 돋친 말로 빈정대거나 겉보기에 세련되게 공격을 가한다 해서 우리도 조롱당하지 않을 "권리"를 옹호하려고 똑같이 되받아칠 필요는 없다.

오히려 우리는 조롱과 비웃음을 당할 각오를 해야 한다. 우리의 청중은 당장 눈앞에 있는 구경꾼 무리가 아니기 때문이다. 우리는 그들을 사랑하고, 그들의 말을 들어 주고, 논증을 받아 줄 수 있다. 침대 밑에 귀신이 있다고 우기는 자녀를 위로할 때와 똑같은 인내심을 가지고 그렇게 할 수 있다. 물론 나는 침대 밑에 귀신이 없음을 안다. 또한 진화론, 쾌락주의, 허무주의 등 기독교 세계관의 대안으로 제기된 모든 이론이 사실이 아님도 안다. 물론 나는 아들의 귀에 들린 소리가 죽은 나뭇잎이 방충망에 부딪치는 소리임을, 아이에게 창문을 열고 보여줄 것이다. 또 나는 비그리스도인인 내 이웃 자신도 우주가 제멋대로이고 무의미하고 도덕과 무관하다고 믿지는 않음을 그에게 말해 줄 것이다. 하지만 나는 귀신이 있다며 우는 어린 아들의 "미련함"에 노하지는 않는다. 그는 아직 아이다. 마찬가지로, 나는 예수를 믿지 않는 이웃의 불신에도 노하지 않는다. 그는 마음을 혼미하게 하는 뱀의 포로다(고후 4:3-4). 두 경우 다 중요한 것은 내 옳음을 입증하는 게 아니다. 중요한 것은 진실과 희망 그리고 무엇보다 사랑이다.

예수는 이스라엘이 광야의 물가에서 하나님과 싸운 일이 아직 시작일 뿐임을 아셨다. 물을 내는 그 반석은 단순히 무생물이 아니었다. 성경은 신비롭게도 "그 반석은 곧 그리스도시라"고 말한다(고전 10:4). 광야의 쓴물 앞에서 그랬듯이 이번에도 하나님은 그 백성을 시험하셨다. 그런데 이번에도 그들은 자신들이 시험한다고 생각했다. 그들은 예수가 종교 질서와 정치 제국에 위협이 된다며 그분을 고소했다. 그리고 자신들이 하는 일이 하나님의 뜻인 줄 믿고, 예수께 신성모독의 죄를 물어 성경대로 진 밖에 매달았다(신 21:22-23). 그들이 반석에게 말했더라면 하나님은 그들에게 마실 물을 주셨을 것이다. 하지만 모세의 자리에 앉은 그들은 자기네가 옳음을 입증하려고 반석을 쳤다. 로마 병사가 예수의 옆구리에서 창을 뽑아내자 물이 솟아나와 땅으로 흘렀다. 이것을 보며 므리바를 생각한 사람은 아무도 없었을 것이다.

예수께서 골고다에서 우리 대신 당하신 저주에는 하나님의 적들의 조롱과 시험도 들어 있었다. 피로 범벅된 예수께 구경꾼들이 외친 말은 사탄이 광야에서 한 말과 아주 비슷했다. "이스라엘의 왕 그리스도는 지금 십자가에서 내려와 봐라. 그래서 우리로 하여금 보고 믿게 하여라"(막 15:32. 새번역). 하지만 그분은 내려오지 않으셨다. 하늘로 올라가지도 않으셨다. 거기 십자가에서 몸부림치셨다. 마침내 병사들이 그분을 십자가에서 떼어 내자, 예수의 부어오른 시신이 땅에 쿵 떨어지면서 뜨거운 물과 피가 무리의 얼굴로 튀었다.

그날 밤 종교 지도자들은 가족들에게 신명기 21장을 읽어 주며

"나무에 달린" 자들에게 임한 하나님의 저주에 대해 경고했을 것이다. 아버지들은 아들들에게 "너희는 그 사람처럼 되지 않도록 조심하라"고 했을 것이다. 로마 병사들은 집에 돌아가 손톱 밑에 낀 예수의 피를 씻어 낸 다음 난로 앞에서 아이들과 놀아 주다가 꾸벅꾸벅 졸았을 것이다. 그들은 또 하나의 반동분자를 십자가로 처치했을 뿐이다. 길가에 널리고 널린 게 그런 사람들이었다. 이제 이 사람도 (이름이 예수라 했던가?) 제국에 아무런 위협도 되지 못하는 썩어 가는 살덩이가 되고 말았다.

예수의 시신은 소리 없이 굴속에 누워 있었다. 어느 모로 보나 그분은 시험과 감찰을 통해 불합격으로 판정 난 듯했다. 얼룩진 피로 엉겨 붙은 그분의 상한 눈꺼풀을 뒤집었다면 멍한 동공만 보였을 것이다. 그분의 팔을 들어 올려도 아무런 저항이 느껴지지 않았을 것이다. 팔을 내려놓을 때 바닥에 떨어지는 쿵 소리만 들렸을 것이다. 누구나 그 으스스한 굴속을 나서며 이렇게 중얼거렸을지 모른다. "죄의 삯은 사망이라."

하지만 일요일 새벽이 되기 전에, 못에 찢긴 손이 꿈틀거렸다. 피딱지가 앉은 눈꺼풀이 열렸다. 하나님의 숨결이 굴속에 바람처럼 불어와 불현듯 새 창조가 이루어졌다. 하나님은 예수를—그분과 함께 우리 모두를—죽음에서 건지셨을 뿐 아니라 또한 예수를—그분과 함께 우리 모두를—신원하셨다. 예수를 죽음에서 살리심으로 하나님은 요단 강가에서 하셨던 말씀을 재차 확증하셨다. 예수를 "능력으로 하나님의 아들로" 선포하신 것이다(롬 1:4). 성경은 그 일이

"성결의 영으로" 되었다고 말한다. 이 영은 예수께서 세례 받으실 때 그분 위에 "비둘기 같이" 임하신 성령이다(마 3:16). 비둘기 같은 성령이 강가와 무덤에서 예수 위에 내려앉아 계실 때, 예수는 마귀가 광야에서 인용한 시편의 한 구절을 떠올리셨을까? "그가 너를 그의 깃으로 덮으시리니 네가 그의 날개 아래에 피하리로다"(시 91:4). 이런 구조(救助)가 있는데 뉘라서 다른 식으로 결백을 입증할 필요가 있겠는가?

결론

마귀는 옳았다. 예수께서 유혹자의 제의를 물리치신 것은 그의 말이 틀려서가 아니라 오히려 그가 성경을 정확히 인용했기 때문이다. 하나님은 정말 기름 부음 받은 자를 구하신다. 다만 기름 부음 받은 자는 하나님의 손을 억지로 잡아끌지 않으시고 잠자코 그분을 기다리신다. 우리도 그리스도와 함께 영광을 받으려면 먼저 그분과 함께 고난을 받아야 한다(롬 8:17). 그리스도를 떠나 안전과 신원을 얻으려 한다면 이는 "여호와께서 우리 중에 계신가 안 계신가"라는 말로 그분을 조롱하는 일이다.

　우리는 자신의 목숨을 보호할 필요가 없다. 우리의 목숨은 이미 십자가에 못 박혔기 때문이다. 복음은 우리가 "그리스도와 함께 하나님 안에 감추어졌"다고 말한다(골 3:3). 그래서 우리는 무슨 일이 닥쳐오든지 "우리 생명이신 그리스도께서 나타나실 그때에 너희도 그와 함께 영광 중에 나타나리라"는 것을 안다(골 3:4). 그래서 우리는 기꺼이 목숨과 평판을 잃고 논쟁에 질 수 있다. 우리의 교활한 전략으로는 어차피 아무것도 붙들어 둘 수 없기 때문이다. 장기적으로 보면 우리는 다 죽었다. 더 장기적으로 보면 우리는 다 죽음에서 부활했다. 이것을 알면 거기서 자유가 온다.

예수는 하나님의 보호가 자기보호보다 낫고 하나님께 신원 받는 것이 스스로 신원하는 것보다 나음을 아셨다. 그분은 하나님이 건져 주시고 결백을 입증해 주실 때까지 기다리셔야 했다. 그래서 그분은 동녘 하늘에 먼동이 틀 때까지 무덤에 가만히 계셨다. 하나님의 말씀을 신뢰하셨기에 예수는 그때까지 기꺼이 누명을 쓰셨다.

비행기에서 나는 방음 이어폰을 빼고 도로 좌석에 파묻혀 앉았다. 빨개졌던 얼굴은 결국 가라앉았다. 하지만 생각하면 할수록 내가 그 순간 왜 그렇게 열심히 노래를 부르고 있었는지 더 확실해졌다. 그날의 내 노래는 평소에 하나님의 사람들과 함께 모여 예배할 때보다 훨씬 활기가 넘쳤다. 생각할수록 새삼 더 깨닫는 것인데, 그 순간의 내 자유는 내가 내 자신에 깊이 빠져 있었기 때문이었다. 나는 남이 어떻게 볼지 신경 쓰지 않았고 나 자신도 의식하지 않았다. 나는 자유로웠다.

사탄의 세력들은 늘 우리가 그 자유에 의문을 품고 "안전한" 노예 생활로 돌아가기를 원한다. 그러나 성령께서 성전 꼭대기에서 예수께 보여주신 사실이 그 모두를 바꾸어 놓는다. 그것은 바로 아버지이신 하나님의 보호와 수용이다. 나는 하나님이 나를 어떻게 보시는지 "시험할" 필요가 없다. 나 자신을 보호하거나 신원할 필요도 없다. 숨을 필요는 더더욱 없다. 하나님의 말씀이 진리라면 하나님은 나를 그리스도 예수 안에서 보신다. 그분 안에서 나는 이미 사형당하고 장사되어 죽음에서 부활했다. 나는 안전하다.

내 모든 자기보호는 한심한 짓이다. 그것이 내 평생의 가장 중요한 진리인 복음을 흐려 놓기 때문이다. 이미 중동에서 나무에 못 박혀 내 피에 익사한 내가 어찌 죽음을 두려워할 수 있는가? 이미 왕의 옷을 걸치고 내 나라의 점령군에게 고문을 당한 내가 어찌 공개적 수모를 두려워할 수 있는가? 이 모든 일이 나에게 벌어졌다. 내가 그리스도 안에 있기 때문이다. 그분의 삶이 곧 나의 삶이다. 그뿐 아니라 하나님은 나를 어떻게 생각하시는지 이미 내게 입증해 주셨다. 사탄이 아무리 유언비어를 퍼뜨려도 하나님이 선포하신 내용을 뒤집을 수는 없다.

> 시온의 딸아, 노래할지어다.
> 이스라엘아, 기쁘게 부를지어다.
> 예루살렘 딸아,
> 전심으로 기뻐하며 즐거워할지어다.
> 여호와가 네 형벌을 제거하였고
> 네 원수를 쫓아냈으며
> 이스라엘 왕 여호와가 네 가운데 계시니

네가 다시는 화를 당할까 두려워하지 아니할 것이라.

그날에 사람이 예루살렘에 이르기를

"두려워하지 말라, 시온아.

네 손을 늘어뜨리지 말라.

너의 하나님 여호와가 너의 가운데에 계시니

그는 구원을 베푸실 전능자이시라.

그가 너로 말미암아 기쁨을 이기지 못하시며

너를 잠잠히 사랑하시며

너로 말미암아 즐거이 부르며 기뻐하시리라" 하리라.

내가 절기로 말미암아 근심하는 자들을 모으리니

그들은 네게 속한 자라. 그들에게 지워진 짐이 치욕이 되었느니라.

그때에 내가

너를 괴롭게 하는 자를 다 벌하고

저는 자를 구원하며

쫓겨난 자를 모으며

온 세상에서 수욕 받는 자에게

칭찬과 명성을 얻게 하리라.

내가 그때에 너희를 이끌고

그때에 너희를 모을지라.

내가 너희 목전에서

너희의 사로잡힘을 돌이킬 때에

너희에게 천하 만민 가운데서

명성과 칭찬을 얻게 하리라. 여호와의 말이니라(습 3:14-20).

그러니 당신을 죽음의 나락으로 밀어뜨리려는 음성을 물리치라. 두려워하지 말라. 당신의 지지 세력이나 비판 세력이 당신을 어떻게 생각하는지 왜 신경 쓰는가? 당신을 무섭게 하는 것이 무엇이든 어째서 그것을 두려워하는가? 저 난간 너머를 내다보며 당신의 아버지께 노래를 부르라. 큰소리로 부르라. 이미 건짐 받은 사람의 자유, 아무것도 입증할 필요가 없는 백성의 자유를 가지고 노래하라. 노래하면서 잊지 말아야 할 것이 있다. 그분도 노래로 화답하신다는 사실이다.

5장

통치권

──왜 우리는 십자가보다 영광을 더 원하는가

주말마다 굳이 자녀를 사탄 숭배자에게 보내지 않아도 자녀를 기르는 일은 이미 쉽지 않다. 그것이 일단의 여자들이 부딪친 딜레마였다. 그들 모두는 한 가지 공통점이 있었고 이를 상대로 소송을 제기했다. 바로 제이미라는 이름의 전 남편이었다. 30세의 공장 직원인 제이미는 험한 인생을 살아왔다. 결국 그는 자신이 자녀 양육권을 가질 자격이 있음을 법정의 판사 앞에서 증명해야 하는 처지가 되었다.

제이미의 팔뚝에는 십자가 문신이 새겨져 있었다. 그거야 별로 문제될 게 없겠지만 그 십자가는 위아래가 뒤집힌 데다 "사탄"이라는 단어에 들어 있는 t자 모양을 하고 있었다. 제이미의 변호사는 그것이 단순히 신앙의 자유의 문제라고 했다. 사탄 교회 교인인 제이미가 신앙 때문에 차별당해서는 안 된다는 것이었다. 악역을 맡은 그 변호사는 사탄 교회의 복사를 전문가 증인으로 소환하여 사탄 숭배가 마귀와 전혀 무관함을 핵심 논고로 제출했다. 사탄 숭배자인 증인은 자기네 종교가 실존하는 인격체 마귀나 그 어떤 신이나 초자연적 세력도 믿지 않는다고 했다. 대신 사탄 숭배는 자아라는 세력을 숭배한다고 했다. 십자가를 위아래로 돌려놓은 것도 기독교의 덕복인 겸손과 온유함과 섬김을 거꾸로 뒤집기 위해서였다. 그에 따르면, 사탄은 "교만과 방종과 개인주의"의 상징일 뿐이므로 사탄 종교는 정말 마귀 숭배가 아니다.[1]

당신도 책을 여기까지 읽었으니 이미 알겠지만, 나는 사탄이 실존하지 않는다는 그 말에 동의하지 않는다. 하지만 마귀의 말도 인정할 건 인정하자. 마귀 숭배의 정의로 교만과 방종과 개인주의의 숭배보다 더 성경적인 정의는 찾기 어려울 것이다. 제이미 같은 사람에 대해 읽다 보면 나는 늘 그 인생에 어떤 일이 있었는지 궁금해진다. 다른 모든 신비 종교처럼 마귀 숭배도 잃을 게 거의 없는 사람의 삶 속에 찾아오는 경향이 있다. 사람이 일련의 어둡고 무서운 사건들을 겪고 나면 더 잃을 게 없어진다. 무력한 사람들은 신비 종교에 끌리기 쉽다. 여드름투성이 십대 아이가 불량배를 따돌리려고 마법 서적을 읽을 수도 있고, 중년의 이혼녀가 뉴에이지의 대지(大地)의 종교에서 자신감을 얻을 수도 있고, 밀교의 광신자들이 서로의 피를 나누어 마실 수도 있다. 상처받고 소외된 사람들은 악마의 힘을 빌리는 마술에 끌려들 수 있다. 하지만 나머지 우리는 힘을 얻기 위해 그보다 미묘한 형태의 사탄 숭배를 받아들이는 경향이 있다.

나는 교만하고 당신도 그렇다. 어떤 사람들(아마 나의 할머니)은 이 말을 읽고 "아니, 너는 교만하지 않아. 얼마나 착한데"라고 말할지 모른다. 하지만 사실은 사실이다. 너무 교만해서 아예 교만해 보이지 않는 사람들도 많이 있다. 물론 우리는 교만을 질색하며, 그래서 잘난 척하며 으스대는 사람처럼 보이고 싶은 마음이 없다.

누구의 주변에나 그런 사람들은 있게 마련이다. 모든 인간은 교만과 자화자찬으로 치닫는 죄성이 있다. 표현 방식만 다를 뿐 우리는 누구나 권력과 그에 따르는 자유를 탐한다. 그래서 예수는 우리를 위해 광야로 가셔서 우리에게 흔히 찾아오는 또 하나의 유혹과 씨름하셨다. 바로 사탄의 세상 체제를 숭배하고 싶은 유혹이다.

광야의 유혹이 절정에 이르자, 예수는 어느새 높은 산 위에 계셨다. 거기서 사탄은 그분께 "천하만국과 그 영광"을 보여주었다(마 4:8). 그러면서 예수께 "이 모든 권위와 그 영광을 내가 네게 주리라. 이것은 내게 넘겨준 것이므로 내가 원하는 자에게 주노라"고 말했다(눅 4:6). 이 모든 우주의 권세에는 "만일 내게 엎드려 경배하면"이라는 단 하나의 단서가 붙어 있었다(마 4:9).

이번에도 예수는 넘어지지 않으셨다. 그분은 거기 서서 귀신들의 군주의 눈을 똑바로 쳐다보며 성경을 인용하셨다. 이번에도 그분은 신명기 말씀으로 가서 하나님이 모세를 통해 주신 명령을 쉽게 풀어 말씀하셨다. "주 너의 하나님께 경배하고 다만 그를 섬기라"(마 4:10). 예수의 심령은 하나님 아버지만으로 이미 안정되어 있었다. 그분은 장차 자신의 유업과 나라가 임할 것을 아셨고, 장차 하나님이 자신을 높여 주실 것을 아셨다. 그래서 하나님의 신비로운 사명 앞에서 자신을 낮추실 수 있었다. 예수는 또 "사탄아, 물러가라"는 말씀으로 마귀를 자기 앞에서 쫓아내셨다. 물론 사탄은 물러갔다.

그리스도를 따르면 우리도 이 두 나라의 싸움에 동참하게 된다.

경배와 예배를 버리고 권세와 영광을 얻는 것은 영혼을 파는 거래다. 당신과 나는 그런 거래가 우리 같은 사람들에게 왜 이렇게 매력 있게 다가오는지 알아내야 한다. 마지막 때가 되면 아버지께서 어련히 높여 주시련만, 왜 우리는 그것을 버리고 지금 당장 뱀을 통해 높아지려 하는지 알아야 한다. 왜 우리는 그리스도와 함께하는 십자가보다 그리스도 없는 영광을 얻으려 하는지 알아야 한다. 우리와 같이 회복 중인 사탄 숭배자들에게 이것은 어려운 개념이다.

지혜의 문제

각 유혹마다 마귀는 가상의 미끼를 번쩍 들어 올려 보였다. 첫 번째 유혹에서는 그는 단순히 빵을 언급했고, 두 번째 유혹에서는 예수를 뛰어내릴 만한 곳으로 데려갔다. 그러나 세 번째 유혹에서는 실제로 거래의 결과물을 보여주었다. 성경에 있듯이 이 더러운 영은 나사렛 예수를 "지극히 높은 산"으로 데리고 올라갔다. 거기서 예수는 "천하만국과 그 영광"을 보셨다(마 4:8).

 예수께서 그 전체를 보신 것이 십중팔구 그때가 처음이었음을 잊지 말라. 이는 예수 그리스도를 궁극적 세계인이요 모든 곳의 출신이면서 어느 곳 출신도 아닌 초현실적 시민으로 생각하는 사람들에게는 낯선 개념이다. 하지만 우리 현대 사회—흔히 주류 사회—는 예수를 막연하고 근원이 없고 균질화된 인간으로 봄으로써 성육신의 핵심 진리를 놓치고 있다. 예수는 출신지가 있다. 유대인이라는 소속 민족도 있고, 중동의 소읍이라는 지리적 배경도 있다. 북부 갈릴리의 사투리도 쓰셨다. 그런데 소읍 출신의 이 육체노동자가 세상의 모든 권세를 보신 것이다. 그 놀라운 광경은 동시에, "순식간에" 그분의 눈앞에 펼쳐졌다(눅 4:5).

당신도 예수처럼 시골 오지에서 자랐을지 모른다. 당신이 뉴욕이나 파리나 도쿄 같은 곳에 가 본 적이 있다면 그곳을 처음 보던 때를 생각해 보라. 빽빽한 고층건물을 올려다보며 현기증이 나지 않았던가? 어쩌면 당신은 비좁고 시끄러운 도시에서 자랐을지 모른다. 그렇다면 로키산맥이나 태평양이나 모하비사막을 처음 보던 때를 떠올려 보라. 광활한 하늘에 총총한 별들만 보고도 당신의 입이 쩍 벌어졌을지 모른다. 전깃불이나 대기 오염이 현실의 일부가 되어 버려서 평소에는 별들이 잘 보이지도 않으니 말이다. 하지만 이 모든 경험도 1세기의 이스라엘 사람이 세상의 모든 권세와 영광을 한꺼번에 다 본 것에는 비할 바가 못 된다. 사실 당신은 아무리 장엄한 경치도 실물로 보기 전에 아마 사진이나 영상으로 미리 보았을 것이다.

물론 예수는 자신이 하나님 나라의 상속자임을 아셨고, 얼마 안 있으면 고향의 회당에서 그것을 발표하여 동네 사람들을 경악에 빠뜨리시게 된다. 그분은 하나님이 자신에게 "땅끝까지" 유업으로 약속하셨음을 성경을 통해 아셨다(시 2:8). 하지만 예수는 이 모두를 가시적 환상으로서가 아니라 말씀으로 받으셨고, 보는 것으로 아니라 믿음으로 받으셨다. 그런데 하나님이 미래의 약속 안에 가려 놓으신 것을 사탄은 지금 당장 볼 수 있게 드러내려 했다.

이것은 새삼스런 전략이 아니다. 시대마다 사탄은 우리를 신비에서 떼어 놓으려 했다. 우선 하와에게 금지된 열매의 신비를 벗겨 내면서, 뱀은 그녀의 "해방된" 미래상을 보여주었다. 하와가 "하나님과 같이 되어 선악을 알"게 된다는 것이었다(창 3:5). 이스라엘 백성도 마귀에게 미혹되어 "우리를 인도할" 가시적인 신을 만들라고 아우성쳤고, 그래서 눈으로 보고 손으로 만질 수 있는 금송아지가 만들어졌다(출 32:1). 사울 왕 역시 전투의 승패가 불투명해지자 악에 이끌려, 여호와의 말씀을 기다리기보다 자기의 왕권을 지키기에 급급했다. 그래서 그는 자기에게 미래를 보여줄 신접한 여인을 찾아냈다(삼상 28:1-25). 자신의 권세와 영광이 어찌나 귀했던지 그는 무지 속에 견디기보다 제 발로 사교(邪敎)를 찾아갔던 것이다.

여기서 지식이 중요하다. 태초부터 "선악을 알게 하는" 지식이 통치권의 중요한 일면이었기 때문이다(창 2:9, 17). 어차피 하나님은 결국 하와와 배우자에게 금단의 열매에 접근하게 해주실 참이었을 것이다. 그들이 충분히 성숙하여 그것을 하나님의 지시대로 사용할 수 있게 될 때에 말이다. 아담과 하와는 어린아이처럼 되어, 나라를 얻는 데 필요한 지식도 아버지께 의존해야 했다. 다윗의 아들 솔로몬은 이것을 알았고, 그래서 하나님은 성경에서 그를 칭찬하신다. 솔로몬은 자신이 선악을 분별할 줄 모르는 작은 아이일 뿐이라고 고백했다(왕상 3:3-9). 그는 권세나 부나 나라들이나 영광을 구하지 않고 지혜를 구했다. 그러자 하나님은 그에게 지혜를 주시면서 나라들과 영광도 함께 주셨다(왕상 3:10-13). 나중에 성경 이야기의 뒷부분에서 우리는 이것이 왜 그렇게 중요한지 알게 된다. 지혜는 인간 스스로 얻어 내는 지식이 아니다. 지혜는 인격체다. 그리스도가 곧 하나님의 지혜요 하나님의 능력이다(고전 1:24). 솔로몬은 지혜를 구할 때 곧 그리스도를 구한 것이다. 스바 여왕은 어려운 문제로 솔로몬을 "시험"할 때 곧 그에게 임한 그리스도의 영을 시험한 것이다(왕상 10:1). 오랜 세월이 흘러 예수는 "솔로몬보다 더 큰 이가 여기 있느니라"고 공언하신다(마 12:42).

사탄은 스스로 계시의 통로로 자처하고 나섰다. 하와에게 나무의 목적을 설명할 때 그는 하나님의 목소리를 흉내 냈다. 이스라엘 백성을 꾀어 귀신들에게 제사를 지내게 할 때도 그는 하나님의 말씀을 모방했다. 그는 예수께도 똑같이 하여 그분을 높은 산으로 데려갔다. 높은 산이라면 하나님이 계시를 주시는 곳으로 익히 잘 알려져 있다. 거기서 사탄은 자기가 계시를 주겠다고 제의했다.

사탄이 반항한 핵심 원인은 교만이며, 교만의 본질적 요소는 지식이다. 이 반역의 천사가 추락한 사연을 보면 그는 자신의 지식을 애지중지했다. 지식은 그를 부하게 했고, 부는 그에게 권세를 안겨 주었고, 권세 때문에 마침내 그는 추방되었다(겔 28:2-3). 그 이후로 계속 사탄은 지식에 딸려 오는 권세를 제의한다. 그 지식은 특히 미지의 미래에 대한 지식이며, 이를 위해 그는 특히 자만심을 조장하여 피조물의 지식도 무한해질 수 있다고 믿게 만든다. 예수께서 부활하신 지 얼마 되지 않아 교회가 은밀한 지식을 내세우는 주장들 때문에 분열된 것은 우연이 아니다. 교회들은 족보와 신화를 놓고 싸우다 갈라졌다(딤전 1:4, 요이 1:7). 마귀는 지식이 "교만하게" 한다는 것을 자신의 경험을 통해 알고 있다(고전 8:1). 견물생심이라고 했다. 결국 우리는 탐나는 그것을 얻을 수만 있다면 못할 일이 없게 된다. "안목의 정욕"은 "이생의 자랑"을 부추긴다(요일 2:16).

복음서에 전개되는 예수의 하나님 나라 여정을 보면 그분은 지혜와 지식에서 자라가셨다(눅 2:52). 아담의 왕위를 취하시도록 하나님이 그분의 인성을 준비시키신 것이다. 우리도 똑같은 길을 따라 그리스도의 장성한 분량에 이르도록 자라간다(엡 4:13-16). 우리도 지식을 받는다(골 2:2-3). 다만 이 지식은 하나님께로부터 오며, 수련 중인 왕이나 여왕에게 알맞은 내용이다. 또한 그것은 수련 과정 중 지금이라는 특정한 순간에 필요한 만큼이지 하나님의 경우처럼 무한한 지식이 아니다. 우리는 하나님의 계시를 통한 깨달음과 인간의 무지라는 한계를 둘 다 사랑하는 법을 배운다. "거울로 보는 것 같이 희미"할 때도 우리는 그분을 사랑하고 신뢰한다(고전 13:12).

하지만 사탄의 지식 체계는 한계를 외면한다. 어떤 종류의 것이든 무지는 인간이 유한하다는 뜻이고, 나아가 인간이 삶의 신비와 지혜와 지식의 더 큰 출처인 누군가를 경배해야 한다는 뜻이다. 첨단기술을 통한 유토피아 시대에 살고 있는 우리는 이 부분에서 특히 위험하다. 우리는 매사에 설명을 요구하고 모든 문제를 기술로

고치려 한다. 하지만 지혜 없이 정보만 넘쳐 나면 인간이 신격화되는 게 아니라 오히려 마귀처럼 된다.

그보다 더 치명적인 것은 기독교의 신론에서까지 지식을 사탄처럼 오용하는 것이다. 기독교 신학을 지나치게 조직화하면 거기에 일종의 힘이 따라온다. 모든 의문에 답할 수 있고 껄끄러운 문제에 깔끔한 논증을 제시할 수 있다. 하지만 결국 하나님을 경외하고 공경하는 마음을 다 잃고 만다. 나중에는 지극히 논리적인 아리스토텔레스식 신이나 자아에 함몰된 이슬람식 신만 남을 수 있다. 예수 그리스도 안에서 우리에게 계시된 삼위일체 하나님의 역설적이고 신비롭고 불가해한 회리바람은 잃어버린 채 말이다. 내가 얼마나 그쪽으로 멀리 갔는지 몇 년 전에 깨달은 적이 있다. 나는 성경을 읽다가 전에 보지 못했던 본문을 발견하고는 쾌재를 불렀다. 마침 어떤 친구와 지루한 신학 논쟁을 벌이고 있던 내게 그 구절은 논쟁을 종식시켜 줄 완벽한 무기였던 것이다. 하지만 발견의 희열은 잠깐으로 끝났다. 알고 보니 그 구절은 욥기에서 수아 사람 빌닷이 한 말이었다. 나중에 하나님은 욥에게 그분의 신비로운 주권과 선하심 앞에 다만 입을 다물라고 명하시면서, 빌닷의 그 말을 철저히 뒤엎으셨다.

우리 대부분에게 사탄의 지식을 얻으려는 욕망은 유전자 조작이나 조직신학 분야로 오지 않다. 우리 대부분에게 그것은 만사가 어떻게 풀릴지 미래를 살짝 엿보고 싶은 욕망으로 찾아온다. 자신이 원하는 작은 나라를 놓치지 않으려고 우리는 내 직장, 건강, 가정, 관계 등이 어떻게 될지 알고 싶어 몸부림을 친다. 사탄의 세력들은 그 모두를 알아내게 해주겠다며 우리에게 도움을 제의한다. 하지만 하나님이 정하신 우주의 질서에서는 종종 무지가 복이다.

방금 전 이 글을 쓰고 있는데, 작년에 내가 주례를 섰던 한 젊은 부부가 잠시 얘기하러 들렀다. 그들은 조그만 첫 아파트에 정착하여 최근에 아기를 낳았다. 이 남편이 앞으로 직장에서 얼마나 성공할지 그들이 안다면 더 좋을까? 그럴 일은 없어야겠지만 혹시 딸이 백혈병으로 죽거나 둘 중 하나가 50년 후에 치매에 걸리리라는 것을 지금 아는 게 좋을까? 20년 후의 재정적 안전이나 셋째아들의 실직을 지금 미리 알면 하나님의 사랑을 더 많이 받게 될까? 우리 대부분은 할 수만 있다면 이런 것들을 미리 알려고 한다. 하지만 하나님이 우리보다 더 잘 아시는 사실이 있다. 우리 인간은 하늘 아버지의 지혜를 신뢰하는 법을 한 걸음씩 배워 나갈 때 가장 잘되는 존재라는 것이다.

하나님은 그리스도의 신비를 한 걸음씩 계시하셨고, 충만한 계시는 때가 찰 때까지 감추어 두셨다(롬 16:25-26, 갈 4:4, 엡 3:5, 히 1:1-2, 벧전 1:10-12). 그분은 우리 각자의 삶에 대해서도 똑같이 행하신다. 그분은 우리에게 복된 삶과 그리스도를 닮아감이라는 목표를 약속하시지만, 또한 "바라는 것들의 실상이요 보이지 않는 것들의 증거"에 의지하여 그 목표를 향해 가라 하신다(히 11:1). 사탄은 예수께 그분의 나라를 넘겨주려 했다. 이 영광과 신비를 밝히 드러내는 일이 마치 자신의 권한이라도 된다는 듯이 말이다. 이어둠의 임금은 당신에게도 똑같이 할 것이다. 그는 산 너머에 무엇이 있는지 볼 수 없는 이유가 하나님의 인색함 때문이라고 당신을 설득할 것이다. 그의 말을 듣고 산 너머로 눈길을 돌리는 순간, 당신은 다른 신을 찾는 것이다.

예배의 문제

사탄은 만국의 파노라마를 보인 뒤에 예수께 그것을 주겠다고 했다. 예수는 잠시 엎드려 그를 경배하기만 하면 되었다. 앞서 보았듯이, 대다수 사람들은 마귀 숭배를 잘못된 일로 본다. 종교가 없는 철저한 다원론자도 자기 자녀의 교사가 사탄 숭배자임을 안다면 아마 다시 생각할 것이다. 그만큼 그것은 확연히 비뚤어진 일로 보이는 것이다. 문신의 주인공인 제이미가 법정에서 그토록 불리한 입장에 처했던 것도 그래서다.

하지만 우리가 솔직하다면 인정해야 할 것이 있다. 대다수 사람들에게 예배는 주변적인 일로 보인다는 것이다. 이 부분에서 남들보다 더 솔직한 사람들이 있다. 예컨대 유머 작가 플로렌스 킹Florence King은 영국 천주교회에서 드리는 자신의 예배가 철저히 "유전적인" 것이라고 말한다. 자신이 고교회High Church에 속해 있는 이유는 집안이 그렇기 때문이라는 것이다. 그래서 그녀는 "내게 아무런 의미가 없지만 화체설(성찬식 때 빵과 포도주가 그리스도의 살과 피로 변한다는 교리—옮긴이)을 지지할" 것이다.[2] 어떻게 그럴 수 있는지 나도 조금은 알 것 같다. 고교회가 아니라 다른 어느 교회라도 마찬가지다. 내가 속했던 교회는 공공연히 바람을 피우는 예배 인도자를 용납할 수는 있어도 '받은 복을 세어 보아라'라는 합창곡의 음절을 제대로 오래 끌게 하지 못하는 지휘자는 용납하지 않았다. 하지만 예수와 사탄은 그 정도로 어리석지 않았다. 예배란 그저 찬송을 부르거나 기도문을 읽는 것이 아니다. 예배란 가치와 자격을 바른 대상에게 돌리는 것이다. 따라서 예배의 모든 행위와 애정과 의향은 우리 존재의 가장 깊은 곳에서 흘러나온다. 만국을 내다보던 예수와 사탄은 모든 것의 중심축이 예배임을 둘 다 알았다.

사탄의 이 제의는 오만한 행위였다. 본래 그가 하늘에서 쫓겨난 것도 그 오만 때문이었다. 사탄은 만국만 보여준 게 아니라 예수의 미래상까지 직접 시범으로 보여주었다. 다시 말해, 마귀는 "이것은 내게 넘겨준 것이므로 내가 원하는 자에게 주노라" 하며 모든 권세와 모든 영광을 자랑한 것이다(눅 4:6). 이 말에서 해방과 자유의 느낌이 묻어난다. 사탄은 자신을 누구의 지시도 받지 않는 자율적 행위자로 보았고, 순전히 자신의 의지대로 권세를 행사할 수 있다고 생각했다.

여기서 우리는 사탄이 늘 하려던 일을 똑똑히 볼 수 있다. 사탄은 단지 예수를 유혹하려 한 게 아니라 예수를 입양하려 했다. 세 가지 유혹 모두에서 사탄은 아버지의 역할을 자처했다. 처음에는 공급이었고, 다음에는 보호였고, 이번에는 유업을 물려주는 일이었다. 사탄은 단지 예수의 주가 되려 한 것이 아니라 예수의 아버지가 되려 했다.

나는 고아를 돌보는 일과 관련하여 교회들을 대상으로 입양의 성경적 교리를 가르치는 일에 아주 많은 시간을 들이고 있다. 그러면서 점점 더 깨닫는 사실이 있다. 우리도 그리스도 안에서 입양된 자녀인데 우리 중에 그 중요성을 아는 사람은 별로 없다. 입양의 진리가 다분히 유업에 대한 이해에 달려 있기 때문이다. 요즘 서구 세계에는 유업의 개념을 제대로 이해하는 사람이 드물다. 그 개념이 우리에게는 유산이 많은 최상위 집단의 "재테크"의 문제로 보이기 때문이다. 우리 대부분에게 유업이란 전혀 큰일이 못 된다. 아무개 고모의 수집품인 골동품 전등갓이 누구의 몫인지 유서에 명기하여 자녀에게 주는 정도다.

그러나 성경의 세계에서 유업 제도의 가장 어두운 그늘은 가난한 노동자 계급이었다. 당시에는 사회복지 안전망이나 단체 은퇴 연금이 없었다. 유업은 한 집안의 연대감과 경제적 생존을 위한 기본 장치였다. 아버지가 일하는 목적은 자녀에게 기본 생필품을 공급하기 위해서만이 아니라 또한 자녀가 준비되면 생업 자체를 물려주기 위해서였다. 아버지의 농지나 고깃배나 목공 연장은 어느 날 자녀의 것이 되었고, 그것은 다시 평생의 노동을 거쳐 다음 세대로 전수되었다.

조금 전에 우리가 이 개념을 잘 모른다고 했지만, 진정한 의미에서 우리 대부분은 사실 그것을 알고 있다. 나를 비롯해서 많은 그리스도인들은 하나님 나라와 "아메리칸 드림"을 혼동하는 성향을 강하게 비판한다. 아메리칸 드림을 더 많은 쇼핑과 더 많은 소비로 정의하는 한 그 비판은 성립된다(첫 번째 유혹을 참고하라). 그러나 아메리칸 드림이라는 개념은 적어도 처음에는 소비지상주의가 아니었다. 오히려 그것은 국적, 사회 계층, 신분 등과 무관하게 누구나 열심히 일하고 정직하게 살면 장차 더 나은 가정을 이룰 수 있다는 개념이었다. 이 꿈의 핵심 골자는 자녀 세대가 우리보다 더 나아질 수 있다는 것이었다. 이것은 이기주의가 아니라 타인 지향적이고 미래 지향적인 일이다. 더욱이 이것은 미국에만 있는 것도 아니다. 교육, 기회, 성공 등에서 자녀 세대가 더 잘되기를 바라는 부모들은 세상의 어느 문화에나 있다. 이민자가 자녀를 대학에 보내려고 청소원으로 일해 가며 돈을 모으는 것도 그래서다. 그것은 훌륭한 모습이다. 그 갈망의 배후에는 다음 세대를 잘되게 하려고 나 자신을 희생한다는 유업의 기본 개념이 깔려 있다.

이런 유업 제도는 단지 인간이 경제적 자원을 관리하기 위해 만들어 낸 문화의 산물이 아니다. 그것은 우주의 질서 자체에 뿌리를 두고 있다. 우리의 첫 조상이 지닌 하나님의 형상에는 그들이 일하여 땅을 보호해야 한다는 약속이 들어 있었다. 그 이유는 땅이 그들에게 유업으로 주어졌기 때문이다. 그들은 우주의 상속자였다. 하나님 아래서 나라와 권세와 영광이 영원히 그들의 것이었다. 마찬가지로, 아브라함의 자손도 믿음으로 가나안 땅의 상속자였고 결국 온 세상의 상속자였다(롬 4:13).

세 번째 유혹이 한낱 연극이 아니라 진짜 유혹인 것도 유업의 우주적 원리 때문이다. 예수는 정말 천하만국과 그 영광을 원하셨다. 하나님의 아들이신 예수는 아버지의 속성을 공유하시며 아버지께서 기뻐하시는 그것을 기뻐하신다(요 5:30). 하나님은 만물을 다스리시는 행복한 통치자이시다. 하나님의 통치를 노래한 시편의 시들에서 그분이 기뻐하시는 모습을 보라(시 47편, 50:1-2, 104편, 111편). 하나님은 우주를 다스리시는 정당한 왕이시며 그 일을 아주 좋아하신다.

타락하지 않은 인간 예수는 또한 왕이 되도록 지음 받은 우리의 속성도 공유하신다. 그분은 엄연히 "그리스도"이시며, 이를 직역하면 왕으로 기름 부음을 받은 자라는 뜻이다. 천사가 나사렛으로 찾아왔을 때 예수의 어머니가 그분에 대해 처음 들은 말은, 그분이 이스라엘과 온 우주의 통치자가 될 것이며 그분의 나라가 무궁하리라는 것이었다(눅 1:32-33). 세상 나라가 우리 주와 그분의 그리스도의 나라가 되는 것은 좋은 일이다(계 11:15). 사실 그것이야말로 전 역사가 지금까지 기다려 온 일이다(사 60:1-11, 엡 1:10).

사탄은 유업이 자기 소관인 것처럼 행세했다. 하나님은 우주의 피륙 속에 겸손한 사람이 높아진다는 법칙을 짜 넣으셨는데, 사탄은 그것을 흉내 내 "너는 내 앞에서 겸손하라. 때가 되면 내가 너를 높이리라"는 식으로 말했다. 마귀는 "이 모든 권위와 그 영광을 내가 네게 주리라. 이것은 내게 넘겨준 것이므로 내가 원하는 자에게 주노라"고 말했다(눅 4:6).

허영심 많은 옛 뱀은 이번에도 허영심에 젖어, 하나님이 그분 자신에 대해 말씀하신 "지극히 높으신 하나님이 사람 나라를 다스리시며 자기의 뜻대로 누구든지 그 자리에 세우"신다는 표현을 자신의 대사(臺詞)로 도용했다(단 5:21). 이번에도 마귀의 말은 일부 사실이었다. 첫 인간 통치자들이 뱀에게 통치권을 갖다 바쳤기 때문에 사탄은 지금 "이 세상의 신"이고(고후 4:4) "공중의 권세 잡은 자"다(엡 2:2). 죄 가운데 "온 세상은 악한 자 안에 처한" 상태이므로 세상 나라들은 지금 그의 지배하에 있다(요일 5:19). 하지만 이 사망의 통치는 위법이고 기생(寄生)이다. 우주는 이 어두운 권세에 완강히 버티며 반항하고 있고, 참 상속자들인 "하나님의 아들들"이 나타날 부활의 때를 기다리며 탄식하고 있다(롬 8:19-21).

사탄의 권세는 이중적이다. 우선 그는 인간을 충동질하여 죄를 짓게 만든다. 사람들을 지배하여 "우리 육체의 욕심을 따라 지내며 육체와 마음의 원하는 것을 하"게 하는 것이다(엡 2:3). 또한 그는 인류를 고소하는 자다. 죽음과 장차 임할 심판에 대한 두려움을 통하여 우리를 포로로 묶어 두는 것이다(히 2:14-15, 계 12:10). 하지만 이 옛 폭군도 신성과 인성을 겸비하신 예수를 지배할 수는 없었다. 예수는 죄인인 형제자매들처럼 생각이 어두워지지 않으셨고 고소당할 만한 이력도 없으셨다. 양심에 한 점 거리낌이 없으셨기에 예수는 십자가를 향해 가시며 이렇게 말씀하실 수 있었다. "이 세상의 임금이 오겠음이라. 그러나 그는 내게 관계할 것이 없으니"(요 14:30).

사탄이 제국을 제시하자 예수는 지혜롭게 즉시 문제의 정곡을 찌르셨다. 그것은 바로 예배였다. 그분이 쉽게 풀어 말씀하신 신명기 6:13-14은 사안의 핵심을 정확히 꿰뚫었다. "주 너의 하나님께 경배하고 다만 그를 섬기라"(마 4:10).

신명기 본문의 문맥도 예수께서 산 위에서 보신 광경과 똑같다. 하나님은 이스라엘에게 아주 영광스러운 나라와 땅을 주실 것을 말씀하셨다. 그곳에 입주할 그들에게 그분은 "네가 건축하지 아니한 크고 아름다운 성읍을 얻게 하시며 네가 채우지 아니한 아름다운 물건이 가득한 집을 얻게 하시며 네가 파지 아니한 우물을 차지하게 하시며 네가 심지 아니한 포도원과 감람나무를 차지하게 하"실 것이었다(신 6:10-11). 그런데 이스라엘은 이런 승격이 유업이요 선물임을 망각한 채 그것을 당연시할 위험이 있었다. 그 백성은 일단 나라를 자기네 힘으로 얻었다고 믿게 되면 나라를 지키고자 더 많은 힘을 구할 것이고, 결국 힘의 새로운 출처로 이방 신들을 찾을 것이다. 그 신들의 배후에 에덴동산에서 인류를 타락시킨 부정한 천사들이 도사리고 있었다.

하나님의 말씀을 버리고 사탄의 말을 믿은 아담과 하와는 그때부터 사탄에게 승격을 보장받기라도 한 것처럼 행동했다. 그를 숭배한 것이다. 타락의 허망함은 첫 부부가 엉뚱한 열매를 먹었다는 것만이 아니다. 그들은 엉뚱한 신을 숭배했고 그리하여 하나님의 경륜의 전체 질서를 공격했다.

이스라엘 백성도 자신들을 이집트에서 구해 주신 하나님의 자비로부터 점점 멀어질수록 똑같은 우상숭배의 본능을 드러냈다. 금송아지 사건은 인간의 교만이 허망한 것임을 유감없이 보여준다. 송아지의 재료는 물론 금이었다. 그런데 성경은 그 금이 원래 어디서 난 것인지 분명히 밝히고 있다. 아론은 "너희의 아내와 자녀의 귀에서 금 고리를" 예물로 받았다(출 32:2). 그렇다면 이 "금 고리"는 어디서 난 것인가? 금패물은 이스라엘 백성이 밤중에 도망 나오기 직전에 이집트의 노예주들한테서 약탈한 것이다(출 12:35). 하나님이 그렇게 하라고 지시하셨다. 이집트 사람들은 왜 순순히 주었는가? "여호와께서 애굽 사람들에게 이스라엘 백성에게 은혜를 입히게 하사 그들이 구하는 대로 주게 하"셨기 때문이다(출 12:36).

이스라엘 백성은 하나님이 주신 선물을 그분을 대적하는 무기로 사용했다. 주제넘은 오만의 극치다. 우리의 첫 조상들도 똑같이 했음은 물론이다. 하나님은 선악을 알게 하는 나무를 지으셨고, 그들에게 식물을 양식으로 주셨다. 그런데 그들은 전자는 반항의 도구로, 후자는 하나님과의 교제를 피해 숨는 장소로 이용했다. 그들은 교만해져서, 자신들이 피조물이고 신민이고 자녀임을 망각했다. 이스라엘 백성이 금송아지 둘레에서 춤을 춘 것은 왕이신 하나님보다 자신들의 나라를 더 좋아했다는 증거였다. 하나님 아닌 것을 숭배한 다른 모든 경우에도 마찬가지였다. 그들은 쇠붙이로 물건을 만들어 놓고 찬송을 바치며 "자기 손으로 만든 것을 기뻐"했다(행 7:41).

사탄이 천하만국에 대한 자신의 영토권을 기꺼이 내주려고 한 일부 이유는, 자기가 나라를 포기하는 게 아니라 신민을 하나 더 얻는 것임을 알았기 때문이다. 왕을 버리고 나라만 구하면 둘 다 잃는다는 것을 사탄은 수천 년의 경험을 통해 알고 있었다.

이스라엘이 광야에서 방황할 때 하나님이 보여주셨듯이, 이방 신들을 좇으면 하나님의 백성으로서 받을 유업을 잃는다(출 23:22-24, 신 30:17-20, 수 24:14-24). 예수께서 만일 유혹에 굴하셨다면 왕의 자격까지도 잃으셨을 것이다. 하나님의 규정상 교만한 사람은 왕이 될 수 없다(신 17:20).

예수의 조상 다윗은 광야를 떠돌 때 이 시험에 훌륭히 통과했다. 사울은 하나님의 명령이 자신의 목적과 영광에 어긋나 보이자 그분의 명령을 무시한 채 나라를 지키려 했다(삼상 15:9). 하지만 다윗은 스스로 높아져 무력으로 나라를 빼앗거나 사울을 죽이지 않았다(삼상 24:1-22, 26:8-11). 기회가 여러 번 있었는데도 다윗은 복수심이나 피를 보려는 욕망에 굴하지 않았다. 하나님이 약속을 지키셔서, 때가 되면 자기를 높여 주실 것을 신뢰했기 때문이다. 물론 다윗의 왕권도 결국 무너진다. 다윗조차도 하나님 앞에 겸손을 지키지 못했기 때문이다. 그는 자신의 지위를 이용하여 성욕을 채웠고, 조작과 살인을 통해 그것을 은폐하고 책임을 면하려 했다(삼하 11:1-27).

예수는 그 모든 이야기들 속으로 들어가셨고, 그 모두의 배후에서 무슨 일이 벌어지고 있는지 아셨다. 그 이야기들은 바로 이 순간을 예고하는 전조였다. 지위를 흥정하는 이 모든 교만한 행위의 핵심은 사실 한 가지, 바로 마귀 숭배였다. 하와는 나무 열매를 먹는 일이 자신의 자유로운 결정인 줄 알았다. 하지만 사실은 뱀에게 속아 하나님의 말씀보다 사탄을 믿었다. 사탄에게 가치를 부여한 것이다. 이스라엘 백성은 자신들이 정복지의 토속 신들을 흡수하는 것이라 생각했다. 금송아지의 경우, 자신들이 여호와 하나님의 가시적 형상만 빚어내는 것이라 믿었다(그래서 그 물건이 자기들을 이집트에서 인도하여 냈다고 말했다). 본인들 생각에 그들이 우상을 숭배한 것은 오직 힘과 비와 풍작과 건강한 가축과 다산을 얻기 위해서였다. 그들은 나라를 얻고 싶었고 나라를 지키고 싶었다. 하지만 그 배후에서 그들은 "하나님께……아니하고 귀신들"에게 절했다(신 32:17). 이스라엘의 왕들은 혼합 종교를 통해 자신의 이름을 높이고 자신의 왕위를 보존하려 했다. 이 모두의 한 가지 공통분모는 그 배후에서 활동한 악한 영들이다(왕상 14:21-31, 15:25-16:34).

사탄은 예수께 유업을 지금 요구하라고 했다(나중에 예수께서 탕자의 이야기에 사용하신 시나리오와 같다). 그는 예수께서 독자적인 말로 나라를 얻으시기 원했다. 하지만 사실 그 말은 사탄이 구술해 준 말이다. 예수께서 이 위기에 들어가신 것은 인류의 이야기에서 마귀 숭배를 몰아내기 위해서였다. 사탄은 예수께 교만과 자만이 있는지 보았으나 하나도 찾지 못했다.

본질상 교만은 우상숭배이고 반역이다. 그 뿌리가 배은망덕에 있기 때문이다. 교만은 창조주보다 피조물을 영화롭게 한다. 교만은 하나님의 형상인 인간의 상속권만 주장하고 그 상속권의 근거는 인정하지 않는다. 그 근거란 바로 우리가 하나님이 아니라 그분의 형상이라는 사실이다(롬 1:22-23). 교만은 죄의 근본이다. 하나님이 주신 좋은 선물이 나만의 것이요 내 목적과 내 나라와 내 영광을 위해 존재한다고 믿지 않고는 다른 어떤 죄도 불가능하기 때문이다. 사탄은 자신의 교만한 권력욕을 인간들 안에도 복제하려 한다. 그것이 그가 원하는 영토의 일부다. 그래서 사도 바울은 디모데에게 새로 회심한 사람을 지도자로 세우지 말라고 경고하면서, "교만해져서 마귀가 받을 심판에 떨어질 위험이 있"다고 했다(딤전 3:6, 새번역).

우리 대부분은 교만과 명예욕이 성격 결함임을 안다. 제 자랑과 허풍을 일삼는 지인이나 자아도취에 빠져 우쭐대는 동료 직원을 볼 때 우리는 짜증이 난다. 하지만 가장 교만한 사람들일수록 남들의 교만을 욕한다는 사실을 잊지 말라. 우리는 자기 내면의 교만이라는 사탄 숭배는 좀처럼 보지 못한다.

이는 타락한 인류가 교만과 자만을 정상적인 일로 둔갑시키기 때문이기도 하다. 이카루스에서 프랑켄슈타인까지 교만의 위험에 대한 온갖 우화와 전설이 있음에도 불구하고, 우리는 자화자찬을 리더십과 추진력의 "정상적" 일부로 보는 데 익숙해진다. 너무 지나치지만 않으면 괜찮다는 식이다. 직장생활에 관한 서적 중에 특이한 분야가 있다. 정신과의사들이 저자인 이 책들의 주제는, 자아도취에 빠진 상사나 간부 앞에서 직원과 동료들이 어떻게 처신할 것인가 하는 문제다. 그 책들이 하나같이 말하듯이 상사의 자화자찬은 아무도 못 말린다. 그저 함께 일하는 법을 터득해야 한다. 모든 좋은 아이디어는 상사의 공으로 돌리고, 실패한 아이디어는 어련히 남 탓이려니 해야 한다. 결국 당신도 눈 밖에 날 각오를 해야 한다. 전문가인 저자들에 따르면, 상사가 생각하는 "멍청이들"의 반경이 결국 넓어져 당신도 그중에 들 것이기 때문이다. 그것이 현실이다.

종종 기독교 사역에도 동일한 성향이 겸손으로 위장되어 존재한다. 자기를 선전하고 잘 보이면 보상이 돌아온다. 그리스도인이 자신의 남다른 기도 생활, 뛰어난 학식, 교회나 운동을 성장시키는 능력 등을 자랑할수록 청중이 그것을 더 잘 믿는 경향이 있기 때문이다. 반면에, 그리스도인의 진정한 겸손은 그에 비하면 대개 소심하거나 자기 주장을 펴지 못하는 것처럼 보인다. 때로 "그 사람은 야망이 없다"는 지적은 오히려 "그 사람은 자기를 숭배하지 않으며 우리한테도 그것을 바라지 않는다"는 말로 볼 수 있다. 교만한 지도자들이 워낙 많다 보니 "내가 지도자인지 아니면 그냥 교만한 것인지" 성령의 깨우침을 통해 분별하기가 매우 어려워진다.

흔히 우리는 자만이 결점이 아니라는 착각에 빠진다. 자신이 세계적인 권력이나 명성을 탐하는 것은 아니기 때문이다. 하지만 **나라**와 **영광**은 언제나 상대적인 것이다. 사탄의 세력들은 당신이 원하는 나라의 규모가 얼마이고 당신에게 족한 영광의 양이 얼마이든 상관하지 않는다. 당신이 사탄에게 무릎을 꿇을 수만 있다면 말이다. 그들은 당신이 원하는 바를 얻기 위해 하나님 아닌 것을 숭배하는 모습만 보면 된다. 철학자 윌리엄 어빈William Irvine은 "대다수 사람들이 명성과 부를 원하되" 방법만 다를 뿐이라며 이렇게 썼다. "우주적 명성을 놓치면 그들은 지역적 명성, 인근의 평판, 관계망 내의 인기, 동료들 간의 우대를 얻으려 한다. 마찬가지로 그들은 절대적 규모의 부를 쌓을 수 없으면 상대적 풍요를 추구한다. 물질적으로 자기 동료와 이웃과 친척과 친구보다 더 나아지려고 하는 것이다."[3]

어떤 사람들은 자만의 욕구 때문에 거울 앞에서 세계적으로 유명한 음악가가 되는 것을 공상한다. 하지만 어떤 사람들은 자기가 살고 있는 도시의 에어컨 수리 업계에 국한해서 똑같은 명성을 얻으려 한다. 어떤 사람들은 프랑스 남부에 별장을 갖춘 억만장자가 되기 원한다. 어떤 사람들은 부부관계가 좋고 자녀들이 학교에 잘 다닌다는 이유로 이웃들의 시샘을 받기 원한다. 문제는 나라의 규모가 아니라 당신이 그것을 얻기 위해 하려는 일이다. 어떤 사람들에게는 그것이 미래의 목표이고, 어떤 사람들에게는 흘러간 기억 속의 나라와 영광이다. 고등학교 때 운동선수로서 이루지 못한 꿈을 자식을 통해 대신 이루려 하는 중년의 남자를 생각해 보라. 딸의 결혼 준비 과정을 이용하여 자신의 잃어버린 로맨스를 되찾으려 하는 여자를 생각해 보라.

더욱이 우리 많은 사람들은 "교만과 지위의 추구"를 눈에 띄게 교만한 사람들에게만 해당되는 일로 치부하는 경향이 있다. 당신 주변에 있는 그런 사람이 아마 지금 생각날 것이다. 자기가 무슨 만물박사라도 되는 것처럼, 말끝마다 그것도 모르냐고 토를 다는 거만한 남자도 있다. 백화점에서 친구들에게 "조금 있다 보자. 나한테 맞는 옷은 작은 사이즈 매장에 있거든"이라고 말하는 여자도 있다. 하지만 인간의 교만이 이렇게 늘 눈에 띄게 표출되는 것은 아니다. 교만도 "사람에게 흔히 있는" 일이다(고전 10:13, ESV). 당신의 자신감이 어느 정도이든 당신은 지금 이 유혹과 싸우고 있다. 이미 거기에 굴하지 않았다면 말이다. 시기심도 교만의 한 형태다. 꼭 어느 하나에 성공한 사람만이 자신에게 필요한 나라들과 영광을 보고 거기에 눈독을 들이는 것은 아니다. 당신이 아는 가장 덜 교만한 사람들—근심이나 불안이나 우유부단으로 맥을 못 추는 사람들—중 일부가 오히려 가장 교만한 사람들이다. 당신이 보기에 아닐 것 같은 바로 그 이유로 말이다.

　나는 마귀 문신을 새겨 본 적은 없지만 사탄 숭배와 씨름했던 흔적들은 지금도 남아 있다. 열두 살 되던 해에 할머니가 주신 낡은 흠정역 성경책에 그었던 노란색 밑줄 표시들이 그것이다. 물론 그것은 거꾸로 뒤집힌 십자가와는 달리 신성모독의 표시가 아니라 헌신의 표시였다. 나는 남침례교의 중고생들이 으레 하는 일을 했을 뿐이다. 매일 "경건의 시간"에 기도하고 성경을 읽으며 공책에 기록한 것이다. 하지만 그 밑줄 친 구절들 중 일부는 지금은 보기가 싫다.

　각각의 표시된 구절에 마음이 끌린 이유가 내 삶의 어떤 일 때문이었는지 지금도 거의 다 기억이 난다. "내게 능력 주시는 자 안에서 내가 모든 것을 할 수 있느니라"(빌 4:13)에 밑줄을 친 이유는 기하학 시험에 탈락할까 봐 걱정이 태산 같았기 때문이다(간신히 통과했다). "너희가 내 이름으로 무엇을 구하든지 내가 행하리니"(요 14:13)에 밑줄을 친 이유는, 내가 하나님께 우리 반의 특정한 여학생이 나한테 관심이 생겨 내 여자 친구가 되게 해달라고 기도하고 있었기 때문이다(약속을 주장하느라 말끝마다 "예수님의 이름으로"를 되풀이했으나 다행히 하나님은 들어주지 않으셨다). 사무엘상 16:7("그의 용모와 키를 보지 말라.……내가 보는 것은 사람과 같지 아니하니 사람은 외모를 보거니와 나 여호와는 중심을 보느니라")에 밑줄을 친 이유는 단신인 내 키가 농구반에 지원할 수 있을 만큼이라도 자라기를 바라고 있었기 때문이다(그런 일은 일어나지 않았다).

물론 자신의 관심사를 가지고 성경 말씀을 주장하며 기도하는 것이 잘못은 아니다. 하지만 그 밑줄 친 구절들을 보노라면 당시의 내 삶이 얼마나 염려와 불안에 지배당하고 있었는지 떠오른다. 나는 누가 보기에도 교만하거나 거만한 사람은 아니었다(그런 생각 자체가 교만일지는 모르지만 어쨌든 내 생각에는 그렇다). 하지만 성경을 읽는 가운데 내 교만과 높아짐은 더 작은 (그래서 더 위험한) 형태의 자만과 권력욕으로 나타났다. 나는 내 작은 나라들이 안전하고 손에 닿기를 원했고, 그렇지 않아 보일 때는 마음이 불안하고 때로 화가 났다.

때로 사탄은 당신이 이미 누리고 있는 나라가 아니라 아직 염려

하고 있는 나라로 당신을 죽인다. 하지만 예수는 염려하지 않으셨기에 마귀를 숭배하지 않으셨다. 그분은 아버지께서 돌보심을 아셨고, 높아짐이 "때가 되면" 온다는 것도 아셨다(벧전 5:6). 때를 정하는 것은 우리가 아니다. 예수께서 말씀하셨듯이, 우리는 자연계 곧 새와 식물과 들판의 생태계만 둘러보아도 하나님이 주신 유업의 상징물을 볼 수 있다. "솔로몬의 모든 영광으로도 입은 것이 이 꽃 하나만 같지 못하였느니라"(마 6:29). 우리는 권세나 영광을 얻으려고 아등바등할 필요가 없다. 그거라면 하나님이 거저 주시려고 지금 우리를 준비시키시는 중이다. 그래서 우리는 홀가분하게 먼저 그의 나라와 그의 의를 구할 수 있고, 그리하면 이 모든 것을 우리에게 더하신다(마 6:33).

자화자찬의 본능에 이끌리면 또한 쉽게 기분이 상할 수 있다. 에세이 작가 데이비드 브룩스David Brooks는 현대 심리학이 말하는 자아도취증의 몇 가지 전형을 제시하면서, 자아에 도취된 사람에게는 자아상이 곧 "모든 신성하고 의로운 것의 성소"라고 지적했다. 그래서 자아에 도취된 사람은 비판과 불쾌한 일을 받아들이는 방식도 다르다. 브룩스는 이렇게 썼다. "누구한테 무시당하면 그는 그것을 고의적인 악한 공격으로 받아들인다. 누가 자기의 평판에 흠집이라도 내려고 하면 그는 그것을 신성모독의 행위로 간주한다."[4] 신성모독이 정확히 맞는 단어다. 불쾌한 일이 그토록 생사의 문제로 다가오는 이유는, 그것이 자신의 신이요 나라인 자아상에 대한 공격이기 때문이다. 그러나 자기 자신 대신 하나님을 예배하면, 우리는 그리스도의 사랑이란 성내지 않고 악한 것을 생각하지 않는다는 것을 알게 된다(고전 13:5).

예수는 자신이 천하만국과 그 영광을 받으리라는 것을 아셨다. 어떤 방법으로 받을지도 아셨다. 은밀한 지식이나 교활한 전략은 그 방법이 아니었고 대리(代理) 신을 찾는 것은 더더욱 아니었다. 예수는 하나님이 다윗의 후손에 대해 다윗에게 주신 약속을 아셨다. "내게 구하라. 내가 이방 나라를 네 유업으로 주리니 네 소유가 땅끝까지 이르리로다"(시 2:8). 시편기자는 하나님이 다윗의 후손으로 오실 왕에게 주신 약속을 이렇게 노래했다. "그가 내게 부르기를 주는 나의 아버지시요 나의 하나님이시요 나의 구원의 바위시라 하리로다. 내가 또 그를 장자로 삼고 세상 왕들에게 지존자가 되게 하며"(시 89:26-27). 예수께서 아셨듯이 우리가 태어나면서부터 갈망하는 그 나라는 우리의 방식대로 오지 않는다. 그 나라는 우리가 구할 때 온다. "나라가 임하시오며 뜻이 하늘에서 이루어진 것 같이 땅에서도 이루어지이다"(마 6:10).

이는 장차 임할 그 나라에 교만한 자들은 들어갈 수 없기 때문이다. 본질상 하나님 나라는 타인 지향적이다. 하나님 아버지는 아들의 이름을 높이시고 아들을 위해 나라를 세워 모든 원수를 아들의 발밑에 두신다(삼하 7:13-14). 아들 예수는 나라를 위해 싸우시고 나라를 아버지께 바쳐 "하나님이 만유의 주로서 만유 안에 계시게" 하신다(고전 15:28). 성령은 나라의 신민들을 부르시고 나라를 위한 기도에 불을 붙여 하나님의 그리스도가 높임을 받게 하신다(요 14장). 요컨대 하나님 나라는 자아에 함몰되지 않고 타인을 지향한다.

사탄에게 속한 것은 아무것도 장차 임할 그 나라에 들어갈 수 없다(계 21:27). 이사야는 "그날에 눈이 높은 자가 낮아지며 교만한 자가 굴복되고 여호와께서 홀로 높임을 받으시리라"고 선포했다(사 2:11). 하나님은 교만한 자를 적극적으로 대적하신다(약 4:6). 예수는 자기가 만일 사탄에게 무릎을 꿇으면 유업을 얻을 자격을 잃는다는 사실을 아셨다. 우상을 숭배하는 자들은 아무도 하나님 나라에 들어갈 수 없기 때문이다(고전 6:9-10). 오히려 "온유한" 자들이 우주를 유업으로 받는다(시 37:11, 마 5:5).

하지만 "온유하다"는 말은 소심하다는 뜻이 아니다. 사실 세 번째 유혹에서 예수는 낮아지기를 거부하셨다. 옛 예언의 말씀이 옳았다. "원수가 그에게서 강탈하지 못하며 악한 자가 그를 곤고하게[낮아지게] 못하리로다"(시 89:22). 예수는 하나님이 자기를 높여 주실 것을 아셨는데, 이는 그분이 아버지의 선하신 뜻을 위해 자신을 낮추셨기 때문이다(사 52:13, 빌 2:8-9). 예수는 아버지를 제외하고는 어느 누구에게도 무릎을 꿇지 않으신다.

지금 하나님은 이 우주를 점령하고 있는 사탄의 세력들과 싸우고 계신다. 따라서 우리도 자신의 나라를 세우려는 일을 십자가에 못 박는 것 외에는 다른 길이 없다. 당신이 아직 그리스도 밖에 있다면, 하나님은 인내심 있게 당신을 참으시며 당신에게 다른 길을 제시하실 것이다. 그래도 당신이 고집한다면 당신의 나라는—그것이 무엇이든—당신의 죽음과 함께 몰락할 것이다. 벽에 쓰인 글씨처럼 당신은 재난을 면할 수 없다(단 5:1-30).

당신이 그리스도 안에 있다면, 하나님은 당신이 교만하게 자신의 나라를 움켜쥐고 그분의 통치에 들어가도록 그냥 두지 않으실 것이다. 당신의 높은 눈과 자아의 왕국은 다 벗겨질 것이다. 그래야 당신은 아버지의 유업을 구하며 어린아이처럼 들어갈 수 있다. 교만을 벗으려면 당신 쪽에서 자신을 낮추는 법을 배우고 회개하면 된다. 그렇지 않으면 하나님 쪽에서 당신의 삶 속에 일하셔서 당신을 낮추실 것이다. 하나님은 당신을 그분의 왕국에 들이시기 위해 당신의 왕국을 무너뜨리실 것이다.

그래서 성령은 광야에서 그리스도께서 품으신 마음을 지금의 우리에게도 똑같이 적용시키신다. 그래서 성경은 우리에게 "아무 일에든지 다툼이나 허영으로 하지 말고 오직 겸손한 마음으로 각각 자기보다 남을 낫게 여기"라고 명한다(빌 2:3). 미래의 권세와 미래의 영광이 우리 앞에 있는데, 어쩌자고 고작 지금 주변의 박수갈채나 받다가 미래에 시신이 되고 말 것인가?

사탄에 맞서는 이런 겸손을, 우리는 절망감을 버리는 법을 배우는 그리스도인들에게서 우선 볼 수 있다. 자신의 삶과 기대와 가정과 교회와 나라에 대한 "통제력"을 잃을 때 우리는 그런 절망감을 느낀다. 당신을 유혹하여 자신의 나라를 세우게 하려는 덫이 무엇인지 나는 모른다. 내 경우 사탄의 유혹은 자녀를 낳는 문제로 찾아왔다. 신혼 초에 나는 아내가 "너무 일찍" 임신할까 봐 그야말로 겁에 질렸다. 나의 학업과 사역이 잔뜩 계획되어 있었기 때문에 한동안은 자녀를 기를 "여유"가 없을 것 같았다. 드디어 내가 아빠가 될 "준비"가 된 그날이 왔다. 마리아와 나는 "결정"을 내렸고 식탁에 앉아 자축했다. 거의 약혼식과 같았다. 하지만 아무 일도 없었다. 그러기를 다행이었다.

지금은 네 자녀—입양 둘, 출산 둘—를 얻은 뒤이니 그러기를 다행이었다고 쉽게 말할 수 있다. 하지만 임신이 곧바로 됐다면 나는 비참할 정도로 나쁜 아빠가 되었을 것이다. 나는 자녀를 순전히 나 자신과 내 장래 계획의 연장(延長)으로 보았을 것이다. 난임과 유산의 세월 동안 내가 반응한 방식을 보아 그것을 알 수 있다. 그때는 이런 표현을 쓰지 않았겠지만 정말 하나님이 나한테서 뭔가를 빼앗아 가시는 것처럼 느껴졌다. 그분은 나한테서 내가 계획해 둔 "정상적" 삶을 빼앗아 가셨다. 사실 그분은 나한테서 나의 신을 빼앗아 가셨다. 그것은 미래를 나 스스로 주관하려는 신이었고, 그 모든 배후에는 뱀의 영이 있었다. 지금 마귀가 당신에게 제의하고 있는 것이 무엇인지 나는 모른다. 하지만 당신은 그것을 물리쳐야 한다. 그렇지 않으면 그것과 함께 무너지고 만다. 당신이 염려하고 있는 것이 무엇이든 그것은 결국 예배의 대상으로 바뀔 것이다. 그리고 당신이 무엇을 예배하느냐에 당신의 운명이 달려 있다.

자기를 부인하는 겸손은 우리가 함께 예배하는 방식에도 나타나야 한다. 다행히 요즘은 교회들에서 예배 전쟁에 대한 말이 몇 년 전만큼 많이 들리지는 않지만 그래도 여전히 남아 있다. 한동안 나는 이 현상을 개신교 복음주의 쪽에서 열광하는 "즉흥 예배"의 해악이라 여겼고, 사실 다분히 그렇다. 하지만 전통 전례서가 정해져 있는 천주교 등의 단체들도 종종 같은 긴장을 경험하기는 마찬가지다.

어쩌면 당신도 나처럼 예배 음악에 관한 한 75세 할머니의 취향이 몸에 익었는지 모른다. 그것은 내가 자라난 교회에서 찬송가와 복음성가를 선곡한 사람이 75세 할머니였기 때문일 것이다. 나는 '큰 죄에 빠진 날 위해'나 '어찌하여야 그 크신 은혜 갚으리'를 부르면 눈물이 난다. 하지만 일각에서 말하는 "웅장한 옛 찬송가들"은 내게 아무런 감흥도 주지 못하며, 물냉이 샌드위치를 먹는 코네티컷 주 출신의 감독교회 교인들이나 들을 노래처럼 들린다(그 노래들이 잘못되었다는 말은 아니다). 그리고 수많은 현대 노래들은 마치 광고문구 작성자들이 어떻게든 "예수"와 각운이 맞는 단어들을 찾으려고 작사한 것처럼 들린다. 예배에 미학이 중요하지 않다는 말이 아니다. 성경에도 보면 "경건함과 두려움으로" 예배하라고 했다(히 12:28). 다만 내 말은 음악 형태에 대한 우리의 이런저런 비판이 사실은 순전히 자아도취일 때가 많다는 것이다. 그것이 신학과 전례(典禮)의 퇴보에 대한 염려로 위장되어 나타날 뿐이다.

예배 전쟁은 줄어들 게 아니라 더 많아져야 한다. 당신의 교회에서 그 전쟁이 이런 식으로 나타난다면 어떨까? 젊은 독신자들은 노년층을 위해 고전 찬송들을 더 부르자고 교회에 건의하고, 노인들은 젊은 새신자들을 위해 예배를 현대화하자고 지도자에게 청하는 것이다. 이는 자기보다 남을 더 중요하게 여긴다는 표이며(빌 2:3), 그런 자세는 수모를 당하셨다 왕으로 높아지신 그리스도의 영으로부터 온다(빌 2:5-11). 내가 만일 향수에 젖어 고향 미시시피 주의 옛 인기 찬송들만 연이어 부르면서 나머지 교인들에게는 들러리나 서라고 우긴다면, 나는 영으로 예배하는 것은 맞지만 성령으로 하는 것은 아니다. 우리 모두에게는 이런 마귀 같은 성향이 있다. 우리가 그 사실을 명심하고 예배 기획에서든 선교에서든 예산 책정에서든 그런 성향을 버릴 때, 교회는 세 번째 유혹의 위력을 무력하게 만드는 것이다.

자아도취증을 관찰한 전문가들에 따르면, 자아에 도취된 영혼은 기본적으로 공감 능력, 곧 다른 사람의 감정을 느끼는 능력이 부족하다. 자신의 연장으로 볼 때를 빼고는 아예 다른 사람이 보이지도 않는다. 그 악이 극으로 치달으면 자만에 빠진 영혼은 사탄처럼 신성모독의 말을 외친다. "나뿐이라. 나 외에 다른 이가 없다"(사 47:10, 습 2:15). 하지만 우리 안의 나르시스는 세례 받을 때 물속에서 죽었다. 나 자신의 권세와 영광을 얻으려는 욕심을 버리면 그리스도 안에서 새로운 권세와 새로운 영광을 얻는다. 우리는 자신의 나라들을 무너뜨리고 하나님을 예배한다. 그리스도 정치가 이루어지려면 자아 정치가 십자가에 못 박혀야 한다.

사명의 문제

사탄은 왜 자신의 제국을 내주면서까지 잠깐의 경배를 받으려 했을까? 사탄은 앞의 두 유혹에서는 하나도 잃을 게 없었다고 볼 수 있지만, 이번 유혹에는 자신이 가장 탐내는 권세와 영광을 버리겠다는 조건을 달았다. 왜 예수는 어차피 사탄의 자식인 사람들에 대한 그의 정당한 통치를 그냥 인정하실 수 없었을까? 잠깐 눈속임으로 그를 높여 주어 그의 부당한 장자권을 빼앗으실 수도 있지 않았을까? 사실 다른 데서 예수는 사탄을 "이 세상의 임금"으로 인정하신다(요 12:31). 예수께서 나타나신 이유 자체가 "마귀의 일을 멸하려 하심"이다(요일 3:8). 그렇다면 잠깐 무릎을 꿇어 멸하실 수도 있지 않았을까? 그 답은 오직 하나님만 예배해야 한다고 예수께서 인용하신 말씀에도 있지만, 또한 그 앞에 붙이신 "사탄아, 물러가라"는 말씀에도 있다.

사탄이라는 말은 '대적하는 자'라는 뜻이다. 그렇다면 "누구를 대적하는 것인가?"라는 질문이 당연히 따라 나온다. 물론 사탄은 하나님의 모든 목적을 대적하고 하나님의 모든 백성을 대적한다. 그런데 하나님의 백성과 우주를 향한 그분의 목적은 어디서 절정에 도달하는가? 바로 피 묻은 십자가와 빈 무덤의 복음이다. 예수는 여기서 "사탄"이라는 고유명사를 쓰셨다. 나중에 사탄이 주변에 없는 듯 보일 때도 그분은 똑같이 하신 적이 있다. 예수께서 자신이 곧 체포되어 처형될 것을 말씀하시자 제자 베드로는 절대로 안 된다며 말렸다. 솔직히 내게는 그것이 아주 훌륭한 말로 들린다. 내가 살해될지도 모른다는 내 말을 듣고 친구들이 "우리가 있는 한 어림없다. 너는 우리가 지킨다"라고 말한다면 나는 좋을 것이다. 그런데 베드로가 그렇게 말하자 예수께서 내뱉으신 말씀은 "사탄아, 내 뒤로 물러가라"였다(마 16:21-23). 왜 그랬을까?

예수께서 말씀하신 대상이 베드로의 목소리 뒤에 있는 다른 목소리였기 때문이다. 베드로는 십자가를 피함으로써 예수의 나라를 보호하려고 했다. 십자가를 피하자는 말은 예수께서 전에 사탄에게서 들으셨던 말과 같았다. 그것은 속속들이 사탄의 말이었다. 세 번째 유혹에 걸려 있는 것은 바로 복음이었다.

사탄의 제의에 함축된 의미를 생각해 보라. 만일 예수께서 제의를 수락하셨다면 사탄은 그의 공포 정치를 내려놓았을 것이다. 예수는 천하만국을 그분이 원하시는 대로 다스리셨을 것이다. 더 이상 유산되는 아기가 없을 것이다. 더 이상 출산 중에 죽는 여자도 없을 것이다. 인간의 모든 노예제도, 모든 인종 학살, 모든 질병, 모든 빈곤, 모든 고문, 모든 생태계의 재앙이 즉시 종식될 것이다. 로마제국의 대로변에 줄지어 늘어선 십자가들도 순식간에 사라질 것이다. 네로나 나폴레옹이나 히틀러나 스탈린도 없을 것이고 그런 악명 높은 이름을 들을 일도 없을 것이다. 이혼 법정, 낙태 시술소, 전기의자, 포르노물의 세계도 없을 것이다. 지금 당신을 괴롭히고 있는 문제가 무엇이든 당신이 태어나기 수천 년 전에 이미 다 사라지고 없을 것이다. 낙원 같지 않은가?

사탄이 이 모두를 선뜻 포기한 것은 기독교가 두렵지 않기 때문이다. 그는 "기독교적 가치관"도 전혀 두려워하지 않는다. 사탄이 두려워하는 것은 그리스도다. 사탄의 권세가 오직 고소와 정죄를 통해서만 유지됨을 잊지 말라. 죄를 속죄하는 제사가 없는 한 사탄은 외적인 법을 지키는 일쯤 얼마든지 허용할 수 있다. 예루살렘에서 만국을 가시적으로 통치하는 그리스도의 법이라고 해도 다를 바 없다. 사탄은 자신의 자리를 빼앗을 인간 통치자들을 하나님의 심판대 앞에서 고발할 수만 있다면 거기서 더 바랄 게 없다. 그러려면 그들을 구속(救贖)할 피 흘림이 없어야 한다.

예수께서 로마의 도로를 걸어 골고다로 가실 때 제자들이 이해하지 못한 게 바로 그것이다. "이제 이 세상에 대한 심판이 이르렀으니 이 세상의 임금이 쫓겨나리라"는 말씀을 예수는 친히 세상 죄를 담당하신 골고다에서만 하실 수 있었다(요 12:31). 예수께서 마귀의 사망 권세를 이기고 부활하셔야만 "천사들과 권세들과 능력들"이 그분의 통치에 복종할 수 있다(벧전 3:21-22). 십자가 없는 기독교는 그저 모자란 정도의 기독교가 아니라, 인간의 행위를 믿는 케케묵은 사탄 숭배다.

그래서 사도는 "너희 중에서 예수 그리스도와 그가 십자가에 못 박히신 것 외에는 아무것도 알지" 말라고 명했다(고전 2:2). 물론 사도들은 기본 메시지인 복음 외에도 교회의 지도자, 가정의 질서, 인간의 성(性), 그리스도인의 사회생활과 경제생활 등 많은 주제에 대해 말했다. 하지만 그 모두는 우주의 전체 이야기라는 문맥 속에 들어 있다. 전체 이야기란 하나님이 예수 그리스도의 속죄의 피와 영원한 생명을 통해 사탄의 고소로부터 세상을 구원하신다는 것이다. 그래서 사도들은 자기 개인의 세력 기반을 거부했다. 현대 복음주의의 하부문화에서는 그것을 "브랜드화"라 부르겠지만, 바울은 고린도전서 1:13에 "바울이 너희를 위하여 십자가에 못 박혔"느냐고 반문했다. 이는 유명세를 밝히는 고린도 교회를 향한 신랄한 풍자였다.

어느 세대에나 교회는 십자가를 피하려는 해방신학에 부딪친다. 그것은 우익에서도 나오고 좌익에서도 나온다. 좌익의 해방신학은 압제 세력에 맞서 싸울 바라바들을 원한다. 마치 궁극의 문제가 사망 권세가 아니라 로마의 권세인 것처럼 말이다. 우익의 해방신학은 금송아지를 원한다. 금송아지는 일반 사회에서 종교와 "전통적 가치관"을 대변하고, 우리 모두에게 이집트에서 누릴 수 있는 경제적 안전을 상기시킨다. 양쪽 다 메시아가 아니라, 가이사나 바로를 원한다.

문제들의 배후에 있는 진짜 문제는 우리를 노예로 삼는 죄, 우리를 속박하는 귀신 세력들의 고소, 우리에게 선고된 사망이다. 그런데 우리는 늘 그 진짜 문제를 피해 가려는 유혹을 느낀다. 복음이 없으면 다른 것이 그 빈자리를 메우게 되어 있다. 상담 치료, 소비지상주의, 인종 간의 적개심, 유토피아 정치, 좌익의 무모한 공모론, 우익의 무모한 공모론 등 무엇이든 다 된다. 그리스도 아닌 다른 것이 전파되는 곳에는 자유가 없다. 사람들이 아멘을 외치거나 말없이 고개를 끄덕일 수는 있다. 좌익의 정책이나 우익의 정책도 있을 수 있고, 문화적으로 진보적인 심리치료나 문화적으로 보수적인 심리치료도 있을 수 있다. 사람들이 원하는 거라면 거의 다 있을 수 있다. 그러나 사방을 뒤덮고 있는 것은 오직 심판뿐이다.

당신이 가정에 궁극적 가치를 두는 한 마귀는 "가정의 가치"를 상관하지 않는다. 당신이 정의를 사회의 가장 중요한 요소로 보는 한 사탄은 "사회 정의"를 상관하지 않는다. 세상을 보는 관점이 당신의 궁극적 목표인 한 사탄은 "기독교 세계관" 앞에 떨지 않는다. 중생(重生)을 전할 때도 십자가의 피와 부활의 생명이 없이 전하기만 하면 사탄은 기독교의 거듭남에조차도 상관하지 않는다.

목사가 열과 성을 다해 말씀을 전하고 하나님의 주권과 인간의 자유의 조화를 설명해도 복음을 전하지만 않으면 사탄은 상관하지 않는다. 홈스쿨링을 하는 자녀가 교리문답을 외우고 "공화국 찬가"를 라틴어로 번역할 수 있어도, 부모가 복음을 들려주지만 않으면 사탄은 상관하지 않는다. 교인들이 낙태를 반대하는 후보자에게 투표하고, 이혼하지 않고, 배우자와만 성관계를 하고, 찬송을 부를 때마다 눈물을 흘려도 교회들이 십자가에 못 박히신 그리스도의 복음을 보여주지만 않으면 사탄은 상관하지 않는다. 정죄를 무효화하는 유일한 능력은 복음이다. 사탄은 복음이 그토록 두려워 자신의 제국을 몽땅 포기하고라도 그것을 저지하려 했던 것이다. 그리고 그것은 지금도 마찬가지다.

그리스도인의 진정한 증언의 핵심은 십자가여야 하지만, 그렇다고 우리의 증언이 일각에서 말하는 "영적인" 범주에 깔끔히 들어맞아야 한다는 뜻은 아니다. 교회사를 보면 유토피아 정치를 꿈꾸는 그리스도인들이 좌익과 우익 양쪽에서 주기적으로 자주 등장한다. 그때마다 다음 세대는 그 오만함과 필연적으로 뒤따르는 실망스런 결과에 환멸을 느낀다. 그래서 그들은 사회 참여와 정치 참여에서 손을 뗀다. 그저 복음만 전하면 된다는 것이다. 이처럼 "오직 복음"을 부르짖는 그리스도인들은 자신들이 부모 세대가 아님을 어떻게든 입증하려고, 공공의 정의나 사회적 양심을 문화 전쟁이나 사회 복음이라고 일축한다. 그들의 지엽적 비판이 맞을 때도 있지만, "오직 복음" 운동의 이원론적 분리주의도 세 번째 유혹을 피해 가지는 못한다. 오히려 방향만 다를 뿐 그 유혹 앞에 처참히 쓰러진다.

역사를 보면 "비정치적인" 교회들일수록 자신도 모르게 가장 정치적일 때가 많았다. 미국에 노예제도가 있던 시대에 "교회 영성"의 탈정치화를 주장하던 백인 지도자들은 세상 권세를 멀리한 것이 아니라 오히려 거기에 영합했다. 예컨대 흑인을 차별하던 남부 교회들은 "복음만 전한다"는 기치 아래 사형제도나 KKK단에 관한 입장을 밝히는 정치적 발언을 회피했다. 하지만 사실 이는 자신들에게 득이 되는 백인지상주의라는 권력 구조를 지지하는 행위였다. 그들은 주변의 세속 권력을 초월한 것이 아니라 저항하지 않았을 뿐이다. 대신 그들은 음주와 춤과 카드놀이 같은 "개인적" 도덕 문제에 대해 설교했다. 바깥의 나무들에 이웃 흑인들의 시신이 밧줄로 내걸려 있는데도 말이다.

다마스쿠스로 가는 길은 여리고로 가는 길과 다르지 않다. 이웃 사랑의 선포는 복음의 선포에 부수적인 것이 아니다. 마치 이웃 사랑이 복음의 부대 효과라도 된다는 듯이 말이다. 예수께서 강도에게 습격당하여 두들겨 맞은 이웃을 사마리아인이 돌보아 준 이야기를 하신 정황도 사실은 "자기를 옳게 보이려"는 종교 지도자 때문이었다(눅 10:29). 이 사람은 자신의 죄를 슬쩍 가리려고 마귀처럼 하나님의 명령을 아전인수식으로 해석했다. "내 이웃이 누구니이까." 우리는 이때 복음을 전하지 않고 사회 참여 사역을 하신 예수를 비난해야 할까? 말도 안 되는 소리다. 예수는 인간의 죄의 근원을 지적하시며 그것을 하나님의 의와 대비하셨다. 그것을 떠나서는 복음도 없다.

어떤 그리스도인들은 복음이 너무 커지지 않도록 보호하려고 복음을 재단한다. 그들은 지나치게 정치에 매달리는 그리스도인 운동가들만큼이나 확실하게, 어떤 때는 그보다 더 심하게 십자가를 빼 버린다. 하지만 죄를 인식하지 않고는 복음을 이해할 수 없다. 복음을 전하려면 무엇이 하나님 나라이고 무엇이 하나님 나라가 아닌지 규정해야 하고, 하나님이 반역이라고 하시는 것을 반역으로 규정해야 한다. 죄에는 때로 우리가 사회 문제나 정치 문제로 일축하는 것들도 포함된다. 예컨대 불공정한 노임(레 19:13, 신 24:15, 약 5:4-5), 고리대금(레 25:35-37, 느 5:6-10), 토지의 남용(렘 2:7, 호 4:1-3), 빈민과 노인과 외국인과 과부와 고아의 학대(출 22:22, 신 10:18, 겔 16:49, 슥 7:10, 약 1:27) 등을 들 수 있다.

사회 차원이나 정부 차원에서 그런 문제에 어떻게 접근할 것인지 성경에 구체적 청사진이 없는 경우가 많은 것은 사실이다. 그래서 그리스도인들은 대화를 통해 신앙 양심에 따라 가장 지혜로운 길을 정하면 된다. 하지만 그렇다고 해서 그런 문제를 지엽적인 일로 일축해서는 안 된다. 그리스도인들은 이혼과 재혼이 허용되는 여부나 시점, 피임이나 자위행위를 윤리적으로 용인할 수 있는지 여부 등에 대해 의견이 다를 수 있다. 그렇다고 "우리는 결혼이나 성은 다루지 않겠다. 복음에만 초점을 맞추겠다"고 말하면 그만인가?

간음하는 남자가 간음을 회개하지 않으면 복음에 도전하는 것이다. 아동을 인신매매하는 여자가 아동 인신매매를 회개하지 않으면 복음에 도전하는 것이다. 강압적으로든 수질을 오염시켜서든 남의 재산을 훔치는 사람이 이웃을 착취하고도 회개하지 않으면 복음에 도전하는 것이다. 복음은 "네 죄사함을 받았느니라"고만 선포하지 않는다. 복음은 "내 이웃이 누구니이까"라는 질문의 답도 들추어낸다. 복음은 심판의 기준을 공포하여 모든 사회, 모든 지위, 모든 개인의 권세를 무력하게 만든다.

사명의 핵심은 십자가이지만 그래도 우리는 사회 문제와 정치 문제를 다룬다. 다만 우리 자신의 권력이나 영향력을 생각하지 않고 다룬다. 그러려면 권력의 실세들과 어느 정도 예언자적 거리를 두어야 한다. 눈여겨보았는지 모르지만, 현 상황에서 사회-정치 문제들에 대한 입장은 진영별로 너무 획일적이고 뻔하다. 내부의 응집 구조가 계속 변하고 있는데도 말이다. 보수는 본래 "낙태 반대"였고 진보는 "반전(反戰)"이었다. 하지만 세월이 가고 정권을 잡는 사람들이 바뀌면서 그런 것들도 변한다. 왜 그리스도인들의 증언은 정치적 진화를 그대로 따라갈 때가 그렇게도 많은가? 왜 빈곤 문제에 관심이 있는 복음주의자들은 낙태 문제는 경시해야 하는가?(여전히 낙태 반대의 입장을 주장하면서도 말이다) 왜 태아의 생명에 관심이 있는 복음주의자들은 최저 임금, 적 전투원의 고문 같은 문제에도 무조건 현재의 "보수"와 입장을 같이해야 하는가? 왜 지구 생태계의 보존에 관심이 있는 사람들은 자연가족계획(배란기에 성관계를 삼가는 방법—옮긴이)과 창조 본연의 결혼 등 건강한 도덕적 생태계에 대해서는 침묵해야 하는가?

내 생각에 그 이유는, 섣불리 다르게 행동하다가는 엘리트층과의 연줄이 위태로워지기 때문일 것이다. 계속 발언권을 유지하려면 영향력이 필요한데 당신에게 그 영향력을 부여하는 사람들은 엘리트층이다. 일단 동맹 관계를 맺어 두면 동맹자들은 "적군의 적은 곧 아군이다"라는 입장을 취한다. 그러나 그 뿌리는 인간의 나라와 영광을 추구하는 마음이라고 할 수 있다. 적당한 팀에 속하여 그 팀의 내부 규정대로 힘을 행사하면 그런 나라와 영광을 얻을 수 있다. 하지만 이런 방법으로 어느 한 분야에서라도 그리스도인의 증언이 과연 더 신빙성을 얻었는지 심히 의심스럽다.

우리가 내놓는 예언자적 음성이 무엇이든 그것은 하나님 나라의 복음을 위한 것이어야 한다. 사회적·정치적·지적·문화적 권력

자들에게 잘 보이고 싶어 영향력을 얻거나 지키기 위한 것이어서는 안 된다. 그러므로 인종차별을 단죄하는 것만으로는 부족하다. 우리는 인종차별주의자를 충분히 사랑하여 그에게 회개를 촉구하고 그리스도의 피를 통해 용서를 베풀어야 한다. 낙태를 종식시키려 노력하는 것만으로 부족하다. 우리는 낙태를 경험한 여자들에게 그들이 그리스도 안에 감추어져 있다면 결코 정죄함이 없음을 알려 주어야 한다. 고아와 과부와 노인과 빈민을 돌보는 것만으로 부족하다. 그와 동시에 우리는 저는 자들과 눈먼 자들과 잃어버린 자들로 구성된 나라로 귀향할 수 있는 기회를 온 세상에 주어야 한다.

문화적 영향력에 대한 교회의 관심에도 동일한 역동성이 작용한다. 일부 그리스도인들은 세상을 변혁하는 것이 정치보다 문화라고 바르게 판단했다. 그래서 그들은 그리스도인의 증언을 정치권의 실패한 실험으로부터 시각 예술, 음악, 춤, 영화 등을 통한 성육신적 표출 쪽으로 전환시키려 해왔다. 이 시대의 "기독교 예술"이 종종 천박하게 자아에 함몰되어 소비지상주의로 흐르기 때문에 그들은 시대를 초월하려 애쓴다. 물론 이를 통해 그리스도의 사람들이 하나님과 이웃을 사랑하고 하나님이 사랑하시는 것들—아름다움도 그중 하나다—을 사랑할 수 있다면 그것은 칭찬받을 일이다. 하지만 세 번째 유혹이 늘 지척에 도사리고 있다. 바로 엘리트층으로부터 예술적 호평을 얻어 자신들을 교회의 일반 어중이떠중이들과 구별하려는 유혹이다. 그리스도인들이 문화의 중심지인 뉴욕과 로스앤젤레스로 대거 옮겨 가 문화를 변혁시켜야 한다고 말하는 사람들도 있다.

물론 뉴욕과 로스앤젤레스에 그리스도인들이 필요하며, 우리는 예술 분야의 인재들을 길러내 그곳에서 일하게 해야 한다. 하지만 반드시 우리가 뉴욕 광고업계와 할리우드의 갈채를 받아야 하는 것은 아니며, 갈채를 얻지 못할 수도 있다. 아울러 우리는 지배 문화에 무시당하는 시골 사람들과 지방 민속 등을 거부해서는 안 된다.

게다가 진정한 변혁을 일으키는 예술일수록 당대 문화에 받아들여지는 경우는 드물다. 또한 변혁을 일으키는 예술이 항상 엘리트층과 유력한 문화 전문가에게서 나오는 것도 아니다. 예컨대 흑인 노예의 영가, 애팔래치아 산지의 블루그라스, 러시아의 반체제 문학을 생각해 보라. 사도들이 로마 황제의 근위병과 귀족층 가운데에 그리스도인들을 길러 냈듯이, 우리도 문화계에 영향력 있는 사람들을 길러 내야 한다. 하지만 동시에 우리는 대다수 사도들이 "문화의 선도자"가 아니라 어부들과 신분이 낮은 정부 하청업자들이었음을 잊지 말아야 한다. 제국과 왕국과 나라들의 문화를 형성한 기독교 운동은 본래 다수의 문벌 좋고 유력하고 덕망 있는 사람들로 구성된 것이 아니다(고전 1:26).

그리스도인의 증언의 미래를 비관적으로 보고 "정말 끔찍하지 않은가" 하고 한탄하여 대중의 호응을 얻어 내는 사람들이 으레 있다. 특히 보수 기독교 쪽에 더 많다. 대개 그런 주장의 핵심을 파고

들어 가 보면 교회가 영향력을 잃는다는 것이고, 이는 바로 권세와 영광을 잃는다는 뜻이다. 미국의 기독교가 모든 사역과 건축을 억만장자 기부자들에게 의존할 수 없는 날이 곧 온다고 말하는 사람들도 있다. 그들에 따르면, 기독교 지도자들은 너무 "위험인물"이라 백악관에 초빙되지 않을 것이다. 정치가들은 우리의 의견을 묻지도 않을 것이고, 선거운동 우편물을 보내려고 교회들의 교인 주소록을 구하지도 않을 것이다. 미국의 기독교가 그런 것이라면 붕괴되어야 한다. 아니, 십자가에 못 박혀야 한다. 그런 식의 영향력이라면 차라리 잃는 게 낫다. 그래야 우리가 하나님 나라와 그에 따라오는 반문화적 권세와 영광을 먼저 구할 수 있다.

그리스도 교회의 미래는 희망적이며, 사실은 가슴이 벅찰 정도로 희망적이다. 복음이 전파되는 곳, 성경의 전체 이야기가 그리스도로 압축되는 곳, 화해의 본보기가 있는 곳, 그곳에 예수는 자신의 교회를 세우실 것이다. 그리고 거기서 사람들은 진정성과 온전함과 해방을 맛볼 것이다. 하지만 하나님은 언제나 그러시듯, 겸손한 자들을 세우시고 교만한 자들을 쓰러뜨리실 것이다. 가장 생명력 있는 기독교가 갈수록 제3세계에 더 많아지는 이유도 그래서일 것이다. 그곳의 신자들은 박해에 시달리느라 권력 숭배에 빠질 겨를이 없다. 탐심에 찬 혁명의 권력이든 질투에 찬 소비의 권력이든 다를 바 없다.

그러므로 그리스도인이 어떤 식으로든 바깥세상에 참여하려면, 그 첫 단계는 그리스도의 통치의 주 무대인 교회에 집중하는 것이다. 하늘에 있는 통치자들과 권세들에게 위협이 되는 것은 다름 아닌 우리의 더불어 사는 삶이다. 다시 말해 우리가 대안 공동체가 되어 그리스도의 피가 승리했음을 보여주는 것이고, 불화했던 사람들이 그리스도 안에서 새롭게 한 식구가 되는 것이다(엡 3:9-12).

성경에 보면, 예수는 유혹을 다 받으신 후에 광야를 떠나 갈릴리로 돌아가셨다(마 4:12-16, 눅 4:14). 그 작은 변방 지역은 그분이 사탄의 환상을 통해 방금 보신 만국과 그 영광과는 완전히 딴판이었을 것이다. 바로 거기서 그분은 새 나라의 여명을 알리셨다(마 4:15-17, 눅 4:16-22).

우리 교회에서만은 지도자들의 요건이 사회의 다른 모든 기관들에서처럼 뻔하지 않다면 어떨까? 너무 뚱뚱하거나 뾰루지가 났거나 어색하다고 광고업계에 퇴짜를 맞을 사람들의 사진이 기독교 출판물들에는 버젓이 실리는 것을 바깥세상이 보면 뭐라고 말할까? 교회 제직회 회장에게 다운증후군이 있다든지 호텔 체인점에서 최저 임금만 받고 화장실을 청소하는 잡역부가 백만장자인 호텔 간부를 영적으로 양육하는 것을 보면 이웃들은 어떻게 생각할까? 지독히 이상해 보일 것이다. 하지만 광야에서 노숙하던 굶주린 방랑자가 세상을 지배할 기회를 저버리시는 것보다 더 이상하지는 않을 것이다.

결론

예수는 마귀에게 "물러가라" 하셨고 그는 곧 물러갔다. 마태복음에 보면 간단히 "이에 마귀는 예수를 떠나고"라고 되어 있다(마 4:10-11). 하지만 그는 아주 떠난 게 아니다. 이 오래된 악한 영은 복음서의 기사들 속에 늘 도사리고 있다가, 때가 차매 예수의 제자인 유다 속에 들어가 십자가의 길에 시동을 걸었다. 십자가의 죽음이 가능했던 것은, 갈릴리 예수가 광야의 그 찰나에 뱀에게 절하지 않으셨기 때문이다. 예수는 십자가로 가고 계셨기에 영광과 권세를 저버리셨다. 당신도 십자가로 가고 있다.

아마 당신은 자신에게 많은 권세가 있다고 생각하지 않을 것이다. 당신이 때로 부러워하는 그런 권세는 분명히 아닐 것이다. 하지만 그리스도 안에 있다면 당신은 수련 중인 우주의 왕이다. 당신은 장차 그리스도의 보좌에서 그분과 함께 다스리기 위하여(계 2:26-27) 지금 배우고 자라는 중이다. 당신이 현재 통과하고 있는 유혹과 시련의 시기는 일종의 신병 훈련소와 같다. 당신이 지금 작은 일에 충성하면 나중에 큰일을 할 권한도 얻을 것이다(마 25:23).

하지만 교만한 사람은 하나님의 통치에 들어갈 수 없다. 지금 아무리 강해 보이고 정상적인 것처럼 보여도 소용없다. 자아도취는 사탄 숭배다. 자만은 마귀 숭배다. 사탄의 권세는 단기간밖에 버틸 수 없고 그 기간은 점점 끝나 가고 있다(계 12:12). 십자가의 권세란 우리가 분야만 바꾸어 계속 권력을 추구해도 된다는 뜻이 아니다. 자신의 나라를 지으려는 우리의 욕망은 비생산적인 정도가 아니라 속속들이 마귀에게서 난 것이다. 당신은 권세와 영광을 얻으려고 아등바등 매달릴 필요가 없다. 그리스도 안에서 하나님은 당신이 상상도 못할 큰 권세와 영광을 주시려고 당신을 준비시키시는 중이다. 당신은 더 이상 그것 때문에 꾀를 부리거나 염려하지 않는다. 예수께서 우리에게 "무서워 말라. 너희 아버지께서 그 나라를 너희에게 주시기를 기뻐하시느니라"고 말씀하신다(눅 12:32).

사탄의 세력들은 당신을 지켜보고 있다. 그들은 당신의 관심을 끄는 것이 무엇이고 당신에게 자만심을 불어넣는 것이 무엇인지 보려고 당신의 삶을 엿보고 있다. 그들은 당신이 지으려는 바빌론이 무엇인지 파악해 반드시 그것을 얻게 해줄 것이다. 당신의 목표에 대한 사탄의 야망은 당신 못지않거나 어쩌면 그보다 더 강하다. 당신이 사탄의 방식대로 엎드려 절하면서 받기만 한다면, 그는 당신이 바라는 권세와 영광을 줄 것이다. 우리가 십자가보다 영광을 더 원하기만 한다면, 그는 우리가 훌륭하거나 영향력이 있거나 도덕적이거나 보수적이어도 상관하지 않는다. 십자가만 거꾸로 뒤집혀 있다면 사탄은 우리의 가치관이 제대로 되어 있어도 상관하지 않는다.

6장

괴물들이 살지 않는 나라

—— 당신이 유혹을 물리칠 수 있는 이유

(특히 그 방법이 보이지 않을 때)

당신이 우리 집 밖을 지나가고 있는데 안에서 네 남자 아이(와 한 성인 남자)가 짐승처럼 울부짖는 소리가 난다면, 미리 말하지만 겁먹을 것 없다. 그냥 우리 집에서 가정예배를 드리고 있는 것뿐이다. 우리 집의 가정예배는 정해진 틀도 없고 엄숙하지도 않다. 아이들과 나는 씨름도 하고, 이야기도 하고, 성경도 읽고, 서로를 위해 기도도 한다. 가끔씩 특별한 밤이면 성경을 읽은 후에 책꽂이에서 다른 책을 하나 꺼낸다. 아이들이 아기 때부터 가장 좋아하던 책인데, 그때부터 집 안에 난리가 난다.

모리스 센닥Maurice Sendak의 「괴물들이 사는 나라Where the Wild Things Are」를 읽기 시작하면 일단 다들 조용해진다.[1] 우리 아이들은 이 이야기를 아기 때부터 들었다. 엄마를 잡아먹겠다고 말했다가 방에서 벌을 받게 된 그들 또래의 맥스라는 소년 이야기다. 맥스의 방이 숲으로 변하고 맥스가 이빨을 드러낸 무서운 "괴물들"을 만나면 아이들은 엉덩이를 들썩거린다. 머나먼 나라에서 벌어지는 맥스의 모험을 또다시 들으면서 아이들은 펄쩍펄쩍 뛰고 괴물들을 따라 으르렁댄다. 대개는 내가 책장을 더 넘기기도 전에 한 아이가 소리를 지른다. "와, 우리도 신나게 뛰자!"

그러고는 다들 신나게 뛴다.

우리 아이들이 유별난 것은 아니다. 나도 그 나이 때 그들 못지않게 이 이야기를 좋아했다. 내 또래의 사람들과 얘기해 보면, 이 책은 독자들의 인종적·사회적·경제적·종교적 배경과 관계없이 적어도 두 세대의 미국 어린이들에게 특정한 공감을 불러일으켰다. 그 이유가 무엇일까?

고대와 현대의 지혜가 공히 말해 주듯이 이야기들이 존재하는 이유가 우리의 두려움과 동경을 반추하게 하는 것이라면, "괴물" 동화들이 우리에게 상기시켜 주는 사실이 있다. 동굴 벽화, 컨트리 음악, 칸 영화제 등 인간의 모든 예술에서 볼 수 있는 그것은 바로 우리가 "저 바깥에" 곧 주변의 무서운 우주에 있는 야성을 두려워한다는 사실이다. 우리가 두려워하는 것이 송곳니를 드러낸 호랑이든 월스트리트의 붕괴든 말라리아든 부모의 임박한 이혼이든, 저 바깥에 우리의 통제를 벗어난 듯한 무서운 위협적 세력들이 존재한다.

그뿐 아니라 우리는 무엇보다도 자기 내면의 통제할 수 없는 "야성"을 두려워하는 것 같다. 내면의 정욕과 욕심과 분노와 갈망과 슬픔이 사실은 더 무서워 보인다. 그만큼 숨겨져 있고, 가까이 있고, 우리 존재의 핵을 이루기 때문이다. 게다가 내면의 야성은 끝나지도 않는 것 같다. 그것은 유아기의 떼쓰기에서 사춘기의 호르몬, 중년의 위기를 지나 그 이후까지 평생 동안 계속된다.

어느 문화에나 넘쳐 나는 이런 이야기들은 우리가 직관으로 알고 있는 한 가지 사실을 가르쳐 준다. 바깥의 것이든 내면의 것이든 야성은 다스려져야 한다는 것이다. 야성은 고삐를 물려 제어해야 한다. 우리는 왕이 필요하며 왕이 다스리는 나라에 살아야 한다. 맥스도 "괴물 나라의 왕"이라는 이름과 함께 오는 절제를 익히고 나서야 비로소 "괴물들"을 꼼짝 못하게 하는 힘을 얻는다.

그렇게 쉽다면 얼마나 좋을까.

몇 년 전 나는 "괴물" 동화들이 아직 머릿속에 생생한 아침녘에 펠릭스(가명)라는 친구와 대화하게 되었다. 그가 나를 똑바로 쳐다보지 않는다는 게 가장 먼저 눈에 띄었다. 그는 자기 손만 쳐다보며 손을 오므렸다 폈다 했다. 그러면서 자기는 지옥에 갈 거라고 했다. 내가 이유를 묻자, 그는 자신이 늘 배교의 언저리에 있기 때문이라고 했다. 내가 "그야 나도 그렇지요"라고 했더니 그는 "아니, 당신은 몰라요. 정말 심각합니다"라고 말했다.

펠릭스는 아주 지독한 유혹과 싸우고 있었다. 내가 복음에 대해 캐물었더니 그는 꽤 확실한 믿음과 회개의 증거를 보였다. 하지만 그는 자기 속의 귀신들이 얼마나 악한지 모른다며 이렇게 말했다. "예수의 유골이 아직 중동의 땅속에 있다고 증명만 된다면, 나는 당장 나가서 술에 취할 대로 취하고 온갖 마약을 다 하고 모든 여자와 함께 잘 겁니다." 내가 "나도 그렇습니다"라고 되받아서 그는 약간 놀랐을 것이다.

나는 펠릭스에게 예수의 유골이 아직 땅속에 있다면 우리도 다 똑같이 반응해야 할 거라고 말했다. "내일 죽을 터이니 먹고 마시자"(고전 15:32). 오히려 질문은 이것이다. "당신은 정말 예수의 유골이 땅속에 있다고 믿습니까?" 펠릭스는 눈물이 나오려는 것을 애써 눈을 깜박여 참으며 말했다. "아니, 나는 그분이 살아 계시다고 믿습니다. 그래서 항상 이 문제와 싸우는 겁니다." 펠릭스가 겪고 있는 일을 공식적인 신학 용어로 표현하면, 바로 "정상적인 그리스도인의 삶"이 된다.

그날의 대화에서 그는 고민하는 사람, 나는 현자가 절대 아니었다. 사실 그의 고뇌는 곧 나의 고뇌이기도 했다. 그의 경우에는 그게 똑똑히 보이는데 나 자신의 경우에는 그렇지 않았을 뿐이다. 우리는 둘 다 자신의 반항심을 노려보며 그것을 다스리는 왕이 되기를 바랐던 그 동화 속의 소년과 같다.

지금까지 이 책을 쓰면서 나는 그 동화책의 인상적인 장면들을 자주 생각했다. 예수께서 유혹에 맞서신 곳도 반역의 현장인 광야였다. 사실 마가복음에는 꽤 불가해하게 그분이 "들짐승들과 함께 계시니"라고 되어 있다(막 1:13). 거기서 예수는 각종 영웅담과 전설과 동화에 상상으로만 나오는 것을 실제로 경험하셨다. 그분은 말씀으로 야성을 침묵시켜 괴물 나라의 왕이 되셨다. 말씀이 세상에 오매 야성이 그것을 이기지 못했다.

그래도 이 책을 읽는 당신에게 이런 의문이 들 수 있다. "하지만 나는 어떻게 해야 하는가?" 지금 당신을 괴롭히고 있는 유혹이 무엇이든, 어쩌면 당신은 유혹을 신속정확하게 떨치게 해줄 일련의 단계들을 찾고 있을지 모른다. 고금의 일부 종교들과 일부 철학들은 그런 단계들을 제시하려고 할 수 있다. 하지만 기독교의 복음은 당신에게 그리스도를 가리켜 보일 뿐이다.

그렇다고 우리가 따를 길과 유혹을 물리칠 방법이 없다는 말은 아니다. 사도 바울은 예수께서 승천하신 지 한 세대가 되지 않아 고린도 교회에 쓴 편지에 유혹과 싸우는 문제를 언급했다. 바울이 지적했듯이 그들에게 닥친 문제는 귀신들과의 씨름이었고(고전 10:20), 이 씨름은 하나님 아버지께서 훈련으로 주신 것이다(고전 11:32). 사도는 고린도의 그리스도인들을 유혹과 승리의 전체 이야기 속에서 보면서, 그들에게 유혹을 물리치되 복음으로 물리칠 것을 촉구했다. 그는 유혹이 예외적인 게 아니라고 말했다. 유혹은 아무리 해괴해 보여도 "사람에게 흔히 있는" 일이다(고전 10:13, ESV). 게다가 우리가 물리칠 수 없을 만큼 강한 유혹이란 없다.

하지만 어떻게 물리칠 것인가? 우리도 예수처럼 하나님 나라의 말씀으로 유혹을 물리친다. 예수를 따르면서 우리는 복음을 통해 자신의 정체를 회복하고, 갈망을 조정하고, 미래를 혁신해야 한다. 우리는 자신이 교전 지대에 살고 있음을 인식해야 한다. 지금 우주는 귀신 군주의 지배로부터 벗어나고 있는 중이다. 지금 우리는 그리스도의 사명을 통해 게릴라전으로 마귀를 치는 중이다. 오직 이 방법을 통해서만 유혹은 우리에게 힘을 잃고, 귀신의 세력들은 자기들이 유일하게 두려워하는 분 앞에서 달아난다.

당신의 정체성을 회복하라

내 친구 펠릭스의 문제는 누구나 한 번쯤 부딪치는 문제였다. 기독교에 대한 그의 기대는 한편으로 너무 높고 한편으로 너무 낮았다. 자만심 아니면 절망, 바로 거기가 사탄의 세력들이 당신을 찍어 누르려는 자리다. 사실 귀신들 입장에서 최선의 상황은 그 둘이 혼합된 상태다. 당신이 자만심과 절망 사이를 왔다 갔다 하는 상태 말이다. 그러나 복음은 우리 자신과 하나님과 세상을 보는 우리의 관점을 바꾸어 놓는다. 그러기 위해서 복음은 우선 우리가 그리스도 안에서 어떤 존재인지 말해 준다.

사도 바울은 고린도 교인들에게 유혹에 대해 경고할 때 "형제들아, 나는 너희가 알지 못하기를 원하지 아니하노니 우리 조상들이 다 구름 아래에 있고 바다 가운데로 지나며 모세에게 속하여 다 구름과 바다에서 세례를 받고"라는 말로 시작했다(고전 10:1-2). 무엇보다 이것은 우리를 겸손하게 한다.

고린도전서 전체를 보면 고린도 교인들은 끈질기게 자만심으로 복음을 가렸다. 바울은 복음의 진리를 반복해서 말하여 그런 자랑을 잠재웠다. 예수 그리스도의 십자가와 부활이라는 분에 넘치는 자비를 받지 않고는 아무도 하나님께 올 수 없다는 것이다. 사실이 그러한데, 왜 그것을 선물로 받지 않은 것처럼 자랑하고 내세우느냐고 바울은 반문했다(고전 1:26-31, 4:7).

이런 자만심은 유혹과 관련하여 특히 위험하다. 우리의 남녀 조상들은 다 "세례를 받"았다. 바울이 한 이 말은 무슨 뜻인가? 그들이 다 구름 아래서 바다 가운데로 지났다는 말은, 이스라엘 백성이 갈라진 물 사이를 통과하여 이집트의 압제에서 벗어난 사건을 가리킨다. 출애굽을 통해 그들은 하나님의 기적적인 구원을 보았다. 그런데도 대부분은 결국 광야에서 죽어 시체로 썩었다. 그들이 쓰러졌다면 우리도 분명히 그럴 수 있다고 바울은 말하고 있다.

그래서 바울은 "선 줄로 생각하는 자는 넘어질까 조심하라"고 했다(고전 10:12). 사실은 그것이 세례의 핵심이다. 세례는 "하나님을 향한 선한 양심의 간구"다(벧전 3:21). 당신이 받은 세례는 당신이 그리스도와 함께 장사되었다는 표징이다(골 2:12). 바다에 앞길이 막혔던 조상들처럼 당신을 구원한 것도 오직 하나님의 능력이다. 회개는 그 후로도 계속되어야 하며, 당신이 어떤 죄라도 지을 수 있는 존재임을 계속 일깨워 주어야 한다. 당신은 무엇에도 불사신이 아니다. 그 반대인 척해 봐야 그것이 당신을 더 파멸로 몰아갈 뿐이다.

신약성경이 복음으로 가득 차 있는 한 가지 이유가 그것이다. 현대 그리스도인들은 복음을, 그리스도인이 비신자를 설득하여 죄를 회개하고 예수를 믿게 하는 도구로만 볼 때가 너무 많다. 하지만 로마, 고린도, 갈라디아, 에베소, 빌립보, 데살로니가 등의 교회들은 분명히 신자들로 이루어져 있었는데도(성경에 그렇게 나와 있다) 사도들은 계속 그들에게 복음을 되풀이해 말했다. 단순히 그들이 다음번에 전도를 잘하도록 복습시키기 위해서였을까? 그렇지 않다. 이는 신자를 그리스도와 연합시켜 주는 믿음이 복음을 통해 오기 때문이며, 그 믿음과 회개가 그리스도인의 삶에 끝까지 계속되기 때문이다. 그리스도가 내게 처음 계시될 때 복음은 내가 죄인임을 보여준다. 또한 신자로 사는 평생 동안에도 계속 내게 그 사실을 보여준다.

펠릭스의 확신이 흔들렸던 이유는, 그도 수많은 그리스도인들처럼 유혹과 회개할 필요성 앞에서 괴로웠기 때문이다. 하지만 그것이야말로 복음이 하는 일이다. 사도 요한은 "만일 우리가 죄가 없다고 말하면 스스로 속이고 또 진리가 우리 속에 있지 아니할 것이요 만일 우리가 우리 죄를 자백하면 그는 미쁘시고 의로우사 우리 죄를 사하시며 우리를 모든 불의에서 깨끗하게 하실 것이요"라고 했다(요일 1:8-9). 때로 복음의 능력이 우리를 책망할 때 우리는 이 축복을 오히려 하나님이 멀리 계시다는 뜻으로 받아들인다. 하지만 유혹 중에 주시는 책망은 사실은 정반대의 의미다. 나만은 유혹당하지 않을 거라고 생각하려는 유혹이 들 때 복음은 우리에게 다시 묻는다. "너는 너(나)를 누구라 하느냐?"

복음은 이처럼 우리를 겸손하게 하지만 본질상 복음이란 기쁜 소식이다. 바울이 고린도 교인들에게 한 이 말을 다시 한 번 생각해 보라. "형제들아, 나는 너희가 알지 못하기를 원하지 아니하노니 우리 조상들이 다 구름 아래에 있고 바다 가운데로 지나며 모세에게 속하여 다 구름과 바다에서 세례를 받고"(고전 10:1-2). 이 말씀을 읽고도 황공하여 입이 벌어지지 않는다면, 그것은 우리가 복음에 너무 익숙해졌거나 아니면 복음이 무엇인지 아예 모르기 때문이다.

여기 "형제들"이라는 말과 "우리 조상들"이라는 말은 굉장한 표현이다. 바울의 수신자들은 분명히 이방인이었고, 그중 일부나 어쩌면 대다수는 출애굽의 이스라엘 백성과 유전적으로나 문화적으로나 아무런 관계가 없었다. 그들은 성경의 약속들에 대하여 외인이고 외국인이었지만 그럼에도 어쨌든 예수를 믿었다. 그래서 바울은 그들이 그리스도 안에서 아브라함의 자손임을 상기시켰다. 이제 그들도 예수의 이야기를 공유한 "형제들"이었고, 그 이야기가 그들의 자아상을 바꾸어 놓았다.

고린도 교인들은 할례도 받지 않았고 주변의 유대인 신자들로부터 "이교도"라는 비판도 받았겠지만, 그들이 교회 안에 있는 것은 우연이 아니었다. 그들은 성경 이야기의 구경꾼이 아니었다. 사실 성경의 사건들이 일어난 일부 이유는, 바로 하나님이 그들이 있을 것을 아셨기 때문이다. 바울은 "이러한 일은 우리의 본보기가 되어……그들에게 일어난 이런 일은 본보기가 되고 또한 말세를 만난 우리를 깨우치기 위하여 기록되었느니라"고 했다(고전 10:6, 11).

잠시 생각해 보라. 지금 당신을 유혹하고 있는 문제가 무엇이든 성경은 그 계속되는 싸움에 지금도 시의적절하다. 그 정도가 아니라 지혜가 무궁하신 하나님은 당신이 이 자리에 있을 것까지 아셨다. 그분은 당신을 괴롭힐 문제가 무엇인지 아셨다. 이 지식이 신비로운 이유의 일부가 되어, 그분은 구속의 이야기가 그동안 전개된 것처럼 전개되게 하셨고 또한 그 내용을 기록하여 수천 년 동안 보존하셨다. 이는 당신 삶의 어느 부분도 복음의 말씀 속에 반영되지 않은 것이 하나도 없다는 뜻이다. 가장 야수 같은 은밀한 유혹도 예외가 아니다. 하나님은 바로 당신에게 말씀하신다. 당신이 그리스도 안에 있고 복음 안에 있다면, 하나님은 당신에 대해서도 우리 주 예수에 대해 말씀하시는 것과 똑같이 "이는 내 사랑하는 아들이요 내 기뻐하는 자라"고 말씀하신다.

나아가 바울은, 조상들을 쓰러뜨린 유혹이 복음의 문제였음을 고린도 교회에 보여주었다. 이스라엘 백성은 급수 관리, 양식 공급, 리더십 논란 같은 문제들을 비교적 세상적인 일로 보았을 것이다. 하지만 사실은 그 이상이었다. 바울은 그들이 다 "신령한" 반석에서 "신령한" 물을 마셨다고 했다(고전 10:3-4). 물론 이스라엘 백성에게는 "신령해" 보이지 않았을 것이다. 그것은 그저 반석이었고 물이었다. 우리는 "신령하다"고 하면 유령이나 내세 같은 종교적인 것을 생각하는 경향이 있다. 반면에 돌과 물은 일상생활의 일부 같다. 하지만 그것을 주신 분이 성령이시다. 또한 바울은 "그 반석은 곧 그리스도시라"고 했다(고전 10:4). 그들이 성령의 공급에 반항한 것은, 실은 하나님의 목적과 질서에 반항한 것이다. 하나님의 모든 약속은 그리스도 안에서 "예"가 되고 "아멘"이 되는데(고후 1:20), 그들은 그런 그리스도께 반항한 것이다.

고린도 신자들은 교회 내의 파당, 성적 부도덕의 용인, 우상에게 바쳐진 음식을 먹음, 무질서한 성찬, 몸의 부활에 대한 논란 등 자신들에게 닥친 특정한 유혹들이 어떻게 그리스도인의 정체라는 더 큰 문제와 연관되어 있는지 잘 몰랐다. 그러나 사도 바울은 사 사건건 그런 유혹을 복음의 문제로 보았다. 우리 모두의 경우도 마찬가지다.

유혹을 물리치는 데 가장 중요한 측면은 복음의 자유다. 당신을 지배하려는 사탄의 권세가 무엇보다 고소의 세력이요 죽음으로 위협하는 세력임을 잊지 말라. 그런데 그리스도 안에서 당신은 이미 기소되어 판결과 처형을 받고 부활했다. 당신은 "죄에 대하여는 죽은 자요 그리스도 예수 안에서 하나님께 대하여는 살아 있는 자"다(롬 6:11). 당신이 사형제도를 찬성하든 반대하든, 살인범을 사형시킨 뒤에 시체에 태형을 가한다는 말을 들으면 아마 어이가 없을 것이다. 그 이유는 당신이 살인죄를 가볍게 여겨서가 아니라, 그 행위가 상식에 어긋나고 무의미하기 때문이다. 이미 죽은 시체를 더 벌할 수는 없다. 이미 끝난 일이다.

마찬가지로, 당신은 그리스도의 십자가 안에서 지옥에 갔다 왔다. 하나님의 심판 아래 장사되었고 마귀에게 넘겨졌다. 이전의 당신은 사라지고 없다. 이제 당신은 그리스도 안에 있고 그분의 정체 안에 숨겨져 있다. 그래서 어떤 고소도 당신에게 효력이 없다. 이 진리를 알기에 당신은 유혹에 굴하지 않고 오히려 거기서 날아오른다. 더 이상 하나님을 피해 숨지 않는다.

예수께서 유혹을 이기신 것은 광야를 걸으실 때도 자신에 대한 하나님의 말씀—"너는 내 사랑하는 아들이라"—을 항상 믿으셨기 때문이다. 그분은 죄가 없으시므로 아버지와의 교제가 단절되지 않았다. 복음이 당신에게 늘 일깨우는 사실이 있다. 당신은 그리스도 안에 있고, 성령께서 당신 안에서 그리스도의 삶을 살고 계시며, 따라서 아버지께서 당신을 기뻐하신다. 그리스도를 바라볼수록 우리는 그만큼 덜 숨는다.

당신이 유혹에 넘어가 죄의 습성에 빠지고 있다면, 그것을 맨 먼저 알 수 있는 신호 중 하나는 기도하지 않는 삶이다. 이는 결코 "영적 성숙"의 문제가 아니라 복음의 문제다. 복음을 통해 재창조되던 때에 당신은 하나님과의 교제를 갈망하는 속성을 받았다. 성령께서 당신 안에서 "아빠 아버지"라고 부르짖으신다(롬 8:15, 갈 4:6). 당신의 대제사장은 당신이 겪고 있는 유혹을 이기신 분이다. 그분의 동정을 경험하는 방법이 바로 기도다. 기도할 때 당신은 혼자가 아니다. 성령께서 친히 당신을 통해 기도하시면서, 당신의 뜻과 소원이 그리스도 예수의 뜻과 소원과 같아지도록 역사해 주신다(롬 8:26-27). 기도할 마음이 내키지 않는다면, 어쩌면 당신도 아담과 이스라엘처럼 수풀 속에 숨어 있는 것일 수 있다. 나뭇잎이 바스락거리는 소리는 그분이 곁에 계시다는 신호이건만, 당신은 그 소리를 듣기가 부끄러운 것이다.

일부 독자들은 자신이 애초에 복음을 믿은 적이 있는지 확신하지 못할 수 있고, 그럴 만한 이유가 있을 수 있다. 어쩌면 당신은 정말 죄를 회개하거나 그리스도의 영광을 본 적이 없을지 모른다. 만일 그렇다면 지금 회개하고 믿기 바란다. 하지만 더 많은 독자들의 경우 구원의 확신이 없다면, 그 이유는 성령께서 자신의 삶에 부재하셔서가 아니라 임재하시기 때문이다. 내 친구 펠릭스는 자신이 유혹과 죄로 괴로워하고 있기 때문에 그리스도인일 수 없다고 생각했다. 하지만 아직 이 세상에 있는 동안에는 그리스도인이란 바로 그런 존재다. 반역하면서도 괴롭지 않고 태평한 사람은 신자가 아니라 비신자다.

성령은 우리를 그리스도 안에서 우리의 참다운 모습으로 빚으시기 위해 지금도 역사하고 계신다. 하나님은 이미 당신을 받아 주셨지만, 귀신의 세력들은 당신을 그런 확신이 없는 상태로 묶어 두려 한다. 자신이 심판 아래 있다고 생각하는 사람은 어느새 다시 하나님을 떠나 어둠 속에 빠지게 된다. 기도하지 않고 살면 죄를 은폐하게 되고, 은폐할수록 죄를 더 짓게 된다.

어렸을 때 나는 이따금씩 다른 고장에 있는 친척들 집에 놀러 가곤 했다. 우리 동네 친구들과 나는 숲속을 헤집고 다니며 많이 놀았는데 그곳의 내 또래 아이들은 별로 그러지 않았다. 그들은 철저히 종교적이었고 텔레비전도 없었다. 대신 그들에게는 근본주의 성격을 띤 기독교 만화책들이 있었다. 그 책들은 무척 재미있었지만, 맨 뒤에 복음으로 초청하는 내용이 실려 있다는 점만 빼고는 어른들이 읽는 무서운 공상 서적처럼 어두운 음모의 냄새가 났다. 대부분은 그냥 심심풀이로 읽기에 좋았지만 그중 한 권 때문에 나는 무서워 죽는 줄 알았다.

그 만화 소책자에 등장하는 사람은 죽어서 최후의 심판 날을 맞이하게 되었다. 그림 속의 하나님은 흰옷 차림에 얼굴이 비어 있을 뿐(표정이 없었다는 말이 아니라 아예 이목구비가 없었다) 별로 무섭지는 않았다. 영광의 빛줄기인 듯 하나님의 머리로부터 바깥쪽으로 구불구불한 선들이 퍼져 나갔다.

정작 무서웠던 것은 그 사람에게 벌어진 일이었다. 그의 평생에 지은 모든 은밀한 죄가 하나님과 모든 사람 앞에 영화처럼 공개된 것이다(그의 친구들과 이웃들과 성경 인물들 등 그야말로 모든 사람이 보고 있었다). 죽은 사람은 창피하여 몸을 비틀고 진땀을 흘리며 이를 갈았지만 무엇 하나 부인할 수 없었다. 그의 죄상이 화면에 낱낱이 밝혀졌고 험상궂게 생긴 천사가 "이것이 네 삶이었느니라"고 공표했다.

나는 그 만화책을 많이 생각하면서 잔뜩 겁에 질렸다. 내가 저지른 어떤 일들을 부모님이 알게 된다면 어떻게 생각하실까? 주일학교 교사가 노아의 방주에 대한 따분한 노래를 가르칠 때 내가 무슨 생각을 하고 있었는지 본다면 그 교사는 어떻게 할까? 생각만 해도 몸서리가 쳐졌다.

물론 그 만화책은 시리즈의 다른 책들처럼 세부 사항이 생략된 채 약간 과장되었을 수 있다. 하지만 내가 그 앞에서 느낀 두려움은 인간의 정상적 반응이었다. 이 아마추어 만화는 내가 직관적으로 알고 있던 다음과 같은 사실을 드러내 주었다. "지으신 것이 하나도 그 앞에 나타나지 않음이 없고 우리의 결산을 받으실 이의 눈앞에 만물이 벌거벗은 것 같이 드러나느니라"(히 4:13). 그때까지 내가 저지른 잘못은 비교적 많지 않았지만 그래도 나는 충분히 못

되게 굴었고, 그래서 나는 "오직 무서운 마음으로 심판을 기다리는 것"처럼 쥐구멍에라도 숨고 싶었다(히 10:27).

물론 나는 자라면서 그 만화책에서 벗어났지만, 지금도 그런 공개가 이물스럽게 느껴지지는 마찬가지다. 어쩌면 당신도 그럴지 모른다. 잠시 생각해 보라. 당신의 삶에서 행여 누가 알게 될까 봐 두려운 부분은 무엇인가? 가족들과 친구들과 지인들 앞에 공개된다면 당신이 질겁할 부분은 무엇인가?

복음을 믿고 회개하며 산다는 것은 우리가 최후의 심판 앞에 두려움 없이 자신을 드러내되 지금 그렇게 한다는 뜻이다. 그것이 바로 죄의 자백이다. 우리가 지금 드러내지 않으면 예수께서 최후의 심판 날에 드러내시겠다고 이미 확언하셨다(눅 8:17). 우리의 문제는 종종 아담처럼 자신의 유혹과 특히 죄를 숨기려 한다는 것이다. 우리는 체면을 살리려고 죄를 은폐한다. 하지만 그리스도인이 사탄의 궤계에 부딪칠 때 해야 할 일은 숨는 것과는 정반대다. 악은 어두운 부분을 통해 우리에게 들러붙는다. 그러므로 오히려 우리 쪽에서 먼저 하나님과 함께 그 부분에 빛을 비추면 된다. 그러려면 기도가 필요하고 그리스도의 몸 된 교회의 건강한 감시를 받아야 한다.

펠릭스 같은 그리스도인들에게 종종 자신이 비신자처럼 느껴지는 이유는, 바로 우리 그리스도인들이 웬만해서는 유혹을 솔직히 털어놓지 않기 때문이다. 그들에게 다른 신자들은 늘 미소를 짓고 다니는 평온한 제자들로밖에 보이지 않는다. 그래서 그들은 잦은 험담과 사나운 분노와 야한 포르노 따위로 찬송이 끊기는 자신의 내면생활과는 반대로, 다른 모든 그리스도인의 내면생활은 즐거운 찬송의 연속인 줄로 안다. 바로 그것이 사탄의 세력들이 원하는 상태다. 사탄은 교만하고 무지한 사람들이 그 상태 그대로 있다가 혼자 실족하여 떨어져 나가기를 원한다. 그리하여 그들을 삼키려는 것이다. 그러나 평소에 늘 우리 자신에게 복음을 전하면, 우리가 죄인이며 오직 예수의 피로만 설 수 있음을 계속 상기하게 된다. 우리는 성령의 인도를 따라서만 걸을 수 있으며, 한 몸의 지체로서 서로가 필요하다.

흔히 우리는 교만 때문에 자신의 약점을 보지 못할 뿐 아니라 또한 다른 지체들에게 자신을 열어 보이지 못한다. 성경은 우리가 "짐을 서로 지고" 믿음이 강한 사람들이 약한 사람들을 "온유한 심령으로" 회복시켜 주어야 한다고 말한다(갈 6:1-2). 그런데 우리는 정반대로 할 때가 많다. 약한 사람들은 자신이 유혹과 씨름하고 있을 때도 영적으로 강한 사람들에게는 말할 엄두를 내지 못한다. 그러다 보니 그들은 똑같이 그 부분에 약한 사람들에게서만 공감을 얻게 된다.

특정한 유혹과 싸우는 사람들을 위한 교회의 "감시 그룹" 내에 종종 그 부분에 유혹받는 사람들만 가득한 이유가 거기 있다. 물론 이는 어느 정도까지는 지혜로운 일이다. 예컨대 식생활 장애와 싸우는 사람은 이미 그것을 극복한 사람에게서 종종 큰 도움을 얻을 수 있다. 성적 강박증, 부부간의 불화, 분노 등에 대해서도 마찬가지일 수 있다. 하지만 약한 사람에게는 강한 사람이 필요하다. 강한 사람도 약한 사람이 있어야 자신의 약점을 상기할 수 있다. 특히 약점이 잠시 수면 아래 가라앉아 있는 상태라면 더욱 그렇다.

그리스도의 마음인 겸손은 우리가 맨 처음 회개할 때 찾아와서 그리스도 안의 세례를 통해 상징적으로 표현된다. 하지만 겸손은 서로의 필요성을 고백하는 자세로 평생에 걸쳐 나타난다. 이제 우리는 유혹을 서로 숨기지 않고 오히려 밝히 드러내어 서로 책임지고 감시해 준다. 내 경우에 유혹과 죄를 감추는 이유는 대부분 교만 때문이다. 나는 특정한 부분에 약한 사람으로 비쳐지고 싶지 않다. 또 나를 괴롭히는 문제에 내 힘으로 맞설 수 없다고 고백하면 남들이 나를 어떻게 생각할지 두렵다.

하지만 그런 식의 교만과 고립은 복음에 어긋난다. 우리는 이미 그리스도와 함께 십자가에 못 박혀 수모를 당했다. 예수 안에서 우리의 시신은, 우리가 해 아래 매달려 죽어 마땅한 죄인임을 만천하에 알렸다. 회개할 때마다 우리는 나를 향한 하나님의 심판이 공의로움을 고백한다. 그러니 더 숨길 게 무엇이 있겠는가?

유혹과 싸우는 첫걸음은 당신이 그리스도 안에서 어떤 존재인지 기억하고, 그 정체를 하나님 나라의 경륜, 복음의 경륜이라는 전체 이야기 속에 두는 것이다. 그러려면 성경을 마귀가 전하는 대로 읽지 말고 예수께서 읽으시는 대로 읽어야 한다. 그리스도를 떠나서는 하나님의 약속도 있을 수 없다. 사탄은 예수를 유혹할 때 성경을 인용했는데, 알다시피 인용한 내용 자체에는 잘못이 없었다. 하나님은 자녀들이 돌 앞에서 굶어 죽는 게 아니라 빵을 먹기를 원하신다. 하나님은 기름 부음 받은 자를 하늘의 천사들로 보호하실 것이다. 하나님은 메시아에게 천하만국을 주실 것이다. 이것은 모두 사실이다. 하지만 이 모두가 사탄의 도구로 변한 것은, 사탄이 그것들을 십자가와 빈 무덤 없이 우리 주님의 손에 쥐어 주려 했기 때문이다. 이 약속들을 복음으로부터 떼어 내면 반드시 철두철미하게 마귀의 도구로 변하게 되어 있다.

성경 구절을 예수로부터 떼어 낸다면 당신은 성경을 믿고도 지옥에 갈 수 있다. 예컨대 당신은 시편 24편의 메시지를 읽을 수 있다. "여호와의 산에 오를 자가 누구며 그의 거룩한 곳에 설 자가 누구인가. 곧 손이 깨끗하며 마음이 청결하며 뜻을 허탄한 데에 두지 아니하며 거짓 맹세하지 아니하는 자로다"(3-4절). 예수께서 언급하신 바리새인도 회개하는 세리 옆에 서서 이 구절을 생각했을지 모른다. 그는 "제가 이렇게 손이 깨끗하고 마음이 청결한 상태로 하나님께 올 수 있어 감사하나이다"라고 기도했을지 모른다. 지금도 사람들은 그의 뒤를 이어 똑같이 기도하고 있으며, 일부 가장 충실한 교회들에도 그런 사람들이 있다. 이런 태도는 저주를 부른다.

그 이유는 말씀 자체가 거짓이어서가 아니다. 위의 시편 말씀은 진리다. 그런 교만이 저주를 부르는 이유는, 손이 깨끗하고 마음이 청결한 사람은 하나님의 의이신 예수 그리스도 한분뿐이기 때문이다. 마치 이 말씀이 내게 예수 그리스도 밖에서 적용되기라도 하듯이 그분 없이 하나님께 가는 척한다면, 내게 돌아올 것은 정죄뿐이다. 다른 말씀도 다 마찬가지다. 그러나 이 약속은 그리스도 안에 숨겨져 있기에 내게 주신 약속이 된다. 나도 죄 많은 세리처럼 "불쌍히 여기소서"라고 부르짖으며 그리스도 안에 있으면, 하나님이 예수께 주신 모든 약속이 내 것이 된다.

지금 당신을 유혹하는 문제가 무엇이든 그것을 곰곰이 생각해 보라. 마음을 열어 문제의 실상을 보게 해달라고 하나님께 지혜를 구하라. 그리고 더 성숙한 신자에게 또는 교회 모임에서 그것을 털어놓으라. 아무리 창피해도 문제를 대충 얼버무리거나 무난하게 보이도록 꾸미지 말라. 자신이 얼마나 한심해 보일지 걱정하지 말라. 그 유혹이 배우자에게 죄를 짓는 문제라면 배우자에게 그대로 말하라. 감추지 말고 다 털어놓으라. 그리고 하나님께 당신의 죄를 드러내 달라고 기도하라(어려운 부분이다). 본능적으로 당신은 가면 뒤에 숨고 싶을 것이다. 복음은 당신을 죄인으로 드러낸 다음 하나님의 자녀로 받아 준다. 당신의 새로운 정체성을 주장하라. 당신의 옛 자아를 십자가에 못 박으시려는 성령과 싸우지 말라.

당신의 갈망을 조정하라

펠릭스는 체육관에서 미친 듯이 운동했다고 한다. 그렇게 해서 밤에 녹초가 되면 기력이 없어서라도 늘 하던 생각을 못하게 될 테니 말이다. 하지만 그것도 효과가 없었다. 그런데 펠릭스가 바라던 것이 무엇인지 우리의 대화중에 더욱 분명해졌다. 그가 원한 것은 단순히 죄를 이기는 것이 아니라 유혹 자체가 없어지는 것이었다. 그에게 성화란, 자신이 싫은 것에 대해서는 원하는 마음조차 들지 않는 내적 평정심 같은 것이다. 하지만 복음은 우리에게 그런 것을 약속하지 않는다.

"씨름하고 있다"는 말은 특히 복음주의 그리스인들 사이에서 진부한 표현이 되어 버렸다. 그 말로 우리는 자신의 반항에 웬만큼 거리를 둔다. 동료 신자들에게 "나는 미루는 버릇 때문에 씨름하고 있다"고 말하는 것과 "나는 게으르다"고 고백하는 것은 큰 차이가 있다. 하지만 유혹과 싸우는 일은 고문과도 같다. 성경이 그 싸움을 종종 손을 찍어 내거나 눈을 빼어 내는 일(마 5:29-30), 살갗을 불태우는 일(막 9:49, 고전 7:9), 온몸에 피가 흐르기까지 싸우는 일(히 12:4) 등 물리적 상해에 비하는 데는 다 그만한 이유가 있다. 우리의 욕심(갈망)이 그만큼 강하기 때문이다.

사도 바울은 유혹의 인력을 인간의 욕심이라는 문맥 속에 두면서, 옛 이스라엘 백성이 먹고 마시는 데서부터 노골적 반역과 방탕으로 나아갔음을 보여준다(고전 10:7). 이번에도 성경은 자만심과 절망 둘 모두를 경계한다. 성경은 우리가 유혹에 부딪칠 것과 유혹이 만만치 않을 것을 말한다. 하지만 동시에 성경은 우리가 유혹을 대적해야 한다고 말한다. 사실 하나님의 말씀은 우리가 유혹과 싸우면 이긴다고 약속한다. "마귀를 대적하라. 그리하면 너희를 피하리라"(약 4:7). 보다시피 우리가 할 일은 대적하는 것뿐이다. 우리가 유혹을 대적하면 나머지는 성령께서 알아서 하신다.

자신에게 닥친 특정한 유혹이 약간 변태적이며 결국 불가항력적이라고 느끼는 사람들이 있을 것이다. 하지만 그건 틀린 생각이다. 성경은 "사람이 감당할 시험밖에는 너희가 당한 것이 없나니"라고 했다(고전 10:13). 그렇다고 사람마다 똑같은 것에 유혹을 느낀다는 뜻은 아니다. 이 책을 쓰다가 어떤 남자의 이야기를 들었는데, 그는 여자 체육관에서 선글라스만 끼고 완전히 나체로 다니다가 체포되었다고 한다. 나로서는 잘 이해가 가지 않아 한 친구에게 "그게 무슨 스릴이 있다는 거지? 그리고 선글라스는 왜 끼는 거지?"라고 물었다. 나에게는 유혹이 되지만 당신에게는 전혀 문제가 되지 않는 것들도 분명히 있을 것이다. 요지는 우리에게 닥치는 유혹들이 모두 죄의 시발점으로서 만인 공통의 것인데, 사람의 성격에 따라 종류만 다르게 나타난다는 것이다. 우리 주 예수께서도 광야에서 바로 그 부분들을 통해 유혹을 받으셨다. 당신이 힘들어하고 있는 문제가 무엇이든 당신은 죄인이지 변태는 아니다.

더욱이 자신의 욕심이 강하다 해서 그 유혹이 불가항력적이라는 착각에 빠져서는 안 된다. 그렇지 않다. 바울은 "오직 하나님은 미쁘사 너희가 감당하지 못할 시험 당함을 허락하지 아니하시고 시험 당할 즈음에 또한 피할 길을 내사 너희로 능히 감당하게 하시느니라"고 했다(고전 10:13).

이 말씀에서 자유가 보이는가? 사탄의 세력들은 당신 주변에서 온갖 유혹으로 장난을 치고 있다. 하지만 욥의 경우와 똑같이, 하나님은 결국 어두운 영들까지도 주관하신다. 그분은 당신의 육적·영적·심리적 체질이 견딜 만한 정도에 기준하여 사탄에게 "여기까지만"이라고 선을 그으신다. 그뿐만 아니라 여태까지 그분은 그 어떤 유혹 속에서도 당신에게 벗어날 길을 마련해 주셨다.

　복음을 통해 성령은 우리를 예수의 생명과 연결시켜 그분처럼 빚어 가신다. 그러려면 우리 쪽에서도 자신을 훈련할 줄 알아야 한다. 갈망의 방향을 조정하여 그분의 생명에서 흘러나오는 갈망들을 길러야 한다. 그래서 성령의 열매에 절제가 들어 있다. 당신은 이번 장의 제목을 보며 이렇게 혼잣말할지 모른다. "하지만 나는 유혹을 물리칠 수 없다. 내 갈망은 아직 조정되지 않아서 지금도 그리스도를 처음 믿을 때만큼이나 상태가 나쁘다." 그것은 당신이 전체 그림을 보지 않기 때문이다. 더 이상 자신을 고립된 개인으로 보지 말라. 지금부터 자신을 그리스도와 그분의 교회라는 머리와 몸의 연합체의 일부로 보라. 복음은 당신을 그렇게 본다. 예수의 갈망들은 하나님의 뜻에 방향이 맞추어져 있다. 머리이신 그분은 자신의 몸 전체인 교회도 같은 방향으로 회복시키시는 중이다. 지금은 이것이 뇌졸중 환자가 물리 치료를 받는 것과 약간 비슷하다. 당신은 머리의 자극에 반응하는 법을 배우는 발가락과 같다. 당신이 그리스도 안에 있다면 결국 당신의 갈망은 그분의 갈망과 같아지게 되어 있다. 이것은 분명한 사실이다(롬 8:29).

　유혹을 물리치려면 갈망을 진지하게 대해야 한다. 예수도 사탄도 그렇게 한다. 그런데 갈망을 "이기도록" 사람들을 도울 때, 무조건 갈망의 막강한 위력을 무시하는 식으로 하는 경우가 있다. 메시지는 "그냥 안 하면 된다"는 것이다. 당장은 맞는 말이다. 육신의 정욕을 불러일으킬 수 있는 것들에 대해 "붙잡지도 말고 맛보지도 말고 만지지도 말라"고 하는 것은 말이 된다(사실 "지혜 있는 모양"이다). 하지만 그런 규제는 "육체 따르는 것을 금하는 데는 조금도 유익이 없"다(골 2:21, 23).

왜 그럴까? 본래 갈망이 인간의 결심보다 강하게 지어졌기 때문이다. 본래 갈망은 우리가 피조물임을 지적해 주고 그리스도를 가리켜 보이기 위해 있는 것이다. 해결책은 갈망이 가리켜 보이는 복음을 보고 신비이신 그분 자신을 붙드는 것이다. 그렇다고 무조건 교리 체계를 더 "믿거나" "영적" 체험을 더 하는 것이 답은 아니다(교리와 경건이 둘 다 기독교 제자도에 꼭 필요하긴 하지만 말이다).

성경은 갈망의 인력을 무시하지 않고 갈망을 솔직히 인정한다. 그래서 하나님은 식욕, 성욕, 수면욕 등 모든 육욕의 올바른 사용을 말씀하시는 것이다. 갈망을 너무 세상적으로 보는 관점은 마귀의 것이다. 그런 관점은 모든 갈망을 정상으로 보고 거기에 굴하는 식으로 나타날 수도 있고, 외적인 규정만으로 갈망을 다스릴 수 있다는 생각으로 나타날 수도 있다. 반대로 갈망을 너무 영적으로 보는 관점도 역시 마귀의 것이다. 그런 관점은 갈망이 본래 얼마나 원초적이고 막강한 것인지 보지 못한다. 우리는 청소년들과 청년들에게 섹스를 하지 말라고 한다. 하지만 남녀가 한 침낭 안에 들어가 있으면 섹스를 하게 되어 있다. 둘 중 하나가 잔 다르크의 화신이거나 거세된 상태가 아니라면 말이다. 인간은 본래 그런 상황에서 그런 의지력을 발휘하는 존재가 못 된다.

자신과 서로에게 구체적이지 못하면 그것이 종종 유혹을 부채질한다. 단순히 "탐욕을 품지 말라"고 하면, 슬럼가의 악덕 집주인은 월스트리트의 거물들이 하는 행동만 **탐심**으로 규정할 것이다. 단순히 "순결하라"고 하면, 청년들은 자기가 오럴 섹스만 했으니 성적으로 순결하다고 생각할 것이다. 단순히 "자족하라"고 하면, 냉난방이 완비된 창고를 세내어 광고에 나오는 신제품마다 악착같이 사들여 쌓아 두는 가정도 자기네가 자족한다고 생각할 것이다. 구체적으로 접근하면 사탄의 위장된 궤계가 드러난다.

당신은 "가정"에 대해 열변을 토하면서 정작 자기 자녀에게 소홀할 수 있다. 당신은 "빈민에 대한 의식 제고"를 통해 "사회 정의"를 위해 싸우면서 친구들의 옷이 유행의 첨단을 걷는다고 그들을 비판할 수 있다. 당신은 "교회" 주교로 일하면서 자신의 주변에 앉는 교인들의 이름조차 모를 수 있다. 추상적 개념은 현실과 동떨어져 있다.

추상적 "가정"은 명절날 예고 없이 나타나거나 당신의 배우자를 비난하거나 당신 집의 카펫마다 초콜릿 우유를 엎지르지 않는다. 실제 가정들만이 그럴 수 있다. 추상적 "빈민"은 당신이 알선해 준 취업 면접에 술 취해서 나타나거나 당신이 준 돈으로 복권을 사거나 당신을 미워한다고 말하지 않는다. 실제 빈민들만이 그럴 수 있다. 추상적 "교회"는 공동의회에서 당신의 유임을 부결하거나 부활절에 졸속 뮤지컬을 공연하거나 어린이 캠프를 앞두고 당신에게 화장실 청소를 시키지 않는다. 실제 교회들만이 그럴 수 있다. 추상적 개념으로 남아 있으면, 아무나 내가 원하는 사람이 "가정"이나 "빈민"이나 "교회"가 될 수 있다. 유혹과 죄도 마찬가지다.

성령은 우리에게 그것을 경고하신다. 다윗 왕은 간음이 잘못인 줄 알았으면서도 밧세바와의 일에 **누구**의 간섭도 원하지 않았다. 예수는 바리새인들이 하나님의 율법을 위해 "싸운다"고 하면서 부모를 봉양할 의무를 저버리고 그것을 종교 활동으로 위장하는 것을 질타하셨다(막 7:10-13). 구체적으로 접근하면, 유혹과 그에 따른 죄가 어디에 도사리고 있는지도 구체적으로 알 수 있다.

하지만 너무 구체적으로 접근하면—단지 외적 규제와 규정의 형태로—갈망이 억제되는 것이 아니라 오히려 방향을 바꾸어 더 불붙는다. 특정한 문제들에 빠질까 봐 두려워 그 문제들을 차단하는 편이 더 쉬운 것은 사실이다. 사도 바울이 우상에게 바쳐진 고기를 먹는 문제의 윤리와 관련하여 교회들에게 채식만 하라고 명했다면, 신약성경의 부피가 많이 줄었을 것이다. 예수께서 인플레이션율을 적용하고 현 통화와 로마 데나리온의 환율까지 계산하여 연소득의 상한선을 정해 주셨다면, 얼마만큼이 그리스도인들에게 충분하고 얼마만큼이 너무 과한지에 대한 지금의 우리의 대화는 대부분 해결되었을 것이다. 하지만 성령은 그렇게 하지 않으신다.

그 이유는, 우선 사탄의 꾀가 너무 교활하기 때문이다. 율법주의는 우리를 비참하게 만드는 정도가 아니라 결국 지옥에 떨어뜨린다. 우리가 규정을 요리조리 피하여 어떻게든 은밀한 육욕을 실컷 채울 것이기 때문이다. 예컨대, 종교적으로 가장 엄격한 학교일수록 알고 보면 가장 쾌락주의에 젖어 있는 경우가 있다. 그곳의 학생들은 두발의 길이, 허용된 음악의 종류, 취침 시간 등에 대해 온갖 규제를 받는다. 걸어 다니는 길도 유혹을 차단하기 위해 남학생용과 여학생용이 따로 있다. 규정들이 지나치게 시시콜콜하다 보니 결국은 부득이 어길 수밖에 없다. 그렇게 어기면서 학생들은 권위에 도전하는 법을 배운다.

머잖아 권위 자체가 독단으로 보인다. 권위적인 아버지를 둔 자녀처럼 학생들은 자신이 결코 기대에 부응할 수 없다고 결론짓고 아예 포기한다. 그들은 차차 규칙 위반을 정당화하여 "세상" 음악을 몰래 반입하거나 소등 후에 손전등을 켜고 책을 읽는다. 사람들 앞에서는 지키는 척하고 혼자 있을 때는 콧방귀를 뀌는 법을 배운다. 그들은 야한 옷을 입거나 맥주를 마시지는 않지만 캠퍼스에서 5킬로미터쯤 떨어진 곳에 차를 세워 놓고 뒷좌석에서 서로의 지퍼를 내린다. 어쩌면 금지된 "세상" 음악까지 배경에 흘러나올지도 모른다.

물론 특정한 부분들은 모두에게 유혹이 되므로 그리스도인이라면 누구나 그것을 피해야 한다. 이것은 율법주의가 아니다. 하지만 사람마다 약점이 일치하지 않는 부분들도 많이 있다. 그런 경우에는 그리스도께서 대신하여 죽으신 형제자매를 망하게 하는 것이 무엇일지 결코 예측할 수 없다.

고기를 먹으려는 유혹에 약한 남자는 육식을 하지 말아야 한다(롬 14:2-3). 술에 약한 여자는 술을 파는 식당에 가지 말아야 할 것이다. 속옷 광고를 보면 정욕이 일어나는 여자는 백화점을 피한다. 특정한 회식 자리에 가면 험담하려는 유혹이 드는 남자는 대신 운동하러 나간다. 유혹이 사람마다 다르기 때문에 유혹을 물리치는 방법도 다를 때가 많다. 해답은 균형 잡힌 삶과 감사하는 마음에 있다. 또한 공동체 안에서 서로를 충분히 잘 알아서, 악을 멀리하고 선에 힘쓰도록 서로 격려해 주어야 한다(갈 6:1-2).

성화는 대개 신속히 이루어지지 않는다(적어도 우리의 시간 계산으로는 그렇다). 그래서 절제하려는 마음도 점차 조금씩 길러진다. 당신을 유혹하는 문제가 너무 "커서" 전체를 상대하기가 어려울 수 있다. 그럴 때는 잘게 나누어 공략하면 된다. 예컨대 당신은 자꾸만 사람들의 시선이 두려워질 수 있다. 이때 "두려움을 버린다"는 결심은 무리일 수 있으므로 대신 작은 것으로 시작하면 된다. 이를테면 용기를 내서 교회 소그룹에서 간증을 하는 것이다. 성령의 도움으로 거기서 승리하면 다음번에는 그것을 한 단계 더 발전시킬 수 있다. 당신은 어쩌면 "게으름을 떨치는" 방법은 막막해도 지금부터 매일 침대에서 15분씩 일찍 나올 수는 있다. 그렇게 자신이 탐하는 것을 거부하고 경건의 연습을 익혀 나갈 수 있다.

하지만 결국 당신의 갈망을 조정하는 해답은 복음을 통해 하나님과 교제하는 삶이다. 사도 바울은 그것을 마음(생각)을 새롭게 한다고 표현했다(롬 12:2). 성경에서 "생각"이란 주로 인지 역량이 아니다. 마치 정보를 얻을 목적으로 성경을 차곡차곡 암송해 두면 유혹을 막을 수 있다는 듯이 말이다. 그보다 생각은 지각 능력의 중추다. 물론 어느 정도 지적인 면도 있지만 또한 직관과 정서와 상상력과 인격적인 면도 포함된다. 성경을 알되 예수께서 아시는 것처럼 알라. 성경을 그렇게 알면 그리스도의 복음이 중심이 되고 삼위일체 하나님을 향한 예배가 초점이 된다. 그러려면 흔히 생각하는 지식만 아니라 상상력도 길러야 한다. 바울도 상상력을 살려 고린도 교인들을 조상들의 범죄 현장으로 데려갔다.

작가 데이비드 밀스David Mills가 제대로 역설했듯이, 현대 기독교는 신앙의 이야기들을 가볍게 여긴 채 거기서 건져 낸 추상적 원리들 내지 교리들만 떠받드는 오류를 범하고 있다. 밀스는 이렇게 썼다. "정욕의 위력을 막으려면 단지 지적인 이해보다 혐오감이 훨씬 효과가 좋다. '역겹다'라는 느낌이 죄를 최종적으로 막아 주지는 못하지만, '잘못이다'라고 생각은 하면서 '괜찮다'라는 느낌을 갖는 것보다는 낫다."[2] 거꾸로 긍정적인 쪽으로도 마찬가지다. 구체적인 장절을 모를지라도 성경의 전체 윤곽을 알고 그 속에서 영광의 무게를 느끼는 것이, 지식적 차원에서 성경을 꼼꼼히 암송하는 것보다 무한히 더 낫다. 안타깝지만 "불법을 행하는 자들아, 내게서 떠나가라"는 문장을 그리스어로 분석할 수 있으면서도 결국 그것을 최후의 말씀으로 듣게 될 사람들이 있을 것이다. 그런 전문 지식은 귀신들과 싸우는 데 별 소용이 없다.

그래서 우리는 현재 당면한 죄에 맞서는 데 필요한 성경 구절들을 몽땅 찾아내기보다 평소에 성경으로 기도하는 가운데 성경에 푹 적셔져야 한다. 예수는 광야에서 마귀와 싸우려고 신명기 6장과 8장을 공부하신 게 아니다. 그 말씀은 그분의 사고와 정서 속에 자연스럽게 배어들어 있었다. 귀신이 내놓은 제의는 그분이 이미 성경에서 들으신 더 좋은 음성에 맞아 들지 않았다. 하나님은 당신이 현재와 미래의 유혹과 싸우는 데 무엇이 필요한지 아신다. 말씀은 당신을 준비시킬 것이고 성령은 당신에게 그 말씀대로 밀고 나갈 힘을 주실 것이다. 그때마다 당신은 신비를 느낄 것이다.

복음은 우리에게 성령의 음성을 들을 것을 촉구한다. 우리는 성경을 통해 성령의 음성을 들을 수 있고, 하나님이 섭리와 훈련으로 우리를 빚으시는 과정을 통해 성령의 음성을 들을 수 있다. 성경을 읽을 때 하나님께 당신의 마음을 분별해 주시고 당신을 훈련시켜 달라고 기도하라. "복 있는 사람은 악인들의 꾀를 따르지 아니하며"(시 1:1)라는 말씀을 읽으면서 당신은 "주님, 제가 어떤 식으로 악한 꾀에 귀를 기울이는지 드러내 보여주소서"라고 기도할 수 있다. "온유한 자는 복이 있나니 그들이 땅을 기업으로 받을 것임이요"(마 5:5)를 읽으면서는 "하나님, 제가 교만한 일을 하려고 할 때마다 적극적으로 막으셔서 그 일이 성사되지 않게 해주소서"라고 기도할 수 있다. 주님께 당신이 보지 못하는 것과 볼 마음이 없는 것을 보여달라고 간구하라. 솔로몬은 지혜를 구해서 받았다. 하나님의 기름 부음 받은 자였기 때문이다. 당신도 그리스도 안에 있으면 하나님의 기름 부음 받은 자다. 그래서 야고보는 우리에게 지혜가 부족하거든 구하라고 권면한다(약 1:5).

 이렇게 성숙과 지혜와 절제를 구하면서 자신의 갈망을 훈련하여 그리스도 예수의 갈망과 일치시켜 나가는 과정에서, 무엇보다 당신은 씨름이 끝나기를 바라서는 안 된다. 유혹을 면제받을 날은 결코 없다. 당신의 이름이 새겨진 묘비 앞에서 당신의 머리가 흙을 뚫고 나오기 전까지는 그런 일은 없다. 그 부활의 날까지는 접전이 있을 것이다. 물론 당신은 특정한 유혹들에 승리하겠지만 그 유혹들은 다시 찾아올 것이다. 어떤 유혹에 대한 당신의 갈망이 완전히 증발해 버릴 때도 있긴 있다. 예컨대 마약 중독자였는데 이제는 마약이 생각조차 나지 않는 사람을 당신도 혹시 알 것이다. 하지만 그것은 아주 드문 경우다. 우리 대부분은 똑같은 끈질긴 유혹들과 계속 싸울 것이다. 설령 하나의 유혹이 사라진다 해도, 대개 처음 것보다 더 더럽고 치명적인 다른 유혹이 그 자리를 대신할 것이다.

 이 지점이 대다수 사람들에게 무서운 부분이다. 우리는 "괴물" 꿈을 꾸는 어린아이에게 충분히 공감이 간다. 그만큼 괴물을 길들이기가 불가능해 보이기 때문이다. 아이 때 떼쓰던 버릇이 내면으로 자리를 옮기면 당신은 두려워진다. 교회에 앉아 있는데 성적 공상이 찾아오면 당신은 깜짝 놀란다. 당신이 하고 있는 싸움이, 아이들이 돌멩이를 핵무기인 척하고 던지는 것만큼이나 부질없는 짓은 아닌지 의문이 든다. 하지만 당신은 자신의 씨름이나 전체 우주의 싸움을 더 똑똑히 보지 못하고 있다. 성경의 표현대로, 당신은 "아직 피 흘리기까지는 대항하지 아니"한 것이다(히 12:4).

게다가 당신도 알다시피, 지금 씨름하고 있는 문제가 무엇이든 당신은 그것을 능히 이길 수 있다. 물론 당신의 음주 욕구나 성충동이나 불같은 성질에는 유전적 요인도 있을 수 있다. 하지만 당신에게 그것이 있다는 사실은 곧 하나님이 당신을 설계하셨다는 뜻이고, 당신이 육체나 정신의 그 가시를 지니고도 그리스도를 따를 수 있음을 그분이 아신다는 뜻이다(고전 10:13). 당신이 유혹에 맞설 때 명심해야 할 사실이 있다. 성령께서 우리 주 예수를 인도하여 광야의 시험에 들어갔다 나오신 것처럼, 하나님이 반드시 당신을 인도하여 유혹을 통과하게 하신다는 사실이다. 유혹 자체가 당신에게 하나의 계시여야 한다. 하나님은 "내가 너를 창조할 때부터 여기서 헤어날 수 있는 능력을 선물로 주었다"라고 말씀하신다.

그런데 문제는, 하나님이 약속하신 피할 길을 우리가 유혹과 싸우는 고통을 면한다는 뜻으로 생각할 때가 많다는 것이다. 사실은 그런 뜻이 아니다. 씨름이 없어지게 해달라고 기도하지 말라. 오히려 당신의 전투가 더 효과적이 되어 당신이 하나님 나라로 들어가는 길에서 불화살을 잘 피하게 해달라고 기도하라. 평화는 성령의 열매이지만 그것은 하나님과의 평화요 서로 간의 평화다. 세상이나 육신이나 마귀와의 평화는 절대로 아니다. 그래서 성경에 보면, 평화에 관한 말씀 중에 "평강의 하나님께서 속히 사탄을 너희 발 아래에서 상하게 하시리라"와 같이 모순되는 듯한 내용이 나온다(롬 16:20). 지금 유혹과 싸우느라 괴롭더라도 낙심하거나 우울해질 것 없다. 오히려 이는 성령께서 당신과 함께하신다는 뜻이다.

그리고 성령이 계시는 곳에 적어도 지금은 전쟁이 있다(갈 5:17).

당신의 미래를 혁신하라

제시카는 그리스도인이 된 지 얼마 되지 않았다. 몇 년 전에 그녀의 아버지가 그녀의 방에서 밧줄에 매달려 자살한 채로 발견되었다. 당연히 그녀는 공포에 시달렸고, 아버지가 일부러 딸에게 발견되려고 그곳을 택한 것이 분명했기에 공포는 더했다. 유서를 통해 그는 제시카가 실망거리이자 패배자라며 딸을 비난하고 조롱했다.

그 뒤로 오랫동안 그녀는 사랑에 빠지거나 결혼할 마음이 없었다. 자신의 운명을 알았기 때문이다. 자살은 아버지로 시작된 게 아니고 아버지의 아버지와 할아버지도 자살로 생을 마쳤다. 그녀는 집안의 유전자 속에 뭔가 액운이 서려 있다고 생각했다. 게다가 아버지가 그 나이 때 그랬듯이 그녀에게도 똑같은 우울증 성향이 있었다. 제시카는 자신의 미래가 훤히 보였고 그 속에서 자신도 밧줄에 매달려 있었다. 그래서 그녀는 고생을 대물림하기 싫어서 자녀를 두지 않으려고 했다.

당신의 과거와 미래에는 그 정도로 끔찍한 일은 없을지 모른다. 하지만 뭔가가 있다. 우리 중에도 자신의 과거의 궤적과 미래의 전망을 보면서 제시카처럼 무력감을 느끼는 사람들이 많이 있다. 하지만 제시카의 관점은 틀렸고 당신도 마찬가지다. 당신은 그 이력이나 운명이 아니다. 그리스도 안에 있다면 당신은 새로운 피조물이다. 당신의 과거는 그분의 과거요 당신의 미래는 그분의 미래다. 당신은 늘 지금 같을 필요가 없다.

어떤 의미에서 제시카는 웬만한 사람이 보지 못하거나 그냥 무시하는 것을 지각하는 눈을 선물로 받았다. 특정한 길로 갈 경우 자신의 인생에 닥칠 수 있는 결과를 미리 보았던 것이다. 그녀가 그리스도인으로서 이것을 잘 받아들인다면 오히려 이를 계기로 유혹을 대적할 힘을 얻을 수 있다.

사도 바울은 고린도 교회에 죄의 결과를 경고하면서, 그들이 사탄의 전략에 넘어갈 경우에 닥쳐올 또 다른 현실을 보여주었다. 바울의 말처럼 이스라엘의 조상들은 "뱀에게 멸망"했고 "멸망시키는 자에게 멸망"했다(고전 10:9-10). 그래서 "하루에" 2만3천 명이 죽었다(고전 10:8). 그들은 "광야에서 멸망을 받았"다(고전 10:5). 바울은 이것이 우리를 위한 "본보기"라고 했다(고전 10:11). 다시 말하지만 편지의 수신자는 분명히 고린도 교회의 신자들이었다. 그럼에도 사도는 재앙이 그들을 기다리고 있을 수 있음을 그들이 알아야 한다고 했다. 이는 성경 전체에 일관되게 흐르는 주제다. 하나님은 우리가 넘어지지 않게 하시려고 미리 경고하신다.

어떤 유혹이든 유혹을 만나거든 당장의 재앙에 대한 경고를 생각해야 한다. 단순한 사실이 있다. 우리는 유혹에 넘어가기 직전에는 자신이 정말 무엇을 원하는지 모른다. 돌로 빵을 만들면 맛은 있을지 모르지만, 예수는 하나님의 식탁에서 배제되는 것이 무가치한 일임을 아셨다. 하나님이 설계하신 우주는 우리가 우주의 순리에 역행하지 않고 순순히 따를 때 형통하도록 되어 있는 곳이다. 개의 귀를 잡아당기는 일이 당장은 재미있어 보일지 모르지만, 인간의 본성과 개의 본성과 세상의 순리를 본다면 그렇게 해서는 안 된다(잠 26:17).

잠언에 보면, 아버지가 아들에게 간음의 필연적 결과를 알려 주는 장면이 나온다. 죄의 결과에는 종말론적 결과만 있는 게 아니라 이생에서 당하는 결과도 있다. 전자는 믿음으로 알지만 후자는 눈으로 볼 수 있다. 한순간의 환락 후에 찾아오는 쓰라린 종말은 수치와 파멸이다(잠 5:8-14). 하나님은 섭리 가운데 우리를 훈련하시면서 자꾸 이런 장면을 보여주신다. 그것을 보고 경고를 받으라는 뜻이다. 얼마 전에 나는 내가 오랫동안 존경하던 한 목사가 은밀한 죄의 습성에 빠졌다는 말을 들었다. 그때 내 양심에 각인된 것은, 별로 특이할 것 없는 그의 죄도 아니었고 그가 사역과 평판과 가정을 잃었다는 사실도 아니었다. 내 기억에 가장 선명하게 남아 있는 것은, 그가 딸의 대학 기숙사까지 몇 시간 동안 차를 몰고 가서 딸에게 자신의 죄를 털어놓을 때의 심경을 말하던 부분이었다. 나는 딸도 없고 아이들이 대학에 갈 나이가 되려면 아직 멀었지만 그래도 머릿속에 그 광경을 그려 보니 소름이 끼쳤다. 그것이 마치 인명 살상처럼 내게 충격으로 다가왔고 지금도 나를 떠나지 않고 있다. 대개 이런 순간에 우리에게 다음과 같은 성령의 음성이 들려온다. "너도 얼마든지 그렇게 될 수 있다. 그러니 잘 듣고 경고를 받으라."

이래서 우리의 가정들과 교회들에 세대 간의 친밀함이 필요하다. 요즘은 대다수 사람들이 각종 화면과 "소비 매체"를 쳐다보며 지내는 시간이 많다. 이전 세대들은 저녁이면 둘러앉아 서로 이야기도 듣고 노래도 부르고 책도 읽었다. 지금 우리는 뭔가를 잃어버렸다. 내게 있는 거라곤 내 또래 집단과 그 집단을 겨냥한 "오락 상품"뿐이라면, 나는 교만의 궁극적 형벌, 성적 방종이 몰고 오는 비통함, 주변에 물건만 잔뜩 쌓아 놓고 죽는 서글픔 등을 보는 눈을 잃고 만다.

게다가 우리 모두는 연령대별로 찾아오는 독특한 유혹들에 부딪치게 되어 있다. 우리는 자녀에게 사춘기가 되면 이상한 변화가 많이 나타날 거라고 미리 가르쳐 준다. 다른 연령대에도 똑같이 하면 어떨까? 나이든 남자들은 30대 남자들을 준비시켜 테스토스테론 감소와 그로 인한 "중년의 위기"를 잘 헤쳐 나가게 해주면 어떨까? 나이든 여자들은 젊은 여자들에게 폐경기의 호르몬 변화에 대처하는 법과 이 시기를 그리스도를 닮은 모습으로 통과하는 법을 가르쳐 주면 어떨까? 교회의 노인들은 다음 세대에게 양로원 생활이나 건강 악화가 원망, 낙심, 분노를 부추길 수 있음을 미리 경고해 주면 어떨까?

평소에 유혹을 대적하면서 당신 주변의 이야기들을 눈여겨보면 좋다. 솔깃한 호기심에서는 아니고 도덕적 우월감에서는 더더욱 아니다. 다만 공감과 경고의 의미에서 그러는 것뿐이다. 당신도 얼마든지 그 모든 상황에 처할 수 있다. 각 상황에 뒤따르는 처참한 결과를 간접적으로 느껴 보라.

하지만 지금까지 살펴본 당장의 재앙 외에도 영원한 상실에 대한 경고를 늘 명심해야 한다. 아마 이 부분에서 많은 사람들이 마음에 불안을 느낄 것이다. 그래서 미리 못 박아 두지만, 내가 하려는 말은 당신이 예수께 버림받고 지옥에 가지 않을까 의문을 품어야 한다는 말이 아니다. 나는 성령으로 말미암아 진정으로 위에서 난 사람은 끝까지 그 믿음을 지속한다고 믿는다. 그리스도를 믿는 사람은 마지막 날에 그분이 다시 살리신다(요 6:40). 하지만 동시에 "끝까지 견디"지 않는 사람은 누구도 구원을 얻지 못한다(마 10:22; 24:13, 막 13:13). 처음 그리스도인이 될 때 시작된 살아 있는 믿음은 성령께서 끝까지 지속되도록 책임져 주신다.

성령은 믿음과 회개를 지속하도록 우리를 일깨우실 때 약속뿐 아니라 경고도 사용하신다.[3] 만일 박해 앞에서 예수를 부인하려는 유혹이 든다면, 성령께서 내게 "누구든지 사람 앞에서 나를 부인하면 나도 하늘에 계신 내 아버지 앞에서 그를 부인하리라"는 말씀이 기억나게 하실 것이다(마 10:33). 만일 용서하지 않으려는 유혹이 든다면, 성령께서 내게 "너희가 사람의 잘못을 용서하지 아니하면 너희 아버지께서도 너희 잘못을 용서하지 아니하시리라"는 말을 곰곰이 생각하게 하실 것이다(마 6:15). 그렇다고 우리가 확신을 잃을 필요는 없다. 사도 바울은 자신이 구원받았음을 더할 나위 없이 확실히 알았다. 그는 주 예수를 보았고, 그분의 음성이 그렇다고 말씀하시는 것을 들었다(행 9:1-19). 그럼에도 바울은 유혹받고 있던 고린도 교인들에게 자신에 대해 이렇게 썼다. "내가 내 몸을 쳐 복종하게 함은 내가 남에게 전파한 후에 자신이 도리어 버림을 당할까 두려워함이로다"(고전 9:27). 우리 앞에 놓인 지옥의 무서운 현실은 우리의 확신을 앗아 가는 것이 아니라 오히려 회개를 유발하여 우리를 확신 쪽으로 떠민다. 회개와 죄의 자백은 우리의 양심이 깨끗함을 입는 수단이다(요일 1:9).

경고보다 더 중요한 것은 약속이다. 우리는 평안과 온전함과 생명을 원한다. 그런데 하나님은 우리에게 그것을 주시려면 무엇이 필요한지 단기적으로만 아니라 영원의 관점에서 아신다. 당장 눈앞의 상황밖에 보지 못한다면, 예컨대 당신은 치매에 걸린 배우자의 손을 잡으면서 자신이 혼인 서약을 어긴 적이 없음을 아는 기쁨을 누릴 수 없다. 그런 기쁨을 누리기란 쉽지 않다. 그것은 "성공하고도" 비참한 인생이 아니라 "작더라도" 명예로운 인생을 마감하는 사람만이 알 수 있는 기쁨이다. 당신은 자신에게 가장 좋은 것이 무엇인지 모른다. 자신이 정말 원하는 것이 무엇인지도 모른다. 때로 당신이 원하는 것은 지옥이다. 그러나 하늘 아버지는 당신에게 가장 좋은 것이 무엇인지 아신다. 그분은 당신도 그것을 원하게 될 때까지 당신의 취향을 훈련시키신다.

죄인의 유한한 눈으로는 잘 보이지 않을 때가 많지만, 당장의 복보다 더 귀한 것은 "바라는 것들의 실상이요 보이지 않는 것들의 증거"다(히 11:1). 그 한 가지 이유는, 지금은 우리가 그런 영광을 이해한다는 것이 전혀 불가능하기 때문이다(고전 2:9). 또한 우리가 아직 보지 못하는 것을 바라는 법을 배우는 데는 다른 이유도 있다. 그것이 인내를 낳고 인내는 다시 우리가 왕과 여왕으로서 하나님의 창조세계를 다스리는 데 필요한 성품을 낳는다는 것을 하나님이 아시기 때문이다(롬 8:18-23, 벧전 1:4-9, 벧후 1:5-11). 이렇게 인내가 모습을 드러내면, 이는 우리가 주 예수와 함께 "신성한 성품에 참여하는 자"가 되고 있다는 증거다(벧후 1:4). 끝으로, 우리 자신을 전체 교회의 정황 속에서 보면 약속이 지연되는 이유를 알 수 있다. 수천 년에 걸쳐 완성될 그 교회의 무리는 "깃발을 세운 군대 같이 당당"하여 아무도 그 수를 헤아릴 수 없다(아 6:10).

다시 말하지만, 하나님의 약속을 붙드는 일은 주로 지적인 활동이 아니다. 무엇보다 그것은 영광을 받는 일이며, 그 영광을 보려면 인지 역량 이상이 필요하다. 예언자 이사야는 하나님의 임재라는 영광의 빛 앞에서 무너져 내렸다(사 6:1-6). 사도 요한은 이사야가 본 그 영광이 나사렛 예수였다고 말한다(요 12:41). 우리가 복음이 전파되는 것을 듣고 예수를 통해 함께 예배할 때, 하나님의 영광이 비쳐 든다(고후 4:6). 어떤 사람들은 그 빛을 보고 뒤로 물러나지만 어떤 사람들은 그 빛을 향해 달려간다(요 3:19-21).

때로 당신이 유혹과 싸우기 위해 할 수 있는 가장 효과적인 일은 잠시 감시 그룹을 떠나 교회에서 성도들과 함께 새 예루살렘의 첫맛을 보는 것이다. 찬송과 노래를 부르고, 빵을 먹고 포도주를 마시고, 전파되는 말씀을 통해 예수의 음성을 들으면서 말이다. 그러면서 당신이 국적과 세대와 민족을 초월하는 전체 구원받은 무리의 일원임을 기억하라. 지금 천국에서 당신과 함께 노래하는 사람들은 당신이 겪고 있는 씨름을 이미 통과했다. 구름 같이 둘러싼 허다한 그 증인들이 희망을 잃지 말라고 당신을 응원하고 있다. 지금 이 땅에서 당신 곁에 있는 사람들은 당신과 똑같이 구속을 사모하며 탄식하고 있다. 그리고 우리 모두 앞에 예수께서 서 계신다. 그분은 유혹과 시험과 고문을 받으셨지만 결국 승리하셨다. 그분의 보이지 않는 영광을 볼 때 비로소 당신은 광야에서는 믿어지지 않던 승리를 경험하게 된다. 작가 플래너리 오코너Flannery O'Connor처럼 당신도 "결국은 사랑이 이긴다"고 말할 수 있게 된다.[4]

결론

우리 아이들은 그 "괴물들"에 대한 책이 다 끝나면 항상 얌전해지는 것 같다. 개구쟁이 주인공이 여정을 마치고 다시 방으로 돌아오면 아이들이 "신나게 뛰던" 것도 조용해진다. 엄마는 맥스가 말을 안 듣는다고 저녁도 굶기고 그 방으로 보냈었다. 그런데 괴물들과 함께 있다 방에 와 보니 저녁식사가 그를 기다리고 있다. "음식이 아직 따뜻했다"고 책은 이야기를 맺고 있다.

그 책이 출간될 즈음 유명한 정신과의사 브루노 베텔하임Bruno Bettelheim은 이 이야기의 무서움은 아이가 엄마에게 "혼나서" 방에 갇힌 일 자체에 있다고 했다. 그는 "혼자 자게 한 것은 첫 번째 유기(遺棄)이고 저녁을 굶긴 것은 두 번째 유기인데, 그 둘을 합했으니 아이를 위협할 수 있는 최악의 유기다"라고 말했다.[5] 이 정신과의사가 이야기를 정확히 읽은 건지는 잘 모르겠지만 이것만은 확신한다. 아이들만 아니라 우리 모두도 어떤 면에서 유기를 두려워한다는 것이다. 예수께서 통과하신 유혹이 우리 모두에게 원초적 해방과 자유를 가져다주는 것도 바로 그래서다. 광야에서 굶주림보다 유기에 가까운 장면을 상상하기란 쉽지 않다. 하지만 거기서도 예수는 아버지께 버림받지 않으셨다. 우리도 마찬가지다.

유혹이 불가항력적으로 보이는 이유는, 우리의 취향이 아직 우리가 기다리는 영광에 맞게 온전히 훈련되지 않았기 때문이다. 나아가 우리가 종종 유혹에 떠밀려 죄에 빠지는 이유는, "하나님은 미쁘사" 우리 내면의 괴물로부터 "피할 길"을 내시는 분임을 아직 우리가 온전히 믿지 못하기 때문이다(고전 10:13). 괴물을 겁내는 아이처럼 우리도 뒷걸음쳐 "다시 무서워하는 종의 영"에 빠져든다(롬 8:15). 그러나 복음은 "앞서 가신 예수께서……우리를 위하여" 가셨음을 평생에 걸쳐 우리에게 상기시킨다(히 6:20). 그러므로 내면의 괴물이 아무리 사나워 보여도 우리는 "내가 너를 떠나지 아니하며 버리지 아니하리니 강하고 담대하라"고 말씀하시는 분의 음성을 듣는다(수 1:5-6). 오직 그분께만 마귀에게 "물러가라"고 명하실 권세가 있다.

나는 밤마다 가족들과 함께 성경을 읽을 때 이야기를 하나씩 정해서 읽는다. 하지만 밤마다 아이들은 "뱀 이야기"를 읽어 달라고 조른다. 모세는 광야에서 장대에 놋뱀을 달아 불뱀들과 싸웠고, 뱀에 물린 사람들은 그 죽음과 저주의 상징물을 보고 병이 나았다. 어찌된 일인지 우리 꼬마들은 그 이야기를 듣기를 좋아한다. 방황하는 이스라엘 백성을 습격한 독사들 자체에 병적으로 매료되어서가 아니다. 사실 아이들은 이야기가 거기서 끝나는 것에 결코 만족하지 않는다.

    아이들은 이야기가 자기들 말로 "다른 장대"로 넘어갈 때까지 조용히 기다린다. 거기 그리스도의 십자가 그림이 있다. 그때부터 나는 무력하게 처형된 듯한 그분이, 어떻게 신기하게도 "다른 장대"에서 에덴동산의 뱀과 싸워 마침내 하나님이 창세로부터 약속하신 일을 이루셨는지 아이들에게 말해 준다. 그분은 뱀의 머리를 상하게 하셨다. 그분은 예루살렘 영문 밖의 "괴물들이 사는 나라"로 가서, 저 바깥과 우리 내면의 괴물을 영원히 정복하셨다. 거기까지 듣고 나야 아이들은 잠을 더 잘 자는 것 같다.

    나도 그렇다.

7장

(결론 아닌)
결론

교회의 침례용 수조는 죄를 짓기에 몹시 어색한 곳이고, 자신이 예수 그리스도의 사람임을 공적으로 고백하기 5분 전은 죄를 짓기에 몹시 어색한 시간이다. 그런데 솔직히 그때 나는 목사로서 그를 응원하고 있었다.

  그 새로운 회심자와 나는 우리 교회 강단 뒤편의 복도에 서 있었다. 거기서 몇 발짝만 내려가면 수조가 있다. 거기서 나는 고대로부터 내려온 교회 의식을 행하여 그를 그리스도 안의 형제로 공표할 것이었다. 그는 연신 왼손의 반지를 비틀었고, 쉴 새 없이 뒷머리를 문질렀고, 쓰레기통으로 가 침을 뱉었다.

  한편으로 담배 생각이 간절해서 그랬을 것이고 한편으로 이 모두가 생소해서 그랬을 것이다. 그는 성경의 빨간 글씨와 검은 글씨의 차이는 고사하고 큰 숫자와 작은 숫자의 차이도 아직 몰랐을 것이다. 자신의 말로 그는 과거에 섹스와 마약과 대마초에 완전히 찌들어 살다가 이제야 그 삶을 청산했다. 안 가 본 데가 없는 그였지만 여기만은 계획에 없던 곳이었다.

  나는 그에게 물을 보여주면서 너무 차갑지 않다고 안심시켜 주었다. 물속에 너무 오래 붙들고 있지 않겠다는 말도 했다. 그 밖에도 사람들을 흔히 긴장시키는 여러 요소를 비롯해 잠시 후에 벌어질 일을 전부 말해 주었다. 우리는 교회 가족들이 감격스레 지켜보는 가운데 물속으로 들어갈 것이었다. 씩 웃으며 눈물을 훔치는 것으로 보아 그가 감격에 겨워 있음을 알 수 있었다. 동시에 자꾸 옆문을 쳐다보는 것으로 보아 여차하면 뛰쳐나갈 가능성도 완전히 배제하지 않고 있음을 알 수 있었다.

나는 그에게 물속에서 교인들이 지켜보는 가운데 세 가지 질문을 하겠다고 했다. 첫째는 "당신의 입으로 예수를 주로 고백합니까?"였다. 그는 고개를 끄덕였다. "당신은 하나님이 예수를 죽은 자 가운데서 살리신 것을 마음으로 믿습니까?" 역시 고개를 끄덕였다. "당신은 마귀와 그의 모든 일을 버립니까?" 이번에는 그가 얼굴을 홱 쳐들며 "오 마이 갓!" 하고 외쳤다.

나는 주춤했지만 그 말이 불쾌해서는 아니었다. 그 말은 현대 미국 문화에서 어디서나 들을 수 있는 말이다. 대개 나는 주변 사람들의 말씨에 신경을 쓰지 않으며 특히 비신자와 새신자의 경우에는 더욱 그렇다. 게다가 이 말은 비교적 덜 심한 편이다. 다만 나는 끝마무리를 도우려고 우리와 함께 서 있던 노부부가 "주의 이름을 망령되게 부른다"고 그를 꾸짖지나 않을까 그것이 우려되었다. 그가 "제기랄"이라는 감탄사를 썼을 때도 노부부는 이미 서로 난감한 눈빛을 주고받았었다. 나로서는 차라리 그 단어가 다행이었다. 그가 아주 최근에 습득한 완곡어법임을 알았기 때문이다.

그러나 중요한 것은 그 말 자체가 아니라 그의 머릿속에 윙윙 돌아가고 있었을 생각이었다. 그는 한때 시체였던 2천 년 전의 사람이 이제 평생 자신의 노예주가 되셨음을 시인하는 대목에서는 놀라지 않았다. 그거라면 그가 복음을 듣고 믿을 때 이미 씨름한 내용이었다. 그는 다만 내 입에서 마귀에 대한 말이 나오자 기겁했던 것이다. 그 말이 엉뚱하게 들려서가 아니라(약간 그랬을 수도 있지만) 소름이 끼쳤기 때문이다. 그는 사탄을 그런 인격체나 대결 상대로 생각해 본 적이 없었다. 마치 그는 다른 세상에 들어선 것 같았다. 세례 받고 물에 흠뻑 젖은 사람들이 귀신들에게 싸움을 거는 세상에 말이다.

사실이 그랬기 때문이다.

나는 그의 손을 잡아 수조로 연결된 계단을 오르게 한 뒤 찬양대의 음악이 끝나기를 기다렸다. 물속으로 내려가기 직전이었다. 거기서 나는 머잖아 그에게 닥쳐올 일들을 생각했다. 때로 그는 이 모두가 사실인지, 자신의 죄가 정말 다른 사람의 피로 씻어졌는지 의심이 들 것이다. 옛날의 습관으로 다시 마음이 끌릴 것이고 그것을 거부하기가 몹시 고통스러울 것이다. 지금은 그가 영원을 확실히 보고 심판을 피하여 하나님 나라로 달려가고 있지만, 머잖아 영원에 대한 확신이 약해지면서 눈앞의 일상이 훨씬 다급하고 절실하게 느껴질 것이다.

그가 외친 말을 생각할수록 나의 그런 확신은 더욱 깊어졌다. 지금까지 이 책을 쓰면서 나는, 많은 시간을 들여 사탄의 전략들과 그에 맞서 유혹을 퇴치할 그리스도인의 전략들을 깊이 생각했다. 하지만 그러는 내내 요점을 계속 피해 왔다.

이제 책을 다 읽었으니(당신이 책을 맨 뒤에서부터 거꾸로 읽는 사람이 아니라면) 당신의 삶의 국지전에서 무슨 일이 벌어지고 있는지 좀 더 알게 되었기 바란다. 공급과 보호와 명예를 당신 스스로 얻어 내라는 사탄의 제의도 인식하게 되었기 바란다. 주 예수께서 당신을 위해 중보하시고 성령께서 당신을 통해 싸우심을 알게 되었기 바란다. 하지만 무엇보다도 나는 당신이 이 모든 것의 요점을 보았으면 좋겠다. 당신은 유혹을 이길 수 없다. 오직 예수께서만이 이기실 수 있다.

종종 나는 유혹 자체를 중단시킬 수 있는 확실한 방법을 원한다. 그러면 나의 삶으로 훨씬 많은 일을 할 수 있을 것 같다. 하지만 이로써 내가 정말 원하는 것은 스스로 높아져 하나님보다 더 지혜로워지는 것이다. 왠지 나는 유혹 없는 삶이 더 낫다고 믿는다. 다음 단계에 대비하기 위해 하나님이 내게 통과하도록 허락하시는 시험들도 필요 없다고 여긴다. 하지만 생각해 보라. 그런 사고방식을 품는다는 것은 곧 세 가지 유혹 모두에 굴한다는 뜻이다. 다시 말해 내가 나 자신의 필요를 채우고, 나 자신을 위험에서 보호하고, 나 자신을 "주"로 높인다는 뜻이다.

내가 그리스도 안의 새 형제를 물속에서 들어 올리자, 그는 흰 옷으로 물을 튀기며 수조의 계단을 내려갔다. 그 순간 나는 부끄러워졌다. 방금 전에 그가 믿어지지 않는다는 표현을 썼을 때 그 말에 움찔했던 나 자신이 부끄러웠다. 그가 주의 이름을 입에 올린 것은 맞지만 거기에 망령된 요소는 하나도 없었다.

그는 내 질문의 말을 액면 그대로 받아들였지만 나는 그 말을 수없이 되풀이하는 가운데 무디어졌다. 주께서 그러셨듯이 그도 물속에서 나와서 마귀와 싸우러 나갔다. 자기에게 닥쳐올 일을 어느 정도 감지했기에 그는 성경이 수천 년 전에 그리스도에 대해 예언한 것과 똑같이 했다. "그가 내게 부르기를 주는 나의 아버지시요 나의 하나님이시요 나의 구원의 바위시라 하리로다"(시 89:26).

그것이 정말 이 책의 골자다. 당신이 얼마나 위험에 처해 있는지 보기 바란다. 주께서 얼마나 당신을 위해 싸우셨는지 보기 바란다. 그리고 성령의 인도로 이 책을 내려놓고, 유일하게 "마귀의 일을 멸하"는 법을 아시는 그분께 기도하기 바란다(요일 3:8). 나도 잊지 않고 그렇게 하고 싶다.

오 마이 갓.

주

1장 귀신들과 벌이는 씨름_왜 유혹이 중요한가

1. David Popenoe, *Families without Fathers: Fathers, Marriage and Children in American Society*(New Brunswick, NJ: Transaction, 2009), 140-150.
2. Barbara Brown Taylor, *Leaving Church: A Memoir of Faith*(New York: HarperCollins, 2006), 172.

2장 도살장으로 가는 길_인생을 망치는 건 한순간이다(특히 그 사실을 모르고 있을 때)

1. "Killing with Kindness," *Driveway Moments: Radio Stories That Won't Let You Go*(National Public Radio, 2003), 2번 트랙.
2. Temple Grandin & Catherine Johnson, *Animals in Translation: Using the Mysteries of Autism to Decode Animal Behavior*(Orlando: Harcourt, 2005), 44-45. (『동물과의 대화』 샘터)
3. John Chrysostom, "Homily XIII," in *Saint Chrysostom: Homilies on the Gospel of St. Matthew*, G. Prevost 번역, M. Riddle 개정, Nicene and Post-Nicene Fathers, First Series, Vol. 10(Buffalo: Christian Literature, 1888; 재판, Grand Rapids, MI: Eerdmans, 1983), 81.
4. Maximus the Confessor, *On the Cosmic Mystery of Jesus Christ*, Paul M. Bowers & Robert Louis Wilken 번역(Crestwood, NY: St. Vladimir's Seminary Press, 2003), 111.
5. 그렇지 않을 때도 있다. 때로 우리는 자신이 짓는 죄일수록 가장 맹렬하게 비난을 퍼붓기도 한다.
6. Thomas F. Torrance, *Incarnation: The Person and Life of Christ*, Robert T. Walker 편집(Downers Grove, IL: InterVarsity), 119.
7. Wendell Berry, *Life Is a Miracle: An Essay Against Modern Superstition*(Washington, DC: Counterpoint, 2000), 116. (『삶은 기적이다』 녹색평론사)
8. Temple Grandin & Catherine Johnson, *Animals Make Us Human: Creating the Best Life for Animals*(Boston: Houghton Mifflin Harcourt, 2009), 299-300.

3장 아사(餓死)_왜 우리는 아버지보다 빵을 더 원하는가

1. Leon R. Kass, *The Beginning of Wisdom: Reading Genesis*(New York: Free Press, 2003), 81.
2. Frederick Buechner, *Wishful Thinking: A Seeker's ABC*, 개정증보판(San Francisco: Harper, 1993), 65. (『통쾌한 희망 사전』 복 있는 사람)
3. William B. Irvine, *A Guide to the Good Life: The Ancient Art of Stoic Joy*(New York: Oxford University Press, 2009), 65-84.
4. Mary Eberstadt, "The Weight of Smut," *First Things*(2010년 6-7월): 47-52.
5. 미국적 정황에서 이 문제를 깊이 생각하려면 데이비드 플랫의 『래디컬』이 좋은 출발점이다. 아주 설득력 있고 철저히 성경적인 책이다. David Platt, *Radical: Taking Back Your Faith from the American Dream*(Sisters, OR: Multnomah, 2010). (『래디컬』 두란노)
6. 전국 낙태권리 옹호연맹에서 활동했던 Kate Michelman이 한 말로 알려져 있다. 1993년 6월 3일 Elizabeth Achtemeier가 미국장로교(PCUSA) 총회의 낙태반대 모임에서 연설할 때 인용했다.
7. 이런 현상에 대한 예언적 비판은 다음 책을 참고하라. Ronald J. Sider, *The Scandal of the Evangelical Conscience: Why Are Christians Living Just Like the Rest of the World?*(Grand Rapids, MI: Baker, 2005), 17-35. (『그리스도인의 양심선언』 IVP)
8. 이런 추세에 대한 탁월한 분석은 다음 글을 참고하라. W. Bradford Wilcox, "Conservative Protestants and the Family: Resisting, Engaging, or Accommodating Modernity," *A Public Faith: Evangelicals and Civic Engagement*, Michael Cromartie 편집(Langham, MD: Rowman and Littlefield, 2003), 58.
9. Joseph Heath & Andrew Potter, *Nation of Rebels: Why Counterculture Became Consumer Culture*(San Francisco: Harper, 2004), 322. (『혁명을 팝니다』 마티)
10. David Wallis, "Questions for Ralph Nader: Give Them the Business," *New York Times Magazine*, 2002년 6월 16일, 13.
11. John Updike, "How to Love America and Leave It at the Same Time," *The Early Stories*, 1953-1975(New York: Alfred A. Knopf, 2003), 413.
12. Jeff Sharlet, *The Family: The Secret Fundamentalism at the Heart of American Power*(New York: Harper, 2009), 305.
13. Wendell Berry, "Inverting the Economic Order," *The Progressive*(2009년 9월), 19.

4장 자유 낙하_왜 우리는 구조(救助)보다 결백을 더 원하는가

1. 이 유혹은 마태복음에는 두 번째로 나오고 누가복음에는 세 번째로 나온다. 편의상 이 책에서는 두 번째로 부르기로 한다.
2. 일부 교부들은 이런 현상을 "무력증"(acedia)이라 불렀다. 이 문제를 다룬 현대의 책으로 다음을 참고하라. Kathleen Norris, *Acedia and Me: A Marriage, Monks, and a Writer's Life*(New York: Riverhead, 2008).

3. Joyce G. Baldwin, *1 and 2 Samuel*, Tyndale Old Testament Commentary(Downers Grove, IL: InterVarsity, 1988), 295.
4. John Calvin, *Institutes of the Christian Religion* 3.51, Ford Lewis Battles 번역, John T. McNeill 편집(Philadelphia: Westminster, 1960), 919. (「기독교강요」)
5. Patrick Henry Reardon, "Homer, Sex, and Bungee Jumping," *Touchstone: A Journal of Mere Christianity*(2003년 10월), 19.
6. Karl Barth, *Church Dogmatics*, vol. 2.1, *The Doctrine of God*, G. W. Bromiley & T. F. Torrance 편집(Edinburgh: T&T Clark, 1957), 641. (「교회 교의학」 대한기독교서회)
7. John M. Frame, *The Doctrine of God: A Theology of Lordship*(Phillipsburg, NJ: P&R, 2002), 595.
8. C. S. Lewis, *Mere Christianity*(New York: Macmillan, 1952; 재판, New York: HarperCollins, 2001), 52. (「순전한 기독교」 홍성사)
9. Thomas Merton, *Conjectures of a Guilty Bystander*(New York: Doubleday, 1966), 78.
10. Alan Wolfe, "The Culture War That Never Came," *Is There a Culture War? A Dialogue on Values and American Public Life*(Washington, DC: Brookings Institution Press, 2006), 56.
11. William Faulkner, *The Wild Palms: [If I Forget Thee, Jerusalem]*(New York: Random House, 1939; 재판, New York: Vintage, 1995), 21.

5장 통치권_왜 우리는 십자가보다 영광을 더 원하는가

1. Manya A. Brachear, "Satanist Puts Faith in System," *Chicago Tribune*, 2008년 7월 9일, 3.
2. Florence King, *Reflections in a Jaundiced Eye*(New York: St. Martin's, 1989), 152.
3. William B. Irvine, *On Desire: Why We Want What We Want*(New York: Oxford University Press, 2006), 31. (「욕망의 발견」 까치글방)
4. David Brooks, "The Gospel of Mel Gibson," *New York Times*, 2010년 7월 16일, A27.

6장 괴물들이 살지 않는 나라_당신이 유혹을 물리칠 수 있는 이유(특히 그 방법이 보이지 않을 때)

1. Maurice Sendak, *Where the Wild Things Are*(New York: HarperCollins, 1963). (「괴물들이 사는 나라」 시공주니어)
2. David Mills, "Enchanting Children," *Touchstone: A Journal of Mere Christianity*(2006년 12월), 21.
3. 경고의 말씀들이 믿음의 견인(堅忍)을 이루는 방편이 된다는 탁월한 논증에 대해서는 다음 책을 참고하라. Thomas R. Schreiner, *Run to Win the Prize: Perseverance in the New Testament*(Wheaton, IL: Crossway, 2010).

4. 플래너리 오코너가 Betty Hester에게 보낸 편지로 다음 책에 인용되어 있다. Brad Gooch, *Flannery: A Life of Flannery O'Connor*(New York: Little, Brown, 2009), 337. 원전은 다음과 같다. Flannery O'Connor, *Collected Works*(New York: Library of America, 1988), 948.
5. Selma G. Lanes, *The Art of Maurice Sendak*(New York: Abrams, 2003), 104.